L'HUMANISME DE PIC DE LA MIRANDOLE
L'ESPRIT EN GLOIRE
DE MÉTAMORPHOSES

PHILOLOGIE ET MERCURE
La tradition de l'humanisme latin

Collection dirigée par Pierre Magnard

Allégorie de la raison, selon le poème de Martianus Capella qui inspire notre intitulé, Mercure s'unit à celle qui aime le *logos,* Philologie, la bien nommée, et lui donne pour servantes les sept arts libéraux, qui figurent par leur ronde l'acheminement à la sagesse. Cette exemplaire assomption de la *ratio studiorum,* qui devait entraîner des siècles d'enseignement et de recherche, promeut, à travers un parcours jalonné de problèmes et de controverses, *l'organon matériel,* dont les concepts synergiques et les procédures vicariantes bâtiront l'architectonique de la pensée classique. L'ambition de cette collection est de retrouver les différents moments de cette édification; elle se propose d'y parvenir en éditant et traduisant des textes retenus pour leur rôle historique ou comme miroirs d'une époque, en produisant aussi des essais et des commentaires, car une tradition ne saurait être vivante si elle ne suscite les variations qui multiplient son origine.

KARINE SAFA

L'HUMANISME DE PIC DE LA MIRANDOLE

L'ESPRIT EN GLOIRE DE MÉTAMORPHOSES

PHILOLOGIE ET MERCURE

PARIS
LIBRAIRIE PHILOSOPHIQUE J. VRIN
6, Place de la Sorbonne, Ve
—
2001

Imprimé en France
ISSN 0985-4924
ISBN 2-7116-1524-3

À mes parents

Veuille la transformation. Sois enthousiaste, oh! de la flamme
par laquelle une chose te quitte, en gloire de métamorphoses.
L'esprit de création, celui qui se rend maître du terrestre,
n'aime, à l'élan de la figure, rien autant que le point pivotant.
(...)
La connaissance reconnaît celui qui se déverse comme source
et le conduit, extasié, au travers de la création sereine,
que souvent le début termine et que la fin commence.

Il n'est d'espace heureux, que fils ou petit-fils d'une séparation,
avec étonnement franchie. Et Daphné métamorphosée,
depuis que son cœur est laurier, veut que tu te changes en vent.

Rainer Maria RILKE, *Les Sonnets à Orphée.*

Nous adressons notre profonde gratitude à M. le Professeur Pierre Magnard qui a bien voulu accompagner le présent travail de ses précieux conseils et de son amicale présence.

PRÉFACE

Privilégier la “métamorphose” pour aborder la Renaissance a certes de quoi surprendre. La notion n’évoque-t-elle pas, dans un premier temps, un univers de signes peuplé de prodiges et autres merveilles, phénomènes qui suscitaient tour à tour, à la Renaissance, l’effroi ou l’étonnement pour être autant de traces du sacré dans une nature s’exprimant par énigmes?

Même s’il n’est pas indifférent de recouper notre notion avec les différentes acceptions qu’elle a pu prendre, notamment dans le monde merveilleux de la mythologie, la métamorphose à la Renaissance a tout d’abord pour nous une portée métaphysique. Elle est même omniprésente dans la pensée philosophique de ce temps. Comment s’en étonner alors que l’homme doit faire face à un monde en perpétuelle mutation où il n’est de définition anthropologique qui ne soit frappée au sceau du provisoire. Crise du lieu comme en témoigne la revisitation du thème de l’échelle des êtres, crise du centre puisque les révolutions cosmologiques imposent une disproportion nouvelle entre l’homme et son milieu, tout concourt à la Renaissance à donner à la métamorphose une dignité conceptuelle. Mais, plus profondément, c’est dans son mouvement même que la pensée du Quattrocento autorise une telle démarche. Celle-ci manifeste, en effet, son inclination pour la vie dont elle intègre le mouvement et les fluctuations. Elle n’est plus instrument de connaissance seulement, car il lui appartient désormais de participer aussi à l’Odyssée de l’esprit dont elle reconnaît partout la trace, qu’elle soit balbutiement ou éclosion parfaite. C’est pourquoi la nature entière jouit d’un statut particulier à la Renaissance. Elle est ce vivier inépuisable de forces qui attendent leur fécondation par l’esprit. Au contact de celui-ci, il n’est de matière, même la plus abrupte, qui ne donne une moisson lumineuse. La raison ne peut soumettre le réel à sa puissance de législation sans reconnaître en même temps, que quelque chose lui échappe, que la nature elle-même, dans ses élans contradictoires, ténèbres ou lumière, contient une sagesse secrète à saisir, à contempler.

Dans ce contexte, la pensée se manifeste comme force de subversion vis-à-vis de l’ancien ordre métaphysique. Ainsi les transcendantaux de la scolastique sont relativisés en faveur de la métamorphose, érigée au rang de principe. Autant dire que l’on assiste à la déconstruction des principes médiévaux dans ce qu’ils ont d’immuable puisqu’à la Renaissance la vérité devient vivante. En ce sens, toujours recherchée, elle est destinée à sans cesse advenir. Cela nous donne une pensée originale, du carrefour, du croisement, du seuil qui obéït au paradoxe de continuer en commençant, de reprendre pour faire naître.

L'œuvre de Pic de la Mirandole offre un terrain d'expansion très large à la notion de métamorphose : outre les nombreux thèmes lui faisant écho, il n'est jusqu'à l'ambition spéculative de notre auteur qui ne soit expressive de ce concept. Pour le Florentin, aucun système de pensée ou corps de doctrine ne peut prétendre, à lui seul, embrasser la totalité de l'être. Il fait donc dialoguer une variété de formes de pensées, sagesses révélées, orphisme, hermétisme, aristotélisme, platonisme, scolastique, comme pour rendre gloire à la puissance infinie de la vérité.

Georges Gusdorf observe à juste titre que la Renaissance met en œuvre une « apologétique de la diversité » qui coïncide avec le refus d'« admettre que la créature puisse prendre la mesure de son Créateur ». Il ne faut donc guère s'étonner que l'œuvre de Jean Pic accuse une certaine démesure. Discontinue, évolutive, grandiose, Chateaubriand y verra la marque d'un « effrayant génie ». La démesure a certes quelque chose d'effrayant. Ella a pourtant un ancrage philosophique essentiel, chez notre auteur, s'il est vrai, comme nous le verrons au long de cette étude, que la métamorphose est le fait d'un esprit exaspéré par se limites, révolté par sa finitude. Quand l'esprit rencontre donc la différence, il la cultive, il l'exalte. La pensée se déploie dans une sorte d'au-delà de la rationalité aristotélicienne, tributaire du principe de non-contradiction. Or ici, les contraires se cherchent, s'appellent et s'éclairent. La raison ne s'offusque pas de ne trouver la médiation qui réconcilie car elle sait que c'est la différence seule qui permet la proximité. C'est ce à quoi fait écho l'exercice de l'intellect, chez Pic de la Mirandole, dans ce qu'il a de jubilatoire. L'on n'y trouve, en effet, nul dualisme ou confrontation entre un sujet et un objet mais bien plutôt une fusion, une communion, qui a tout l'air de s'apparenter à une philosophie de l'esprit.

D'aucuns se sont saisis de l'argument de la diversité pour affirmer qu'il n'y avait pas de philosophie propre à cette époque, qu'elle n'était que le produit de la recomposition des différentes philosophies du passé, grecques et latines notamment. C'est faire preuve sinon de mauvaise foi, du moins de cécité intellectuelle. Le retour au passé n'est jamais simple répétition ou copiage servile. Tout le génie de la Renaissance est d'assumer un héritage sans hésiter à le subvertir, non pour le trahir, mais pour en faire éclore tout le sens. Il suffit de voir à quelles fins le paganisme est récupéré. Il fascine, certes, pour ce qu'il a été mais surtout pour ce qu'il peut encore signifier à l'intérieur d'une culture judéo-chrétienne. Les renaissants ont la conviction que le paganisme a un message spirituel à délivrer, que le monde antique déjà, jusque dans ses formes d'expression symboliques, ne fait que célébrer l'ascendance divine de l'homme. Et que l'effort humain, à travers les remous de l'histoire et du devenir, sert à révéler l'esprit, immanent à la fois à la pensée et au monde.

Marsile Ficin utilise ainsi le platonisme à des fins apologétiques, selon l'inspiration qui a guidé les bâtisseurs géniaux de la cathédrale de Sienne. Ses pavements de marbre incrusté représentent des Sibylles venant des quatre coins du monde, dont le fameux oracle de Delphes, pour annoncer la religion révélée. Ficin s'appuie donc sur la dialectique du Père de l'Académie et y trouve de précieux arguments rationnels pour démontrer la vérité de la religion.

Quant à Pic de la Mirandole, il serait dommage de ne voir dans son œuvre qu'une synthèse savante. Assurément, il est redevable à Platon et à Plotin et à Aristote et à bien d'autres... Mais, en même temps, il est de nombreux points sur lesquels sa pensée reste entièrement novatrice. C'est pourquoi il importait de faire entendre la propre voix de notre auteur, à travers le concert des idées du passé. Nous avons donc tenté de superposer à la lecture historique qui a son importance, la méthode qui consiste à restituer le mode de pensée propre à notre humaniste. Nous verrons qu'elle est caractéristique d'un Pic de la Mirandole cette tendance à osciller entre deux vues contraires et à demeurer dans le suspens, comme si le mouvement était l'essentiel. Le sort qu'il réserve aux deux principes fondamentaux de la métaphysique, dans le *De Ente et Uno*, l'illustre bien. Renvoyés dans un premier temps au jeu dialectique tel que mis en œuvre dans le *Parménide*, les concepts transcendantaux révèlent une tension évidente entre foi et savoir, fureur intellectuelle et amour du divin. Que penser aussi de la conception picienne de la liberté qui hésite entre ce que l'on pourrait appeler le démoniaque et la théologie mystique?

Mais avant d'entrer dans le vif du débat, penchons-nous quelque peu sur le titre de notre étude: *L'esprit en gloire de métamorphoses*. Celui-ci appelle irrésistiblement une interrogation. De quelle gloire s'agit-il? Pourquoi l'esprit engagé dans le cycle des transformations est-il dit glorieux? Ne devrait-on pas y voir là, au contraire, le signe de son malheur, la marque d'un fatum tragique qui ne l'amènerait en un lieu que pour l'y arracher ensuite? Dans certaines cultures orientales, la roue des métamorphoses est le symbole même d'un supplice expiatoire. Si l'homme émigre inlassablement d'une forme à une autre, c'est qu'il y a une faute à racheter. Alors quelle place pour un optimisme?

Pour trouver une clef à cette question, il faudrait tout d'abord interroger l'imaginaire antique qui est "culture" de la métamorphose. Car notre notion, bien loin d'émerger pour la première fois à la Renaissance, traverse toute l'histoire de l'humanité, pour trouver comme champ d'expression primitif la mythologie.

Prenons les *Métamorphoses* d'Ovide. Ne reconnaître en elles qu'une fable, c'est passer à côté de leur vocation ontologique. L'univers des mythes est bien plus que rêverie ou évasion. Il est poésie, vie "compliquée", pérégrination inlassable au cœur de l'être. La fluidité des figures qui s'y meuvent est l'expression du changement universel, de l'instabilité fondamentale du monde. On a souvent vu en Ovide un pythagoricien dont le génie poétique aurait servi à illustrer la pensée du philosophe grec. Sans aller jusque là, on pourrait considérer cependant qu'au bout du compte, dans l'œuvre, il n'y a qu'un personnage unique: le temps. La métamorphose apporterait ainsi une réponse originale, sous forme de défi, à la plus grande question qui ait hanté l'humanité. Ovide n'évoque-t-il pas le cas de ces malheureux qui s'« affranchirent par la mort de la peur de mourir » ? (*Mét.* III). Elle serait donc pour l'homme cet « aveugle espoir » dont parle Eschyle que d'un changement d'être à l'autre, il croise enfin l'éternité. C'est ainsi qu'il faut entendre cet état intermédiaire qu'invoque Myrrha : « O dieux, faites de moi un autre être à qui soient interdites et la vie et la mort » (*Mét.* X).

Cadmos, l'illustre fondateur de Thèbes, supplie les dieux de faire de lui un serpent « prêt à se tendre en allongeant ses flancs. A ces mots, (...) il voit sur sa peau durcie pousser des écailles bleuâtres ; il tombe sur la poitrine, la tête en avant jambes (...), sa langue se fend en deux parties (...) ; chaque fois qu'il se prépare à faire entendre quelque plainte, il siffle » (IV, 575-601).

Chez les Phéniciens, le serpent était symbole de pérennité, de perfection et de sagesse. Mais il y a aussi Daphné se transformant en arbre, Actéon en cerf, Prométhée conquérant le feu céleste de vie... De tout temps l'homme a rêvé de gravir les marches de l'Olympe. C'est pourquoi la métamorphose a toujours habité l'imaginaire des hommes. Depuis l'origine du monde, l'esprit en gloire de métamorphose, c'est bien l'anamnèse d'une filiation divine où s'enracine le rêve d'immortalité.

Il n'est pas de notre propos de décliner cette notion au fil des âges et à travers ses multiples aspects – bien que ce travail reste à faire – mais plutôt de la retrouver au cœur du Quattrocento et de nous interroger sur ses significations ultimes dans l'œuvre de Pic de la Mirandole. Car ce n'est pas en vain que celle-ci est placée sous le signe du caméléon. Le changement de couleur est ici le garant d'un être toujours nouveau. L'homme est pour Pic cet être infiniment recommencé, en quête d'une vision intacte, originaire, créatrice. Dans l'*Oratio*, nous trouvons cette phrase qui est une véritable clef de l'œuvre :

> Qui ne voudrait laisser de côté toutes choses humaines pour devenir le commensal des dieux, le *deorum conviva*, alors qu'il est encore sur terre, et, être mortel imprégné du nectar de l'éternité, recevoir le don de l'immortalité ? [1].

Il serait intéressant d'interroger la notion de vicissitude chez Giordano Bruno. Sa fameuse « roue des métamorphoses » est-elle promesse du même nectar ? Ici et là, est-ce la même exigence qui est à l'œuvre ? C'est en réalité dans l'exercice de ces comparaisons qu'apparaît le mieux la singularité de Pic de la Mirandole. On pourrait presque dire que, si chez les deux auteurs, la métamorphose tend vers le même but, les cheminements sont à l'inverse l'un de l'autre.

Bruno, en effet, assume dans leurs ultimes conséquences les origines païennes de la métamorphose en ce sens qu'il n'est point de "salut" pour l'âme hors du monde. Le changement est chez le Nolain le mode de fonctionnement propre de l'univers. La matière, loin d'être principe d'entropie, est infiniment productrice de vie nouvelle qui exprime les différentes modalités et figures d'une substance immuable, toujours identique à elle-même. Tel est « l'être divin immortel » que la nature recèle en son sein et en dehors duquel « tout est nul ». La voie est toute tracée pour le *furioso*. Plonger dans le rythme des vicissitudes, assumer toutes les formes d'une nature infinie, c'est espérer s'unir un jour à la divinité. L'enjeu du passage d'un être à un autre est, pour l'homme héroïque, arrachement à sa

1. *Oratio*, p. 29.

singularité, fusion avec l'Unité absolue. Le changement est alors tout le contraire d'une dispersion puisqu'il est le principe qui maintient dans le giron de cette nature à double face. La « roue des métamorphoses » entraîne donc l'âme dans un mouvement perpétuel de descente et de remontée et assure de ce fait la continuité de la vie. C'est ainsi qu'il faut comprendre l'éternité chez Bruno, non pas comme promesse d'immortalité pour l'âme individuelle (Bruno n'a-t-il pas d'ailleurs montré son inclination pour la théorie de la métempsychose ?), mais bien comme la participation au cycle des transformations du monde. Dans ce contexte, la mort n'est qu'une métamorphose parmi d'autres, « un autre mode d'être (...). C'est ce que Pythagore a été capable de comprendre, lui qui ne craint pas la mort, mais l'attend comme une transformation » (*De la cause*, dial. V).

L'on peut toutefois se demander si la véritable échappée hors du temps et de la mort n'est pas dans la capacité de fixer pour toujours l'ascension de l'âme dans son mouvement ascendant. Comment s'empêcher aussi d'être dubitatif quant au sort que Bruno réserve aux piliers de l'humanisme renaissant que sont la liberté individuelle et la singularité ?

Pic de la Mirandole, quant à lui, inaugure son œuvre dans un paganisme flamboyant. Hermès, Orphée, oracles chaldaïques, mystères égyptiens..., est-il une voix de trop pour magnifier le miracle humain ? Mais il fait subir à la notion de métamorphose un déplacement. Ne devient-elle pas chez lui, en dernière instance, le gage de la résurrection chrétienne ? Nous touchons ici un problème central car l'homme-Protée, rompu à tous les changements, familier de toutes les figures, capable d'assumer tous les discours, est confronté par ailleurs à un mystère : celui de l'homme-dieu et de sa résurrection. Celle-ci agit comme un butoir pour la métamorphose païenne. Qu'est-ce donc que ce dieu qui prétend donner la vie en surcroît, l'être éternel ? Ce phantasme démesuré reconduit âprement, de siècle en siècle, par l'homme, deviendrait-il, avec la figure du Christ ressuscité, "réalité" ? La résurrection, il est vrai, est tout d'abord objet de foi et la raison découvre en elle un seuil infranchissable. Mais ne pourrait-on tout de même avancer qu'elle est accomplissement de ce qui n'existait pour les Anciens qu'à l'état d'ébauche ou d'idéal ? Car force est de constater qu'ici et là la métamorphose n'a plus la même signification. Comme si, exaltée par l'inspiration poétique des païens, elle avait pour fonction de pallier un manque, alors que "revisitée" par la résurrection elle permettait enfin le passage d'un ordre imaginaire à un certain ordre de réalité.

Ce qui ne peut conduire Pic de la Mirandole qu'à une alternative : soit expulser, comme la bête triomphante, l'antique promesse de fixer l'être à travers le mouvement, soit voir dans la métamorphose l'image même de la résurrection chrétienne. Ou, plus que l'image, et bien mieux que la roue, désespérante en son mouvement circulaire, un passage nécessaire. Car, au bout du compte, les prérogatives de l'homme sans image sont celles mêmes de la Forme infinie. Pourquoi tant insister sur le caractère inachevé de la créature du sixième jour, n'ayant aucune forme en propre, car capable de les devenir toutes, si ce n'est pour laisser place à cette démesure ultime qu'est le passage en Dieu ?

Mais une question dès lors se pose, consécutive aux pouvoirs immenses que le Mirandolain confère à l'homme de se forger une nature. Cette liberté, en apparence infinie, ne réveille-t-elle pas en l'homme la vieille tentation d'égaler Dieu et de forcer des seuils interdits? Cet aspect de l'œuvre picienne a suscité à notre auteur bien des ennuis, provoquant l'hydre des censeurs, et divisant plus tard ses principaux interprètes.

Elle existe peut-être cette fascination, dans l'*Oratio*, pour une liberté prométhéenne qui est pouvoir d'auto-création, mais il faut bien voir que Jean Pic ne cède jamais à la tentation de la concevoir comme capacité d'extraire des formes du néant. Si la liberté s'exprime avant tout comme puissance métamorphique, il faut y voir là une impatience extrême à l'égard de la finitude. D'où l'importance de la saisir en relation avec la notion de déification qui est accomplissement de l'humain au sein de l'Infini. Celui-ci n'est-il pas la seule mesure qui sied à la dignité de l'homme? Dans cette perspective, que sont les propres "métamorphoses" du divin sinon cette tentative de restaurer la communication entre deux réalités incommensurables? C'est pourquoi nous sommes-nous crus autorisés à enlever dans le mouvement de la métamorphose ces deux moments fondateurs de la foi chrétienne que sont l'incarnation et la transsubstantiation.

Inutile de préciser que toutes les précautions oratoires et intellectuelles sont de mise lorsque la métamorphose est attribuée à l'Unique, à la Substance infiniment simple et transcendante. Déjà la doctrine du corps triforme, initiée par Amalaire et fort répandue au Moyen Age, avait suscité maintes réactions, scandalisées pour certaines, frileuses pour d'autres, bien que Thomas d'Aquin lui-même en ait attesté l'orthodoxie. C'est dire que nous nous engageons sur un terrain aussi fertile que miné. Nous verrons pourtant combien la "métamorphose" divine est nécessaire car, si les variations humaines ne sont pas errance indéfinie, c'est qu'elles sont autorisées et même fondées par le "polymorphisme" divin. A la descente de Dieu dans le sensible correspond ou répond l'immersion de l'homme dans les vicissitudes du temps qui sont ce voyage au bout de la nuit. Il faut bien voir qu'à la Renaissance, le mouvement a quelque chose d'héraclitéen. Il n'est plus synonyme de peine ou de dégradation, mais au contraire le canal nécessaire à la réalisation de l'être. Ce n'est pas en vain que la métamorphose humaine qui suppose l'héroïsme de regarder la mort en face est un mouvement initiatique réservé aux seuls élus.

Par-delà ces aspects fondamentaux de la philosophie du Quattrocento, mentionnons rapidement les quelques problèmes qui se sont présentés à nous comme le manque d'unité apparente de l'œuvre picienne ou encore la conciliation entre philosophie de l'esprit et liberté aux pouvoirs gigantesques. Nous avons montré dans notre étude que nombre d'objections trouvaient une ébauche de résolution dès lors que l'œuvre de Jean Pic était saisie dans sa dimension évolutive ou métamorphique. Sa pensée ne se trouve qu'en se cherchant. Il ne faut donc guère s'étonner d'y déceler plus d'une contradiction.

En outre, nous avons été confrontés aux objections habituelles que suscite la Renaissance. Fallait-il réserver un sort aux opinions telles que : la Renaissance est un mouvement regrettable, la Renaissance n'existe pas ou, si elle existe, quel en est le commencement et quelle en est la fin?

Pour ce qui est des considérations de période, par exemple, l'on peut se demander s'il n'y a pas quelque chose d'artificiel et de faussement rassurant à vouloir coûte que coûte faire des découpages dans le temps. Pour peu que l'on soit convaincu que la Renaissance est une période vivante, eh bien il faut la laisser vivre, ne pas la ramener à un carcan rigide, d'autant que la continuité historique est quelque chose d'essentiel dans la pensée de nos renaissants. Par ailleurs, quand on entend l'historien Jacques le Goff affirmer que le Moyen Age est une longue période qui s'étend du IIIe au XIXe siècle, on voit que, selon les critères retenus, les périodes peuvent avoir une extensibilité plus ou moins grande qui les frappe de ce fait de relativité.

Peut-être plus fondamental est le problème de la distinction entre Humanisme et Renaissance. Les deux termes recouvrent-ils la même étendue conceptuelle ou appellent-ils, au contraire, de subtils distinguos? Nous avons montré dans notre étude que si l'humanisme n'est pas le seul apanage de la Renaissance, c'est bien la Renaissance qui lui a donné ce relief si particulier par lequel il apparaît indissociable de son pôle contraire, à savoir l'anti-humanisme. Peut-être, en ce sens, la Renaissance est-elle l'expression la plus sincère de la *dignitas hominis* puisque celle-ci est considérée de manière plus critique. Comme elle est simple et hâtive cette interprétation qui veut que l'humanisme soit la glorification de la toute-puissance de l'homme, alors que, s'il est vrai que celui-ci doit en être le cœur, le sentiment de finitude, de précarité, le doute ou encore la mélancolie, en sont inséparables?

Il n'en reste pas moins qu'au terme de cette recherche, bien des questions demeurent en suspens. Le temps nous a hélas manqué pour en traiter, sans compter qu'elles risquaient de nous écarter quelque peu de notre sujet. Malgré les influences paganisantes qui ont marqué la Renaissance, nous nous sommes attachés à montrer que l'humanisme chrétien en constitue le suc. A la suite d'ailleurs de certains interprètes qui ont vu dans la célébration de la *dignitas hominis*, à la Renaissance, la reprise d'une tentative propre aux Pères de l'église de concilier humanisme et christianisme. Or, il eut été intéressant de montrer en quoi la Renaissance serait à l'origine d'un certain laïcisme intellectuel, de mettre aussi en évidence les brèches philosophiques par lesquelles notre modernité s'est insinuée, établir des correspondances entre les penseurs renaissants et les philosophes qui les ont suivis : Descartes, Malebranche, Kierkegaard, Hegel... De continuer enfin ce travail d'exploration tel que Pic de la Mirandole nous en montrait le chemin. Loin de toute pesanteur intellectuelle puisque l'esprit de création, chez notre auteur, n'aime rien autant que le point pivotant. « Que personne ne me condamne, lit-on dans l'*Oratio*, si partout où il m'emporte, j'arrive en passager du vent ». En réalité, c'est ainsi que nous est apparu l'humanisme picien : ailé, car décidément marqué par le pouvoir de s'inventer toujours un peu plus visage d'homme. Est-il plus belle espérance quand l'on sait que pour l'esprit, le port n'est pas un lieu et le repos toujours mouvement?

Paris, le 15 septembre 2000

Oh ! La Renaissance est obscure !... A l'entrée d'un monde infini de formes, d'idées, de passions, qu'elle avait si peu soupçonnées, elle a l'hésitation du voyageur à la lisière des forêts vierges d'Amérique, de ce prodigieux enlacement d'arbres et de lianes, de mille et mille plantes bizarres, habitées et bruyantes d'animaux imprévus (Michelet, *Renaissance et Réforme*, chap. XVII).

INTRODUCTION

L'humanisme de la Renaissance ferait figure de parent pauvre de l'histoire de la philosophie si les chercheurs ne s'étaient sérieusement penchés sur cette période, il y a quelques décennies. Trop longtemps méconnue, paradoxalement peut-être, en raison de ses excès, la philosophie de la Renaissance s'est développée en marge d'une dogmatique ou d'un système, fidèle en cela à ses plus chers principes qui conjuguent l'esprit avec les forces brûlantes de la vie.

Est-ce pour cela que les pages de la philosophie renaissante furent tournées un peu trop vite ?

Pour notre part, en tout cas, nous ne prétendons pas vouloir « ramasser » une pensée aussi foisonnante, complexe et voire même contradictoire. La prudence nous suggère d'éviter un exercice aussi périlleux et de proposer plutôt des pistes d'approche. N'est-ce pas la meilleure manière de rendre hommage à une époque qui fut si défiante vis-à-vis des systèmes et des catégories logico-déductives de l'entendement que l'on a pu dire, à tort bien sûr, que la philosophie de la Renaissance était une philosophie sans concept ?[1]. Constat des plus injustes !

La Renaissance est ce moment extraordinaire où l'esprit vit sur le double mode de l'émerveillement et de l'inquiétude. Face à la découverte de l'immensité, fut-elle celle de Dieu, de l'Infini ou de l'homme, face aussi à la découverte du génie propre à la nature, l'esprit se saisit dans sa fragilité et sa grandeur. Mouvance de la pensée et subversion métaphysique mais aussi révolutions scien-

1. *Cf.* le débat ouvert par Lucien Febvre in *Le problème de l'incroyance au XVIe siècle, la religion de Rabelais*, Paris, 1942. L'auteur montre les limites du rationalisme à la Renaissance, « l'outillage mental » de la philosophie de cette époque étant, selon lui, insuffisant.

tifiques et bouleversements socio-économiques, tout concourt à la Renaissance à déstabiliser l'homme, à l'arracher à ses rôles, à ses fonctions, à tout lieu déterminé et à alimenter un climat de crise.

La Renaissance est ce témoin essentiel de l'histoire de la pensée où l'homme, paradoxe vivant, s'éprouve d'autant plus cruellement dans sa finitude qu'il perçoit sa dignité. L'humanisme ne peut être compris hors de cette contradiction. C'est pourquoi l'humanisme n'est pas cette notion molle et "vertueuse" mais il a toute la vigueur, voire la violence d'une pensée qui a – pour un temps – perdu tous ses repères. De cette perte, l'homme va sortir grandi, fortifié, car ce que l'on a pu appeler la « catastrophe humaniste » aura fonctionné pour lui comme une libération, tant il est vrai que la pensée aussi a ses idoles.

Elle est bienvenue cette catastrophe qui fait découvrir à l'homme que sa dignité dont il a une conscience nouvelle, il ne doit pas la chercher ailleurs qu'en lui-même. En ce sens, l'humanisme a quelque chose de proprement décapant. Mettant en scène l'homme total, avec ses désirs contradictoires, il prend la couleur de ces contradictions. Dans cette perspective, il ne faudra pas s'étonner qu'humanisme et anti-humanisme soient inséparables. La subversion est dans le refus de l'humanisme de soumettre l'homme à une partition car il ne craint pas de le voir en face, de sonder cet océan turbulent où se croisent des courants contraires sans pour autant se mélanger.

C'est en cela que l'humanisme peut être violent, c'est dans sa vérité même.

Mais l'homme ne se contente pas de subir cette crise. C'est au contraire en se situant par rapport à elle qu'il va se découvrir et s'émerveiller. Se cherchant, il cherche aussi des bases nouvelles, de nouveaux fondements à sa pensée. Car au moment de déconstruction succède le moment de la refondation en vue d'une autre métaphysique.

Mais avant d'aller plus loin dans l'humanisme et de montrer son lien avec la métamorphose, il nous semble utile de préciser que cette notion est à utiliser avec circonspection en raison des surdéterminations dont elle a fait l'objet, voire même des connotations sentimentales que l'on a pu lui prêter. L'on se doit donc de dégager l'humanisme des "impuretés" de langage, comme d'éviter toute confusion historique ou philosophique s'il est vrai qu'il y a autant de formes d'humanismes que d'époques ou même de penseurs qui s'en réclament. Car, en effet, c'est toute une conception de la nature humaine qui sous-tend cette difficile notion.

A la suite d'Henri Gouhier, retenons quelques traits généraux qui la caractérisent en rappelant tout d'abord que l'humanisme reconnaît à la nature humaine une certaine suffisance. Même si cette dernière est qualifiée de relative en vertu de l'environnement chrétien où l'humanisme occidental a pris racine, l'humanisme insiste sur l'efficacité des facultés humaines : raison, volonté, liberté. Ainsi la nature humaine ne serait pas entièrement corrompue. Il lui resterait quelque bonté puisque par elle-même elle peut désirer et vouloir le bien.

Il nous faut souligner, par ailleurs, que l'humanisme n'existe pas de manière désincarnée mais se réalise dans et par une culture donnée.

L'humanisme de la Renaissance n'est pas celui des temps modernes ou anciens, malgré les recoupements qu'il est possible de faire.

Si d'aucuns jugent la philosophie de la Renaissance déconcertante en raison peut-être de son manque d'unité, l'œuvre de Pic de la Mirandole n'a pas échappé à cette critique. La profusion des sources qu'il sollicite, son idéal du savoir encyclopédique et le caractère allégorique du style ne sont pas pour en faciliter la lecture. Les interprétations souvent contradictoires qui furent données de l'œuvre, selon qu'on la rattachait à telle ou telle influence, témoignent de ce débordement de la pensée picienne. C'est son mouvement même qui nous autorise, non pas à en donner une interprétation de plus, mais à nous inscrire dans son flux et à nous interroger sur la pertinence de la notion de métamorphose chez un tel auteur. Car non seulement nombre des thèmes fondamentaux de la pensée picienne s'éclairent autour de la notion de métamorphose (microcosme, liberté, humanisme...), mais l'œuvre elle-même est de nature évolutive, voire même contradictoire.

C'est pourquoi les tentatives d'interpréter la Renaissance, et Jean Pic en particulier, selon des schèmes inflexibles n'ont pas toute notre sympathie car c'est faire violence à une pensée aussi vivante.

Assurément, la métamorphose est une notion provocante pour la pensée qui, dans son mouvement "légitime", classe, ordonne, conceptualise et, en ce sens, aspire à un certain repos. L'on conçoit que l'esprit se scandalise d'une philosophie qui cherche à se fonder sur un principe aussi peu stable. Et pourtant, dès lors que la science de l'être en tant qu'être se penche sur la réalité du vivant dans sa totalité, elle doit prendre le risque de s'ouvrir au mouvement de la vie, au devenir.

Cela prend tout sons sens dans ce qu'il convient d'appeler, à la suite de Pierre Magnard, la métaphysique de l'esprit qui conjugue ensemble nature et esprit, qui entrecroise les forces ardentes de la vie et la forme un peu froide de la raison, la folie désordonnée du réel et la sagesse de la pensée. Nous verrons que l'œuvre de Jean Pic, soumise elle-même à un processus transformationnel, semble osciller entre une philosophie de l'esprit réalisant un équilibre immédiat entre l'homme et son milieu et une philosophie de la liberté qui tend à singulariser à l'extrême l'homme dans l'ordre du créé.

La liberté est le maître-mot de l'œuvre du Mirandolain et aussi la source de certaines difficultés qu'elle pose. L'on ne peut que constater, pour son plus grand honneur peut-être, que l'humanisme picien au centre duquel se fiche une liberté en acte, pose plus de problèmes qu'il n'en résoud. De plus, les résultats auquel cet humanisme parvient peuvent apparaître comme une négation de ce qu'il était censé promouvoir : l'homme. En effet, celui-ci est posé dans l'immensité de son pouvoir créateur – il doit se façonner un visage – et l'on voit que, sans cesse, le menace la tentation de se défigurer.

La liberté met l'homme sur une brèche et l'engage sur le chemin des métamorphoses, terreau fertile où il peut tout autant trouver son humanité que la perdre. C'est en cela que l'humanisme que représente Pic de la Mirandole est un moment tout à fait important et singulier du Quattrocento : contrairement à l'humanisme de Nicolas de Cues qui ordonne et exalte l'homme dans ses rôles, l'humanisme de Pic de la Mirandole est volage car en son cœur se trouve la plus subversive des facultés.

Faculté de transgression par excellence, la liberté appartient au plus intime de la nature humaine. De ce fait, l'humanisme de Jean Pic ne peut être qu'ouvert, problématique et paradoxal. Force de désordre ou de rassemblement, il n'est d'humanisme chez notre auteur hors cette liberté de faire et de défaire, et de choisir sa propre forme. Mais nous verrons qu'au-delà de la pérégrination ludique qu'elle entraîne dans le monde des formes, la métamorphose est ce lieu où l'homme assiste au miracle de ses naissances successives.

Cela étant posé, il n'est guère étonnant que les problèmes philosophiques affluent. La première des difficultés qui se présente à celui qui découvre l'humanisme est d'ordre conceptuel. En effet, comment enserrer dans une définition abstraite une notion qui n'en est justement pas une, rebelle au concept autant que la vie elle-même peut l'être dans sa mouvance et son imprévisibilité. S'il est vrai que l'humanisme met en scène l'homme total avec ses désirs, ses passions, sa mémoire, ses actions et qu'il prend pied dans l'instabilité produite par la mutation des formes de l'intelligence comme de la vie, qu'il nous soit alors permis de pasticher Michelet en disant que l'humanisme

> n'a rien à voir avec ces tas de pierres. Il est celui de l'âme et de la pensée originale, de l'initiative féconde, de l'héroïsme, héroïsme d'action, héroïsme de création. Il enseigne qu'une âme pèse infiniment plus qu'un royaume... [1].

que ce royaume soit celui des systèmes clos et immuables de la métaphysique ou celui des princes. Bien entendu, Michelet parlait ainsi au nom de l'histoire. Mais l'histoire elle-même est loin d'être étrangère à l'humanisme. Elle en constitue même la membrane interne tant il est vrai qu'il n'est d'humanisme indépendant de la vie, des hommes incarnés dans l'histoire, confrontés à ses vicissitudes.

Quel défi pour la philosophie dont la force et la stabilité est assurée par le pur concept. Admettre en elle ce que Bruno Pinchard nomme « la réalité de l'altérité », de la « peur » ou encore « le poème fantastique de la vie », avec ce que cela suppose de non maîtrisable pour la raison, c'est en un premier temps se renier elle-même. Car l'inflation de la peur, comme un des aspects de l'expérience humaine, dans la raison, tient quelque peu la pensée philosophique en respect et oblige « l'humanisme à rencontrer l'humanité comme un défi et une énigme, et non comme une nature »[2]. Face à l'humain perçu dans son mystère, la parole philosophique s'arrête. Elle est provisoirement suspendue, inquiétée. C'est que la mouvance de la vie empêche la raison de s'y pencher comme sur un objet d'étude quelconque,

1. *Renaissance et Réforme*, Paris, Laffont, 1982, p. 34.
2. B. Pinchard, *La raison dédoublée*, Paris, Aubier, 1992, Préface, p. 16.

immobile et docile à souhait. La vie fonctionne ici, un peu comme une folle du logis métaphysique.

La philosophie de l'esprit qui est une philosophie en acte puisqu'elle a pour centre l'esprit en devenir ou sa métamorphose vivifiante, rencontre l'être dans l'histoire comme c'est dans l'histoire que les formes évoluent et se réalisent. Partant de là, l'humanisme ne peut être autre que partage ou conjonction. Il réalise la rencontre du savoir issu de la pensée et de la vie provenant de l'expérience sous ses diverses figures. L'humanisme se doit d'être à la fois concept et « poésie », il se doit de rassembler les exigences propres à l'abstraction de la pensée et l'altérité surgie de l'expérience concrète.

Comme le formule si bien Bruno Pinchard :

> L'humanisme n'est pas un principe mais un résultat; il est essentiellement celui de la fragilité (...). L'humanisme est peut-être le savoir de « l'homme précaire » (...). L'humanisme, c'est la parole donnée au monde, la philosophie du voyageur qui suit son voyage plus qu'il ne le commande... [1].

Cependant l'humanisme, s'il semble être tout d'abord a-philosophique, ne peut prétendre le rester. Il doit être légitimé par la philosophie qui, elle seule, peut rendre raison de la multiplicité des formes rencontrées par l'esprit et expliquer la logique interne de la métamorphose. Si la vie et le concept sont concurrents pour un temps, très vite la première a besoin de l'autre comme sa source d'intelligibilité.

Cette réconciliation, seule une philosophie de l'esprit semble pouvoir l'offrir. Nombre des thèmes majeurs de notre étude s'y inscrivent comme le microcosme, par exemple, qui figure un homme à la nature mitoyenne, réunissant en lui les extrêmes et ayant de ce fait un pouvoir récapitulatif sur la création. Le schème du microcosme a ceci d'intéressant qu'il montre que la philosophie du Quattrocento, non dualiste dans son ensemble, n'envisage la perfection qu'à l'intérieur de la nature humaine, prise en elle-même et pour elle-même, avec ses potentialités, ses passions, ses désirs, ses défaillances. Ainsi Charles de Bovelles tente de trouver l'équilibre entre les différentes passions qui animent l'âme afin de porter l'homme tout entier à son accomplissement, sans mutiler aucune partie en faveur d'une autre.

« Prêtant à chaque chose l'attention qu'elle mérite », le Sage apparaît comme doté d'une double nature, l'une intellectuelle et l'autre sensible. Il est celui qui se tient au milieu entre l'intérieur et l'extérieur, c'est l'homme des confins, l'homme du seuil et de l'ouverture. La porte de son âme, si l'on peut dire, est ouverte aussi bien aux expériences mondaines qu'à celles de l'esprit ou du cœur. C'est pourquoi Bovelles emprunte aux Romains l'image de Janus, la mieux appropriée semble-

1. *Ibidem*

t-il, pour désigner le Sage appelé à jouer ce rôle d'intermédiaire et de conciliateur entre la nature et l'esprit puisqu'il participe de l'une et de l'autre à la fois.

Néanmoins, la fonction de *copula mundi*, bien qu'elle suspende l'ordre et le sens de l'univers à l'homme – est-il plus grand privilège ? – n'en reste pas moins restrictive, insuffisante. Le motif du microcosme devient problématique à mesure qu'il confine l'homme dans des rôles ou des limites.

Cette tension, telle un fil d'Ariane, parcourt l'ensemble de notre travail comme s'il n'était de vérité pour l'humanisme renaissant que dans l'homme paradoxal, tendu entre deux extrêmes, pris entre deux feux, sans que nulle résolution ne soit vraiment possible.

La métaphysique de l'esprit ne peut ignorer cette difficulté d'autant qu'elle subit alors de plein fouet la crise de tout un ordre de valeurs tant sociales qu'économiques et scientifiques, ce qui a pour effet de la remettre sévèrement en question. Il n'est pas exagéré d'affirmer que toute l'œuvre de Nicolas de Cues sera une tentative héroïque de maintenir l'équilibre entre l'homme et son milieu, là où le choc des révolutions cosmologiques imposent, au contraire, la disproportion de l'un et de l'autre. Qu'elle est dure à combler cette béance entre l'esprit déchu de sa position quasi divine et l'Infini. Moment de bouleversement extrême celui où l'homme se trouve face à lui-même comme un étranger, là où son indignité se confond avec le sentiment de sa finitude.

Nicolas de Cues, à travers sa judicieuse théorie de la connaissance – connaissances conjecturales et approximatives qui assurent une prise sur l'Infini – parviendra à “tenir en respect” la finitude de l'homme. Pic de la Mirandole nous semblera, au contraire, considérer la finitude comme constitutive de la nature humaine, au même titre que la liberté : antinomie déchirante. La philosophie de la métamorphose serait ainsi l'arrachement à l'homme à sa finitude originaire, à sa servitude et ses résignations en vue de conquérir ce sommet de lui-même qu'est l'homme infini, sans limites ni entraves.

Le *De Ente* reflète de manière admirable les nœuds auxquels est confrontée la pensée. On y voit qu'à aucun moment Jean Pic ne cède à la tentation d'éluder les problèmes mais il s'y attaque de front, fidèle en cela à l'un de ses plus chers principes : l'ouverture de l'intellect à l'exercice dialectique.

Ouvrage métaphysique fondamental, non seulement le *De Ente* fait écho à nombre des préoccupations philosophiques de la Renaissance, mais il contient les principaux thèmes piciens : le rôle éminent de l'intellect, l'amour de la vérité, le libre-arbitre exalté par la métamorphose et la contemplation de l'infini.

La pensée picienne s'y déploie dans un esprit de pluralité alimenté par le vaste projet métaphysique d'établir entre les diverses doctrines une concorde universelle. C'est sur fond d'une philosophie du dialogue que s'insère donc la confrontation de l'hénologie platonicienne et de l'ontologie aristotélicienne.

Pour Jean Pic, la querelle qui a longtemps opposé les partisans des deux doctrines n'a aucun lieu d'être car une pensée rompue à l'art dialectique et préparée de ce fait à intégrer la catégorie du devenir ne peut considérer les principes dans leur radicale opposition. En effet, une pensée en mouvement ne peut appréhender les différents principes que comme faisant partie d'une seule et même réalité, complexe cependant et duelle. L'Un ne s'oppose à l'Être que par une différence de rapport à la Forme universelle mais en réalité ils sont identiques de par leur égale importance à la dire.

Dans la plus pure continuité d'une métaphysique de l'esprit, les premiers principes se voient exposés à la mutation alors qu'ils intègrent le mouvement de la vie et l'on ne peut que constater – sacrilège suprême pour une philosophie du concept – que le grand transcendantal de la Renaissance devient la métamorphose elle-même. Bien sûr que la pensée y voit vaciller ses plus sûrs fondements, bien-sûr qu'il y a quelque chose de scandaleux à voir le concept entraîné dans les "bas-fonds" de l'expérience, mais cela est inévitable pour une philosophie qui veut accompagner l'homme total, dans sa quête et ses errances, et non un simulacre d'homme. D'autant que la Renaissance est une période où l'homme se cherche intensément, dans une perpétuelle insatisfaction. Car l'homme de la Renaissance est bien cet homme de l'anti-définition, de l'anti-définitif qui tend vers la métamorphose avec la nostalgie d'un moi universel, d'une singularité qui ne peut être autant exaltée qu'au sein d'une forme infinie.

Il y a de quoi s'interroger sur le sens que prend cet humanisme paradoxal dont les sols sont si mouvants. Interrogation qui redouble d'importance lorsque l'on constate que le point de rencontre entre l'humain et le divin se fait à travers la métamorphose. Métamorphose de l'un, métamorphose de l'autre, comme s'il n'était de lien possible pour l'homme et Dieu que dans le renoncement et dans le passage d'une forme à une autre.

Mais au-delà des transformations multiples du divin (Incarnation, Transsubstantiation...) corrélatives à ses divers modes de présence au monde, il est une métamorphose de Dieu relative au changement de représentation que l'homme s'en fait et qui ne va d'ailleurs pas sans traduire l'instabilité humaine, car l'individu ne se saisit encore que dans sa relation au divin.

Aussi, à mesure que l'homme avance dans les voies contemplatives, voit-il Dieu s'éloigner comme s'il était du destin de l'esprit de prendre conscience de sa servitude en même temps que de sa liberté. Dès lors, il ne paraît guère surprenant qu'à l'homme protéiforme corresponde une divinité non pas abstraite mais vide, vide de qualités, vide de prédicats.

En quoi cet homme à l'image indécise peut-il être encore à l'image de Dieu ? Et s'il est vrai qu'à la Renaissance Dieu s'exprime surtout à travers sa toute-puissance et son inaccessibilité, comment l'homme peut-il réaliser sa ressemblance avec un *deus incognito* ? C'est le sens de l'image qui est en question, sens qu'il faudra décrypter puisqu'il n'est d'humanisme à la Renaissance – en dépit de quelques exceptions – qui ne soit attiré par le religieux comme son pôle de convergence ou sa partie manquante. Sans doute en raison du pressentiment que les propres métamorphoses du divin éclairent, justifient et accomplissent les variations humaines, et que le support du théologique est indispensable pour sauver l'homme-Protée du vertige de ses mutations.

PREMIÈRE PARTIE

LA MÉTAMORPHOSE
OU LA TENTATION DE L'UNIVERSEL EN ACTE

CHAPITRE PREMIER

MICROCOSME ET MÉTAMORPHOSE

INTRODUCTION – BREF HISTORIQUE

La Renaissance est au carrefour de la tradition et de la modernité. Elle est le lieu même où se côtoient les idées les plus diverses, de la plus haute Antiquité aux révolutions scientifiques de son siècle. Car la Renaissance est par essence ouverture, curiosité insatiable.

Si elle reprend à son compte la thématique de l'homme microcosme, déjà largement rebattue par les Anciens comme par les Pères de l'Église, cette reprise est loin d'être stérile car elle n'est en rien une imitation. Toute chose résonne en toute chose dit le Cusain pour exprimer la solidarité des parties du monde qui ne prennent sens que dans un vaste système de relations. L'on pourrait reprendre cette formule en l'appliquant à un autre objet et dire qu'à la Renaissance l'ancien devient ce qu'il y a de plus original puisqu'il résonne avec les idées d'une époque nouvelle, révolutionnaire à plus d'un titre par rapport aux systèmes de pensée médiévaux et scolastiques.

Le schéma éminemment antique du microcosme représente bien cette mise en perspective de l'ancien sur le nouveau, de même que la fertilité de ce genre de procédé.

Cependant la symbolique de l'homme-petit univers et miroir du grand monde ne prend pas tout à fait la même signification dans le monde antique et le monde renaissant même si, ici et là, l'homme est célébré dans sa grandeur en vertu de sa position centrale. Nous trouvons chez Platon, par exemple, une expression fort représentative de ce thème. Dans la *République*, le Père de l'Académie établit un parallèle entre les structures du monde visible, de la cité et de l'âme qui tous trois, par leur harmonie et leur ordre, témoignent du monde intelligible des formes parfaites. Ainsi, pour tenter de définir ce qu'est la cité juste, Platon utilise une méthode analogique :

> Nous chercherons la nature de la justice dans les cités; ensuite nous l'examinerons dans l'individu, de manière à apercevoir la ressemblance de la grande dans la forme de la petite [1].

Les Pères de l'Église ont pu aisément reprendre à leur compte la symbolique du microcosme en la réinterprétant toutefois à leur manière, sous l'éclairage des Écritures. Que l'homme soit le reflet de l'univers, cela ne peut être que dans la pure continuité du dessein de Dieu. Créé le dernier jour, après le ciel, la terre, les animaux..., c'est comme si le Créateur avait en vue de faire échoir à l'homme le rôle et privilège de contenir en lui toutes choses.

Cependant certains Pères de l'Église, comme Grégoire de Nysse, n'ont pas manqué de prendre leurs distances avec cette symbolique qui risquait, en accordant à l'homme une place éminente parmi les créatures, de l'enfermer dans le monde. D'où ce texte bien connu de Grégoire de Nysse :

> Certains philosophes du dehors ont émis sur l'homme des idées vraiment mesquines et indignes de sa noblesse. Ils ont cru glorifier l'humanité en la comparant à ce monde-ci. Ils appellent l'homme un "microcosme" composé des mêmes éléments que l'univers. Pour ce nom pompeux, ils ont prétendu faire l'éloge de notre nature (...). Quelle grandeur y a-t-il pour l'homme à être l'empreinte et la ressemblance de l'univers ? [2].

Le ton virulent du texte s'explique par la volonté de Grégoire de limiter la fonction du microcosme puisque la dignité de l'homme est essentiellement due à sa condition d'image. Si la créature est perçue comme « nœud de la création », cela doit être tempéré ou plus exactement complété par la vision de l'homme créé à l'image de Dieu. Car la grandeur de l'homme se situe davantage dans sa capacité de se rapprocher de la divine face, de lui devenir ressemblante que dans ce pouvoir de résumer le monde. Il n'y a donc pas forcément antagonisme entre le microcosme et l'image mais il peut y avoir complétude comme l'ont pressenti nombre d'humanistes chrétiens, que ce soient les Pères de l'Église ou les penseurs du XVIe siècle, Pic de la Mirandole, bien sûr, mais encore Nicolas de Cues, Marsile Ficin ou Charles de Bovelles. Il n'y a pas de contradiction entre les deux réalités image du monde-image de Dieu, mais une complémentarité qui révèle une complexité : celle de l'homme situé au carrefour du sensible qu'il parcourt de part en part et du spirituel vers lequel il tend.

Cette complexité est la marque de la responsabilité de l'homme vis-à-vis de la Création dans l'ordre du divin. L'homme assume ainsi une fonction de médiation. En effet, si l'homme détient l'extraordinaire pouvoir de récapituler en lui le sensible, de parcourir tous les niveaux d'être, c'est en vue de les unir à l'intelligible, de les marquer du sceau du divin.

1. *République*, II, 369 a.
2. *La création de l'homme*, Paris, Desclée de Brouwer, 1982, chap. XVI, p. 92.

Cette thématique, déjà largement exploitée par le passé, au moment où les renaissants la reprennent, prend toutefois une résonance particulière dans l'atmosphère intellectuelle du Quattrocento. Deux raisons essentielles à cela : l'émergence de l'espace infini et la découverte de l'homme en tant qu'homme.

La raison cosmologique introduit une véritable rupture entre l'image du monde propre à l'antiquité, stable, fermée et rassurante et celle qui fait irruption à la Renaissance. La représentation immobile du monde et de l'homme cède le pas à une conception plus ouverte. Comment en effet maintenir dans un monde mouvant et infini l'équilibre si commode entre la pensée de l'homme et son milieu ?

A. Koyré[1] remarque, à juste titre, que les bouleversements scientifiques de cette époque ont enfanté de véritables révolutions spirituelles car l'homme s'est retrouvé perdu dans une immensité sur laquelle il n'avait plus prise. De dominant il se retrouvait dominé. Ses représentations du monde et de lui-même se sont trouvées minées de l'intérieur. Il fallait dans cette cosmologie nouvelle, non plus géocentrique mais héliocentrique, non plus finie mais infinie, établir de nouveaux fondements à la pensée de manière à ce que l'homme retrouve son rôle et sa place.

Si le monde copernicien n'était pas clairement défini comme infini mais seulement comme non mesurable, il a contribué à précipiter la déstabilisation de l'homme en destituant la terre de sa position centrale et en sapant les fondements mêmes de la cosmologie traditionnelle. C'est peut-être avec Nicolas de Cues qu'apparaissait pour la première fois la thèse de l'univers infini qui mettait un frein à l'appréhension du monde comme totalité. La connaissance procédant par comparaison chez le Cusain, il devenait impossible de saisir l'infini puisqu'il est sans commune mesure avec quoi que ce soit. D'où l'affirmation de la docte ignorance[2] comme seule forme possible de savoir. L'homme voyait aussi s'ouvrir devant lui un infini de possibles dans le champ du savoir et de l'expérience.

1. *Du monde clos à l'univers infini*, traduction de l'anglais par Raissa Tarr, Paris, Gallimard, 1988.

2. Même si certains auteurs, notamment Augustin ou Denys, avaient déjà parlé de Sainte ignorance, la doctrine de la docte ignorance chez le Cusain apporte quelque chose de résolument neuf. C'est le terme de "docte" qui est ici important. Il souligne que l'ignorance dont il s'agit nous enseigne, nous éclaire, car elle ne se réduit pas seulement au mouvement apophatique qui déleste Dieu de tout attribut ou de tout nom (ce que font les théologies négatives), mais elle est *précédée* par un mouvement positif qui correspond à l'expérience intellectuelle du transcendant. Cette expérience révèle l'immanence de Dieu dans le monde, sa présence dans les créatures, en même temps qu'est reconnue la transcendance et le caractère insaisissable du divin. La docte ignorance du Cusain s'apparente ainsi à une méthode dialectique de connaissance qui comporte deux aspects, l'un positif et l'autre négatif, puisant leur sens dans la théorie de la coïncidence des contraires. L'intellect opère, en effet, une sorte de passage à la limite qui porte l'immanence de Dieu à une absolue transcendance. Celle-ci ne se saisit ensuite que par la négation de toute qualité ou détermination, mais cette négation est alors « enrichie de tout ce qui s'était révélé de l'Infini dans son immanence » (Gandillac). Comme le précise bien Gandillac, la Docte Ignorance est « un acte positif de forme négative ». Elle est une pratique intellectuelle éminemment active même si, au bout du chemin, la nature divine se donne comme inintelligible. Mais dans ce constat, l'intellect tire le plus riche des enseignements dans lequel se fonde

Le thème du microcosme, bien que repris par les renaissants, était destiné, dans cette perspective, à se consumer. Frappé de relativisme, il ne devait servir que très provisoirement à marquer encore le privilège de l'homme de contenir en lui une totalité aux frontières désormais inconnues. Comment maintenir, en effet, les notions de centre et d'analogie avec l'irruption d'un univers dont Nicolas de Cues considérera que son centre est partout et sa circonférence nulle part? D'un monde dont les frontières reculent à l'infini, comment peut-on encore dire que l'homme en constitue le centre rassembleur? Que reste-t-il enfin de cette proportion idéale entre l'homme, le monde et Dieu que seule une vision "finitiste" pouvait garantir?

Le schème du microcosme aura donc à composer avec le paradoxe d'un homme qui se découvre libre et puissant mais aussi en disproportion avec son milieu. Nous le disions, ce schème n'est pas simplement répété par nos renaissants mais intégré à une dialectique féconde, si bien qu'il opère moins comme un vecteur de réconciliation que comme le révélateur des crises et des bouleversements de cette époque.

La deuxième raison qui fait du microcosme un fait « nouveau » est d'ordre philosophique. Elle tient au fait que l'homme se découvre alors en tant qu'homme et fait l'expérience de son autonomie, de sa suffisance, en dehors de l'autorité théologique quelque peu despotique du monde médiéval. Le motif du microcosme permet à l'homme de donner corps à son sentiment de puissance par rapport à la Création. Sa nature d'homme est pour lui comme une révélation. En l'approfondissant, il y trouve maintes fonctions et grandeurs qui le portent à se réapproprier son humanité en tant qu'être libre et responsable de ses choix.

Mais là encore, ce sentiment de domination est à tempérer par le sentiment inverse de finitude. Caractéristique de cette époque, cette antinomie place le microcosme dans une position des plus critiques car pour l'homme, il s'agit de continuer à exercer ses pouvoirs (intellect, volonté, liberté) malgré l'incommensurabilité qu'il découvre entre lui et l'Univers.

Quoiqu'il en soit, cette antinomie doit nous porter à bien marquer la rupture qui s'opère entre deux mondes, l'espace mental de la Renaissance devenant plus libre des « présupposés » dogmatiques chrétiens propres au Moyen Age. En effet, le savoir médiéval s'organise dans son ensemble autour de la Révélation chrétienne. Et si l'on assiste à une récupération de la philosophie grecque de la nature et de l'esprit, celle-ci est strictement ordonnée à la religion.

Alors que la Renaissance met en avant la suffisance de la nature humaine, relative, certes, mais quand même effective, le Moyen Age met l'homme ainsi que tout l'ordre de la nature sous la dépendance exclusive de la loi de Dieu.

d'ailleurs la théorie de la connaissance du Cusain : il s'agit moins, en effet, de rechercher la nature des choses que les relations qui existent entre elles.

Comme le souligne très justement G. Gusdorf, « l'univers médiéval n'est pas une réalité expérimentale mais un système de valeurs »[1]. L'interprétation de la nature est subordonnée à un principe transcendantal posé a priori, en dehors de l'expérience, d'où la quasi-impossibilité, selon l'auteur, de parler de sciences de l'homme ou de la nature à cette époque :

> Par un a priori dogmatique, la réalité humaine se trouve ordonnée à une vocation surnaturelle, qui seule lui donne sens. C'est pourquoi on peut dire que l'anthropologie médiévale traverse le domaine humain sans s'y arrêter, l'ordre humain n'étant qu'un espace de projection pour des déterminations eschatologiques (...). La science de l'homme devient une contradiction dans les termes.

Beaucoup d'interprètes ont plaidé pour lire la Renaissance dans la pure continuité du Moyen Age. Quelles que soient leurs raisons, s'il est un domaine fondamental qui invite à considérer la culture de la Renaissance en rupture avec la pensée médiévale, c'est bien la science de l'homme. Alors que l'anthropologie médiévale « traverse » le monde humain, l'anthropologie renaissante s'y arrête. Ce point est essentiel car l'humanisme renaissant gravite en grande partie autour de cet élément nouveau : le miracle humain.

LE MICROCOSME : JEAN PIC ET SES CONTEMPORAINS (NICOLAS DE CUES-MARSILE FICIN)

Attardons-nous sur cette faculté échue à l'homme de présider à la Création. Pic de la Mirandole, éminent représentant de l'humanisme de la Renaissance, accorde une large place au schème du microcosme, notamment dans l'*Oratio* et l'*Heptaplus*, mais il l'intègre à sa philosophie de manière originale, si bien qu'en assumant la tradition il va en même temps plus loin qu'elle.

La notion de microcosme amène avant tout à s'interroger sur la place de l'homme dans le monde. Participant des deux natures, intelligibles et sensibles à la fois, l'homme est cette créature du milieu, du centre de l'univers. En lui toutes les natures confluent, du dessous comme du dessus. Point de convergence, de récapitulation, il tire de sa position privilégiée une dignité particulière qui fait de lui l'égal des anges. Jean Pic va même jusqu'à affirmer la supériorité de l'homme sur l'ange : « Tous, autant que nous sommes, recevant le pouvoir d'être faits fils de Dieu, par la grâce que Jésus-Christ nous confère, nous pouvons être haussés au-dessus de la dignité angélique »[2].

En réalité, cette supériorité réside peut-être surtout pour l'homme dans le pouvoir de vivre ses œuvres de vertu, de charité, de justice etc., comme les fruits de son mérite et non simplement comme un don reçu, stable et définitif.

1. *Les origines des sciences humaines*, Paris, Ophrys, 1974, chap. II, p. 42.
2. *HE*, III, 7, p. 193.

Mais précisons d'emblée que, paradoxalement, la place centrale de l'homme dans le monde n'est pas un lieu. L'homme n'occupe pas une position fixe sur l'échelle des êtres mais peut, au contraire, monter librement ou descendre de manière à pouvoir embrasser simultanément ou consécutivement les créatures du monde. C'est là où Jean Pic innove. La liberté de l'homme est originaire et le microcosme en est un aspect particulier qui garde néanmoins toute son importance car il permet à l'homme de se dégager de sa finitude.

Interprété dans une perspective dynamique, le motif du microcosme donne, nous le verrons, une extension particulière au concept de nature humaine. En récapitulant les créatures dans l'ordre du divin, en devenant chacune de ces créatures par un travail de l'esprit, l'homme témoigne de sa vocation à l'universel :

> L'homme a quelque chose de toute créature : il a en effet l'être en commun avec les pierres, la vie en commun avec les arbres, le sentir en commun avec les animaux, l'intelligence en commun avec les anges; si donc l'homme a quelque chose en commun avec toute créature, selon quelque chose l'homme est toute créature [1].

Dans une page importante de l'*Oratio*, on peut lire, selon la même ligne de pensée que : « Le parfait artisan décida qu'à l'homme serait commun tout ce qui avait été le propre de chaque créature » [2].

L'homme semble être défini selon sa capacité de métamorphose. Et l'âme, dans son étreinte du monde, devient cette aventurière de l'extrême.

Le thème du microcosme occupe une place de choix dans l'*Heptaplus* qui est un récit allégorique des six jours de la Création tels que rapportés dans la Genèse.

L'utilisation excessive de symboles doublée d'un œcuménisme philosophique parfois dénué de rigueur en rend la lecture difficile. Aussi n'entrerons-nous pas dans le détail de ce que l'on pourrait appeler la philosophie naturelle [3] de Jean Pic. Celle-ci ne constitue d'ailleurs pas l'aspect le plus original de sa pensée. Cependant, dans la mesure où la connaissance de l'univers et celle de l'homme sont intimement mêlées chez le Mirandolain, l'on comprend que notre auteur ait attaché de l'importance à la description de la nature.

Jean Pic établit des comparaisons analogiques d'ordre arithmétique entre les trois mondes qui constituent l'univers.

Dans le monde intellectuel où évoluent Dieu et les anges, Dieu, en tant qu'unité première, meut les neuf hiérarchies des anges. Dans le monde céleste qui

1. *HE*, 2e exposition.

2. *Cf. Œuvres philosophiques de Jean Pic de la Mirandole*, trad. O. Boulnois et G. Tognon, Paris, PUF, 1993, p. 5. Dans la présente étude nous nous référerons essentiellement à cette traduction qui a le mérite de la clarté et qui est d'un usage courant parmi les chercheurs.

3. L'âme qui gravit les différents degrés de la philosophie naturelle s'assigne pour fin de parvenir à l'union extatique. La connaissance de la nature (cosmologie) n'est jamais prise en elle-même mais elle est assujettie à une anthropologie qui, à son tour, trouve son plein épanouissement dans la théologie de l'incarnation. La philosophie naturelle est donc une étape sur le chemin de la contemplation.

contient les sphères des dix ciels, le ciel empyrée commande aux neuf sphères célestes alors que, dans le monde élémentaire ou sublunaire des créatures terrestres et de la matière, se déploient à travers les neuf sphères des formes corruptibles, les corps inanimés ainsi que les natures végétales et sensitives.

Jean Pic met l'accent sur l'unité de ces trois mondes qui, par-delà leur diversité, procèdent d'un seul et même principe.

Notons que ces observations sont traversées de références à des enseignements divers : le stoïcisme, Pythagore, le Corpus hermétique ou encore la Kabbale.

A côté de ces trois mondes il en existe un quatrième, et c'est l'homme. La formulation est toutefois inexacte dans la mesure où elle suggère la juxtaposition. Or, l'homme est bien plus qu'un monde à part qui contiendrait en lui les autres. Il en assume surtout le lien. C'est en effet en l'homme-microcosme que l'univers parvient à son unité (thème quasi-obsessionnel de la pensée picienne), comme c'est en l'homme-image de Dieu que l'univers trouve sa plénitude.

Ce quatrième monde qui contient donc en puissance les trois autres, peut devenir, en tant que miroir de l'univers, chacun des éléments qui le composent. De par sa nature ouverte qui lui permet d'être pure disponibilité et réceptivité, l'homme semble destiné à l'aventure passionnante de la métamorphose.

Dans l'*Heptaplus* toujours, Jean Pic montre l'identité de structure qui existe entre le monde et l'homme. Tout comme dans l'univers les éléments s'ordonnent selon un certain ordre sous l'autorité d'un seul principe, ainsi l'âme donne à l'homme son unité en soumettant la nature matérielle (le corps, les passions...) sous sa juridiction.

> L'homme a été établi par la nature à cette condition que la raison maîtrisât le sens, et que toute la rage et l'appétit de l'ire et de la convoitise fussent bridés par les lois [1].

Par ailleurs, dans l'appendice du même ouvrage, Jean Pic met en relief la similitude qui existe entre l'homme et le monde à travers une interprétation tout à fait originale du premier verset de la Genèse où, selon lui, Moïse aurait caché la réalité du microcosme.

Ainsi les trois parties qui composent le corps humain correspondent chacune à une partie de l'univers. La tête, siège du cerveau et source de connaissance, correspond au monde angélique. Le tronc qui contient le cœur, source de vie, de chaleur et de mouvement, correspond au Ciel dans l'univers. Enfin, les membres inférieurs qui contiennent les organes génitaux, source de génération et de corruption, correspondent au monde terrestre :

> Il convient d'entendre que le monde est dénommé par Moïse "grand homme". Car si l'homme est le petit monde, en pareil cas le monde est le grand homme. Prenant de là occasion, il nous figure proprement par les trois parties de l'homme

1. *HE*, p. 203.

> les trois mondes intellectuel, céleste et corruptible (...). C'est merveille de voir combien elles répondent proportionnellement, joliment et comme à l'alignement, par un rapport exact et recherché, aux trois parties du monde [1].

C'est surtout dans le quatrième livre de l'ouvrage que Jean Pic expose les correspondances secrètes entre le monde et l'homme, en interprétant très librement, sur les bases d'une très vaste érudition, les vingt-sept premiers versets de la Genèse. La diversité de la matière de ce livre ainsi que le croisement de systèmes de pensée fort différents en compliquent la lecture. D'autant que notre époque est moins familière que la Renaissance avec les jeux d'interprétation symboliques et ésotériques. Tentons cependant de suivre Jean Pic quelque peu dans son brillant effort d'interprétation.

« Au commencement Dieu créa le ciel et la terre ».

Jean Pic reconnaît dans ce premier verset du récit mosaïque l'âme rationnelle figurée ici par le ciel, ainsi que le corps symbolisé par la terre. Il fait appel à Aristote et au Père de l'Académie afin de justifier son interprétation en rappelant que, pour ces derniers, l'âme est ce qui se meut par soi-même. Jean Pic observe à la suite de Plotin que le mouvement de l'âme est circulaire comme le ciel, « l'esprit rationnel se dirigeant des causes aux effets et, au rebours, remontant des effets aux causes, tournoie dans l'enclos du raisonner » [2]. Quant au corps, façonné de glaise, disgracieux et pesant, il correspond donc à la terre.

Pour rapprocher deux natures aussi éloignées que l'âme et le corps (ciel et terre), il fallait un lien. Jean Pic trouve ce lien dans la lumière que des philosophes comme Aristote ou Avicenne appellent aussi *spiritus*, *pneuma* ou souffle.

« Dieu dit : Que soit faite la lumière ! et la lumière fut faite ». Cette lumière ou esprit lumineux, « ce corpuscule spirituel que médecins et philosophes appellent esprit », est donc ce par quoi l'âme communique avec le corps. Fort de l'autorité d'Aristote, Jean Pic fait allusion à des passages du *De spiritu* où le *pneuma* est dit être d'une espèce plus divine que les quatre éléments. Identifié au chaud, Aristote en place le siège dans le cœur. *Pneuma*, esprit ou lumière, c'est bien par ce principe de vie que les choses viennent à la clarté, au « mouvement et au sens ».

La lumière a joué un rôle important à la Renaissance qui reconduisait là une tradition allant de la Bible aux philosophes arabes en passant par Saint Augustin et les néoplatoniciens.

Marsile Ficin, dans son *De Lumine*, met la lumière en rapport avec la vie intérieure et spirituelle. Conçue comme voie royale d'accès à la connaissance, elle a pour fonction de rendre les réalités divines plus accessibles. Cependant cette lumière là n'est pas la lumière physique, celle qui permet à l'œil de voir et aux choses d'être vues. Il s'agit d'une lumière plus intérieure, captée par l'intelligence et qualifiée de vision supérieure car affranchie de la multiplicité du sensible et donc capable de saisir l'univers dans son unité et sa cohérence.

1. *Ibidem*, p. 253-254.
2. *Ibidem*, p. 195.

Dans le chapitre suivant du quatrième livre, Jean Pic s'interroge sur le sens du verset : « Et l'Esprit du Seigneur était porté sur les eaux ». Il le met en relation avec un autre verset qui distingue les « eaux qui sont sous le firmament » et celles qui « sont sur le firmament ». En prenant soin de rappeler que la nature humaine est composée d'une partie intellectuelle et d'une partie sensitive, Jean Pic nous apprend que les sens et la raison sont symbolisés tous deux par l'eau dans la mesure où tous deux sont perméables soit à l'appel des choses périssables, soit à l'illumination divine. Dans cette perspective, le verset susdit voudrait signifier qu'avant même l'union de l'âme et du corps par l'agrafe lumineuse, l'Esprit était sur les eaux. Autrement dit, l'intelligence humaine, avant même d'être unie au corps, pouvait recevoir l'illumination divine. L'âme a donc une autonomie, une préexistence hors le corps qui lui donne forme.

Jean Pic poursuit de la même manière son commentaire des versets 9 et 10 : « Que les eaux qui sont sous le ciel s'assemblent en un lieu (...) Dieu nomma (...) les assemblées des eaux, mer ». A travers cette image, c'est le constat de l'unité des facultés sensitives (les eaux du dessous) qui apparaît. A la suite de Platon et d'Aristote, Jean Pic affirme que les différentes facultés sensibles (vue, toucher, odorat...) concourent harmonieusement entre elles dans la perception de l'objet qui convient ou non à l'épanouissement du corps.

Toutes ces correspondances, on le voit, s'inscrivent dans le thème du microcosme-macrocosme, l'unité du corps et l'agencement des facultés étant à l'image d'un monde créé harmonieux par Dieu pour y accueillir la plus noble des créatures.

Il n'est guère utile de s'attarder plus longtemps sur les développements qui suivent. Contentons-nous de mentionner que, dans le foisonnement des symboles et des correspondances, les animaux aquatiques représentent l'imagination [1], faculté qui a occupé une place importante dans la pensée de la Renaissance.

Faut-il le rappeler, le thème du microcosme est très populaire à la Renaissance et Jean Pic est loin d'être le seul à lui réserver un sort dans sa philosophie. Nous le retrouvons chez Nicolas de Cues et Marsile Ficin – pour ne citer qu'eux – largement étudié et intégré à leur système.

1. Sur l'imagination, *cf. HE*, V, 5, p. 211 et aussi *HE*, IV, 5 où Jean Pic identifie l'imagination à un sens intérieur qui se trouve au sommet des facultés sensitives et qui a, de ce fait, la capacité de guider l'âme rationnelle. L'imagination, s'unissant à la raison, a pour fonction de dégager la forme intelligible de la perception sensible : « Rapportons au (...) sens imaginaire ces affections que l'on peut plutôt nommer spirituelles et filles de notre pensée, que lignée charnelle » (p. 202). Il peut par ailleurs être utile de prendre connaissance de l'article de Christian Bouriau : « J.F Pic de la Mirandole : l'imagination entre ciel et terre » (in *Revue philosophique de la France et de l'étranger*, N° 4, PUF, 1998), qui fait bien apparaître la fonction médiane de cette faculté. Pour un exposé plus général, se référer à l'article de Claude-Gilbert Dubois : « L'imaginaire au seizième siècle », in *Les Humanistes et l'Antiquité Grecque*, Paris, Éditions du CNRS, 1989.

Le philosophème du microcosme joue dans la philosophie de Marsile Ficin un rôle déterminant dans la mesure où il est exploité comme argument de l'immortalité des âmes. De longs chapitres de la *Théologie platonicienne de l'immortalité des âmes* servent à expliquer l'indépendance de l'âme par rapport à la matière, de manière à sauver la première de la dissolubilité de la seconde.

« Si cette essence était plongée dans la matière elle ne remonterait jamais vers les réalités divines qui sont très éloignées de la matière », constate Ficin. Mais, bien qu'elle tende vers Dieu et aspire à s'unir à lui, l'âme garde toujours une "inclination" vers la matière. Cette inclination, qui n'est pas une dépendance, met l'âme dans une situation de familiarité en quelque sorte avec le monde supérieur et le monde inférieur. L'âme rationnelle est dite copule du monde car elle seule est capable de réaliser l'unité des différents degrés de la réalité : corps, qualité, âme, ange et Dieu. En tant que nœud de l'univers assurant la cohérence du monde et lui prêtant sa voix, l'âme ne peut donc être vouée au néant.

Chez le Cusain la notion s'inscrit dans la dimension néoplatonicienne de l'œuvre qui manifeste une continuité absolue entre les choses. Aucune coupure entre les différents degrés d'être, aucune échelle de valeurs, mais au contraire, une résonance de tout en tout. Reprise à Anaxagore, la fameuse formule indique que nulle réalité du monde n'existe à l'état pur ou séparé. Dans la nature, les choses n'existent et ne font sens que dans la mesure où elles se croisent, se mélangent, agissent les unes sur les autres.

Comme nous le verrons plus loin, c'est la relation qui est au fondement du système de connaissance du Cusain, système qui d'ailleurs évitera brillamment l'écueil de l'infini. Il est tout à fait vain pour Nicolas de Cues de chercher à comprendre et à définir un être dans son essence puisque celui-ci n'a aucune consistance en dehors des rapports qu'il entretient avec d'autres êtres.

Dans cette perspective vivante et dynamique, il n'est pas banal que l'homme se trouve au centre d'un système de relations et d'échanges. Il devient la principale image microcosmique des réalités du monde auxquelles il participe autant par le bas que par le haut. En effet, aucun des règnes végétal, animal et intellectuel n'est étranger à l'homme. Ficin, lui aussi, le souligne :

> L'âme mène la vie du végétal en prenant soin de développer son corps, la vie de l'animal en s'abandonnant aux sens, la vie de l'homme puisqu'elle s'occupe de traiter rationnellement des affaires humaines (...) Donc le genre humain essaie de devenir tout, puisqu'il mène tous les genres d'existence [1].

Notons que, pour Nicolas de Cues, ce qui importe dans le privilège humain de former un centre où se tissent tous les fils du Grand Univers c'est, bien plus que la prise sur le monde, la réalisation d'une union quasi substantielle entre l'esprit et la nature.

1. *Théologie platonicienne des âmes*, L. 14, chap. III.

MICROCOSME ET MÉTAPHYSIQUE DE L'ESPRIT

Ceci nous amène à nous interroger de plus près sur la notion de lien précitée dans le texte de Jean Pic. Décrivant le schème du microcosme et ses correspondances avec les différents mondes, nous avions constaté, avec notre auteur, que l'homme est ce qui opère le lien dans la Création. Or cette fonction de lien met singulièrement en relief la double nature de l'homme ainsi que la continuité qui existe dans le réel entre des ordres que l'on tenait pour séparés dans l'Antiquité : la matière identifiée à l'informe et donc au chaos et l'esprit qui figure la main mise d'une raison informatrice sur les choses [1].

Ce dualisme, mis à mal bien avant la Renaissance puisque la triade plotinienne Être-Vie-Pensée semble déjà tisser des liens inextricables entre le réel aux pulsions foisonnantes de vie et le rationnel, ce dualisme donc, est largement périmé au Quattrocento. La Renaissance constitue en quelque sorte le point d'orgue d'un vaste mouvement dans l'histoire de la philosophie qui tend à substituer aux principes métaphysiques traditionnels de l'Un et de l'Être celui de l'Esprit, donnant lieu à une philosophie de la vie autant que du concept, réservant une part à la raison, « forme des formes », autant qu'à la nature, vivier de forces où l'esprit gît en attente.

Car cette métaphysique dite de l'esprit postule une parfaite réversibilité entre nature et esprit, l'une contenant l'autre en puissance et pouvant, de ce fait, se transformer en son contraire, ou plutôt en son double. L'analogie qui est posée entre les processus mentaux et les processus physiques apporte ainsi une réponse originale au problème métaphysique par excellence de l'accord entre Pensée et Réalité.

La nature n'est plus simplement considérée comme cette réalité abrupte et seulement passive qui s'érige face à l'intellect comme un obstacle à dompter, mais elle est conçue comme nature vivante, en devenir, dont le mouvement la mène au principe dont elle émane.

La nature, de même que sa composante passive, la matière, n'ont aucun sens s'ils sont séparés de l'intelligence productrice de formes dans la mesure où nature et esprit ne se réalisent que l'un par l'autre. « La matière n'a pas cessé un seul instant d'habiter l'esprit puisqu'elle en est la chair et le sang », explique Pierre Magnard en mettant l'accent sur la « misère de la forme sans force, la misère de l'esprit sans matière » [2].

La métaphysique de l'esprit célèbre résolument l'union de la réalité et de la pensée au nom de la vie qui leur est commune, celle de l'esprit. Ainsi

1. La notion de lien est primordiale dans la tradition chrétienne, notamment dans le néoplatonisme chrétien avec Jean Scot Erigène, par exemple, qui met en rapport la dignité unificatrice et rectrice de l'homme avec sa qualité d'image de Dieu (*cf.* le livre III du *De Divisione Naturae*). Jean Pic, on, le voit, est fortement imprégné de cette tradition, même si la fonction de lien ne constitue pas pour lui l'essentiel de la dignité humaine.

2. *Cf.* article in *Métaphysique de l'esprit, De la forme à la force*, Paris, Vrin, 1996, p. 62.

> la nature n'a de formes que pour le travail de l'Esprit, qui lui-même ne se forme que parce que la nature l'engendre. La Nature n'est pas en elle-même productrice de formes; elle est simplement la matrice qui permet simplement le développement de celle-ci ; elle porte l'Esprit, tandis que l'Esprit la féconde [1].

Saint Augustin se saisit de l'image de la semence pour mettre en relief le principe transformationnel qui mène un simple germe naturel à une vie prodigieusement accomplie. Il invoque les raisons séminales ou semences primordiales pour expliquer en quoi le développement de la vie encore latente dans les êtres n'est qu'accomplissement du germe initial déposé par Dieu. Plus précisément, Dieu aurait préformé les semences de tous les vivants avant de les déposer dans la matière. Rien de ce qui vient à la vie n'échappe au geste créateur originel.

En fait, Saint Augustin distingue deux sortes de créatures dans l'ordre du créé : celles qui, dès le premier jour de la création, sont fixées dans leur être (les anges, le ciel, les éléments...) et celles qui ne sont que puissance, que développement futur, Dieu ayant déposé en elles des germes secrets de vie [2].

Ainsi, toute la nature est-elle palpitante de vie et en attente de rencontrer sa face spirituelle. Même si ce processus n'est pas toujours visible car la venue au monde du germe doit traverser l'épaisseur du temps, sous l'impulsion d'une « cause seconde » ou extérieure. Augustin donne l'exemple de l'agriculteur qui, en semant et en arrosant, ne fait qu'utiliser l'énergie propre à la nature et lui permettre de se développer. Il donne aussi l'exemple des parents qui ne sont en aucune façon les créateurs de leur enfant mais seulement la cause extérieure qui déclenche un processus inhérent à la nature. En effet, commente Gilson, « les parents qui engendrent ne sont rien, mais Dieu qui forme l'enfant; la mère qui porte l'enfant une fois conçu, et le nourrit, n'est rien, mais Dieu qui donne la croissance. C'est lui, en effet, qui, par son opération continuée jusqu'à ce jour, fait que les raisons séminales déploient leurs nombres, et développent de leurs replis secrets les formes visibles que nous contemplons » [3].

Au fondement de cette philosophie de l'esprit se trouve une conception de la création fortement apparentée à la doctrine chrétienne pour laquelle l'ordre du créé dans son ensemble ne tire sa sève que d'une source unique : Dieu. En effet, le christianisme, en bouleversant les degrés de l'échelle des êtres, en inversant même l'ordre du supérieur et de l'inférieur, révèle la relativité de nos propres critères

1. *Ibidem*, p. 52.

2. « Tous les êtres qui naissent de façon matérielle et visible ont certainement quelques germes secrets latents dans les éléments matériels de notre monde. Les uns sont même déjà visibles à nos yeux (...) D'autres, au contraire, sont invisibles : les germes de ces germes-là. (*Œuvres de Saint Augustin*, tome 15, *La Trinité*, livre III, chap. 8, 13, p. 297). Et, plus loin : « Comme les femelles sont grosses de leurs portées, le monde lui aussi est gros des causes des êtres naissants, ces êtres que seule crée en lui l'Essence sublime en qui rien ne naît ni ne meurt, rien ne commence ni ne finit » chap. 9, 16, p. 305). *Cf.* aussi, sur le même sujet, *De Genesi ad litteram*, notamment les livres V et VI. A noter que Saint Augustin a probablement emprunté sa théorie des raisons séminales aux néoplatoniciens. Voir, par exemple, Plotin, *Enn.*, II, 3, 13 à 17.

3. *Introduction à l'étude de Saint Augustin*, Paris, Vrin, 1987, p. 271.

d'appréciation. S'il faut faire silence pour écouter le lys de la vallée ou l'oiseau sauvage «qui ne sème ni ne moissonne», c'est que la nature est dotée d'une certaine sagesse, celle-ci n'étant plus le privilège du seul esprit. La raison philosophique de cet enseignement biblique serait la réciprocation que la métaphysique de l'esprit pose donc entre nature et esprit.

C'est dans la continuité de cette métaphysique de l'esprit qu'il faut interpréter la fonction de lien du microcosme.

Car la nature liante du quatrième monde révèle le rôle qui revient à l'homme, centre de forces et de résonances, d'unifier l'esprit et la matière [1].

Et c'est cela même qui constitue l'essentiel de notre philosophème : la capacité propre à l'homme de participer et de la passivité de la matière et de la puissance créatrice de l'esprit, de réunir en lui l'inséparable couple Nature – Esprit, dépendant de l'un autant que de l'autre, si bien que les opposer reviendrait à désarticuler l'entité humaine.

La *Recapitulatio* offre alors l'exemple d'une union en l'homme des natures sensibles et intelligibles, en vertu d'une participation égale à la variété des êtres de la création. Ce qui nous ouvre de remarquables pistes de réflexion en direction de la métamorphose. Condamné à changer pour être lui-même, non de cette variation qui est inconstance, mais de celle qui approfondit l'être en le parcourant dans sa riche diversité, l'esprit humain ne peut trouver son repos, nous le verrons, que dans la passion de l'Universel. Lancé dans la conquête d'empires géographiques qui sont parfois autant d'empires spirituels – Alexandre le Grand n'avait-il pas tenté à travers ses conquêtes d'accomplir le rêve géant de la fusion des plus fines civilisations de son temps ? –, l'homme est la seule créature au désir sans cesse

1. Il serait intéressant de faire une petite mise au point sur le statut de la matière, chez Jean Pic, tel qu'il apparaît dans l'*Heptaplus*, à la lumière de la théorie des raisons séminales que nous avons rapidement esquissée. La matière est-elle chez notre auteur principe vivant, énergie pure dans l'attente d'une forme ou, au contraire, réalité inerte et informe ? Il semblerait que la matière ait une extension et donc une existence propre avant même de s'unir à la forme (Jean Pic s'éloigne, ici, des platoniciens, de Saint Thomas et des nominalistes. *Cf. De Ente,* chap. VI). Elle n'est donc pas dénuée d'être, bien qu'elle soit « grossière et sans forme », ou encore « la plus méprisable des créatures » (*HE*, I, 2). De plus, la force primitive que constitue la matière a des prédispositions à recevoir des formes; elle est une potentialité (*privatio*) qui attend d'être actualisée; « elle a un parfait habitus de recevoir la forme » (*HE*, I, 1, p. 160). Par ailleurs, nous dit Jean Pic, « elle (la forme) ne peut être tirée du sein de la matière qui n'a été auparavant disposée et préparée par des qualités convenables » (*ibidem*). Mais ces qualités ne sont qu'accidentelles; elles ne sont pas dans la matière à titre de substance, précise Jean Pic (*HE*, I, 3, p. 164). Donc la matière, bien que n'ayant pas de principe actif propre, comme cela apparaît chez Plotin ou chez Saint Augustin, n'est pas passivité pure. Si la forme peut rencontrer la matière, dans son indétermination, c'est bien parce qu'elle est en mal d'actualisation, comme l'indique son état de *privatio*. Il est vrai qu'il est des passages plus équivoques de l'*Heptaplus* où la matière elle-même semble vivante (*HE*, V, 5), notamment lorsque Jean Pic se réfère à Plotin. Tels sont les risques auxquels s'expose la méthode picienne en tentant de rapprocher les diverses doctrines. Sur ce point précis, l'auteur tente d'accorder essentiellement Aristote et Platon, l'un reconnaissant l'existence réelle de la matière et l'autre l'assimilant au néant. Toutefois le statut de la matière reste un élément marginal de l'œuvre de Jean Pic.

inassouvi, par où il semble le mieux communiquer avec l'infini de Dieu. Dans cette perspective, il faut comprendre la métamorphose comme la recherche de la forme la plus haute pour la vie de l'esprit.

L'homme, disions-nous, est centre, médiation, lien, récapitulation de l'inférieur et du supérieur; « tout a été créé en lui, tout y a son essence, comme tout a sa subsistance en Dieu » [1]. Sans doute pour cela a-t-il été créé corps et âme. Il faut alors voir que la relation entre l'âme et le corps n'est pas une relation d'antagonisme mais de circularité dans la mesure où les sens aspirent à la raison tout comme la raison « descend dans les sens ». Le corps parle de l'âme, l'âme du corps. Le corps peut être l'expression la plus haute de la spiritualité et la tâche essentielle de l'homme sera, à travers sa sensibilité, ses puissances physiques et ses imperfections, de réunir toutes les formes d'être qui, au-delà de leurs différences, sont identiques parce qu'habitées par une même clarté.

« Le corps est l'accomplissement de la matière entière, la plus haute et la plus belle des réalisations de la nature », disait Charles de Bovelles [2], faisant écho à un courant de pensée proprement renaissant. De même pour Jean Pic, l'homme est un composé entre la substance intellectuelle et la corporéité. Le corps en lui-même est tout sauf impur, à moins qu'il ne soit livré aux excès des puissances appétitives. Là encore la recherche de l'unité de l'être humain, dans le jeu harmonique des facultés, est capitale.

Rappelons que pour certains Pères de l'Église, notamment Grégoire de Nysse qui a exercé une influence remarquable sur Pic de la Mirandole, l'importance du sensible est indéniable dans l'ordre du salut. Il nous revient d'utiliser le monde sensible pour parvenir à la Rédemption puisque celui-ci, quoique conséquence du péché originel, est voulu par Dieu.

Ainsi pouvons-nous lire dans Grégoire de Nysse, commenté ici par U.V. Balthasar, des remarques étonnantes, telles que : « dans la perspective du devenir réel, les passions, la sexualité même sont un bienfait indéniable pour l'esprit » [3].

La relation d'identité de l'âme et du corps a ici son importance car elle souligne la vocation de l'homme à être nœud de la création. Aussi proche des ténèbres que de la lumière, ce n'est pas à un ange qu'il est demandé d'accomplir l'univers, mais à un être partagé entre la matière et l'esprit, qui participe aussi bien à l'intelligence qu'à l'animalité et qui, de ce fait, permet à la matière de s'engager dans le règne de l'Esprit. L'enjeu du microcosme, on le voit, est considérable.

1. Pierre Magnard, *op. cit.*, p. 53.

2. *Le livre du Sage*, Paris, Vrin, p. 155.

3. In *Présence et pensée. Essai sur la philosophie religieuse de Grégoire de Nysse*, Paris, Beauchesne, 1988.

L'alchimie comme variante du microcosme

La philosophie alchimique de la Renaissance qui a pour principe de base l'identité foncière de la Nature et de l'Esprit n'est qu'un vaste écho de la doctrine du microcosme. Les alchimistes établissent une analogie entre les processus propres à la nature et ceux inhérents à l'homme, les premiers n'étant à proprement parler que les symboles des seconds puisqu'il n'existe aucune séparation entre monde matériel et monde spirituel. Les multiples manipulations de la matière qui caractérisent l'alchimie ne témoignent donc pas d'un délire prométhéen ou d'un utopisme naïf. Elles sont la voie technique obligée pour parvenir à un but totalement spirituel.

Conçu comme un réservoir d'énergies, de forces vivantes et de correspondances secrètes, l'Univers de la Renaissance n'est pas simplement un objet de savoir. L'individu doit y trouver sa place et jouer un rôle conciliateur au milieu d'éléments contrariés, souvent en lutte et menaçant donc le monde de désordre. Il doit aussi déchiffrer les signes qui habitent la nature et qui sont autant de marques de l'inépuisable richesse de l'être. L'Univers de la Renaissance est un espace où tout est possible, où l'homme peut participer, commander, faire ou défaire, en un mot recréer selon l'ordre le plus harmonieux les forces de la nature. Comme le dit E. Garin non sans lyrisme, en reprenant les termes mêmes du vocabulaire alchimique, dans cet univers

> toute chose, tout être, toute force est comme une voix pas encore comprise, une parole en suspens dans l'air; où tout mot prononcé a des échos et des résonances innombrables; où les astres regardent, écoutent, se font des signes entre eux et nous en font à nous-mêmes. Un univers enfin qui est un dialogue immense; aux formes diverses et multiples, tantôt murmuré, tantôt à voix haute, tantôt en langage clair. Et au milieu il y a l'homme, être admirable et changeant, capable de dire n'importe quelle parole, de refaire toute chose, d'écrire en toutes langues, de répondre à toute sollicitation et d'invoquer tous les dieux [1].

Il existe donc dans l'Univers des sympathies cachées, des affinités électives entre les choses mais aussi des ferments de désordre. C'est à l'homme qu'il appartient, en souverain absolu de la nature, de contribuer à l'harmonie cosmique. C'est pourquoi l'alchimie cherche à purifier la matière en la transformant en ce qu'il y a de plus brillant et de plus pur: l'or. Cependant, en spiritualisant la matière, l'alchimie recherche avant tout la purification de l'homme lui-même, comme si la matière noble ne s'offrait qu'aux cœurs purs.

En connaissant donc les correspondances de l'Univers par lesquelles le monde, l'homme et Dieu se trouvent par analogie indissolublement liés, et en reconnaissant en soi l'impact des énergies cosmiques, l'homme est appelé à une conversion. Car, à travers la transfiguration progressive de la matière déchue – conséquence sans doute de la chute – c'est tout l'homme qui s'engage dans un

1. Eugenio Garin, *Moyen Age et Renaissance*, Paris, Gallimard, p. 123.

processus salvateur, en y entraînant le grand monde. Les philosophies alchimistes sont, dans leur ensemble, habitées par la conviction que la nature entière tend vers son état primitif de pureté et d'unité avec son créateur. Ainsi tentent-elles d'aider le monde à retourner en Dieu, d'accélérer par des manipulations diverses de la matière, un processus tout à fait naturel.

La Pierre philosophale, qui symbolise l'irradiation des êtres purs, est considérée comme le principe bienfaiteur et transfigurateur des métaux impurs et frappés de dégradation. Plus globalement, elle est conçue comme le principe salvateur de toute la nature. Ainsi l'alchimie chrétienne a pu comparer la Pierre philosophale qui sauve l'ordre physique au Christ, qui lui, assure le salut de l'homme.

Les symboles utilisés pour figurer les relations entre les éléments, issus d'un système analogique, mettent constamment en relation le monde, l'homme et Dieu. Comment s'étonner alors de découvrir que, pour les alchimistes, la Pierre philosophale représente le Christ du monde, de la même manière que le Christ est perçu comme la pierre philosophale de l'esprit. A. Koyré souligne que

> Ce qui est le plus caractéristique de cette école de pensée, c'est la croyance que les processus du monde extérieur, du monde physique, ne font que répéter et symboliser ceux de l'âme (…). Le mercure étant l'intermédiaire entre le soleil et la lune, est le Christ dans le monde de la matière, comme le Christ, médiateur entre Dieu et le monde, est le mercure spirituel de l'Univers. C'est plus qu'une simple allégorie ou comparaison [1].

L'analogie entre l'homme et le monde est telle qu'il n'y a pas de salut pour l'un sans salut pour l'autre. L'homme, qui est à la fois image du monde et de Dieu, associe à sa propre transfiguration l'achèvement du monde. Le microcosme, cœur battant du grand monde, n'est pas seul promis à la déification.

D'après ces quelques considérations sur l'alchimie, on comprend pourquoi les mages ainsi que l'idéal hermétique auquel ils puisaient, furent tant combattus au Moyen Age.

Ces transformateurs de la nature, qui avaient établi un langage souterrain avec le réel, venaient contrarier les aspirations intellectuelles d'une époque dont le souci était, au contraire, de dompter le réel en lui imposant ses catégories conceptuelles [2].

1. *Mystiques, spirituels, alchimistes du* XVI ͤ *siècle allemand*, Paris, Gallimard, 1971, p. 114.

2. Il convient de distinguer ici la magie et la sorcellerie. Si la première, dans un sens large, peut englober la seconde, un auteur comme Pic de la Mirandole les séparera soigneusement dans la mesure où elles impliquent chacune des démarches tout à fait différentes. En effet, alors que la magie dite naturelle opère selon les lois propres à la nature pour permettre à l'homme de devenir « interprète et adorateur du divin » (*Or*, p. 55), la sorcellerie opère contre la nature, d'où l'intervention dans cette pratique des démons. « La première, nous dit Jean Pic, ne peut revendiquer le nom d'art ni de science ; l'autre, pleine des mystères les plus élevés, embrasse la contemplation la plus haute des choses les plus secrètes, et finalement la connaissance de la nature entière. Celle-ci attire à la lumière comme depuis les antres de la terre les vertus répandues et semées dans le monde par la bienfaisance de Dieu, et elle fait moins des miracles qu'elle ne sert la nature qui les accomplit » (*Or*, p. 59). Ce qui explique

Le mage prétendait vouloir dialoguer avec les forces irrationnelles et occultes d'un univers imprévisible parce qu'ouvert. Alors que la théologie médiévale avait constitué un monde plus sécurisant où la Raison devait régner en souveraine absolue.

L'exercice de la magie, selon Garin, résulte de la découverte de l'être comme mouvant, dynamique et infiniment riche. Que de trésors cachés dans les pulsions refoulées et le monde de l'irrationnel. Que d'espaces inconnus et inexplorés ! Libérée des carcans artificiels de la certitude logique, la contingence ouvre alors un champ infini d'expériences nouvelles qui sont autant de pistes pour mieux comprendre la nature ambiguë de l'homme. Précisant que « la magie ne s'installe jamais dans une certitude bienheureuse mais demeure une aventure permanente et périlleuse »[1], Garin ajoute que

> toute la distance qu'il y a entre le Moyen Age et la nouvelle ère est celle-là même qui existe entre un univers clos, anhistorique, intemporel et immobile, et un univers sans limites, ouvert, où tout est possible. Dans le premier le magicien représente seulement la tentation démoniaque qui veut perturber un monde paisible et parfait. C'est pourquoi il est combattu, persécuté, envoyé au bûcher, et la magie maintenue à l'écart des sciences dignes d'attention, car elle n'est qu'appel du gouffre, offrande aux ténèbres, séduction diabolique[2].

L'HOMME-MÉDIATEUR : PRIVILÈGE ET LIMITES

Une des conséquences importantes du microcosme, liée à la position centrale de l'homme dans l'univers, c'est sa fonction de médiateur universel. Cependant chez Pic de la Mirandole cette situation n'est pas statique mais implique, au contraire, un dynamisme de la personne, libre de ses choix à l'intérieur de l'échelle des êtres.

L'*Heptaplus* insiste particulièrement sur cette position là, déjà singulièrement mise en valeur par l'organisation de l'ouvrage. C'est en effet, en son milieu, plus précisément dans la quatrième exposition, que Jean Pic traite du thème de l'homme comme monde original.

Bien que les autres créatures communiquent entre elles et s'influencent mutuellement, cette fonction de médiation reste le propre de l'homme dans la mesure où celui-ci peut non seulement devenir chacune des natures de ce monde, les actualiser de manière effective et les rassembler en lui, mais il a aussi le

néanmoins la sévérité de la condamnation romaine des thèses de Jean Pic portant sur la magie, c'est le contexte historique de la Renaissance qui voit proliférer les cultes sataniques et la sorcellerie avec leur cortège de croyances ésotériques. Par une bulle du 5 décembre 1484, le pape Innocent VIII chargea les Inquisiteurs de réprimer durement de telles pratiques.

1. Garin, *op. cit.*, p. 126.

2. *Ibid.*

pouvoir de les transcender. Pour l'homme, se fondre dans une nature donnée, ce n'est pas s'y confondre, s'y dissoudre. Car l'homme – et sa nature ouverte en témoigne constamment – n'est pas seulement mondain. En choisissant de devenir telle créature ou en épousant telle forme naturelle, l'homme prend aussi conscience de la distance qui le sépare des autres êtres créés. Il est vrai qu'il les résume mais lui-même ne se réduit pas à cette capacité.

Par ailleurs, ce qui fonde le schéma du microcosme, chez Jean Pic, et lui donne toute sa force, c'est la christologie qui répond de manière décisive au problème de la vocation personnelle de l'homme dans le monde.

Pour le Florentin, le soubassement du microcosme, n'est autre que l'*imago dei*. C'est pourquoi le privilège d'être copule du monde, « truchement entre les créatures, familier des supérieures, roi des inférieures (...), intermédiaire entre l'éternité stable et l'instant qui s'écoule »[1], confère à l'homme un rôle éminemment actif. Non seulement a-t-il le pouvoir de se représenter le monde comme totalité et de le rendre intelligible, mais il lui échoit aussi la responsabilité de transformer le cosmos, de le faire parvenir à son sens et à son unité.

Dans l'*Heptaplus*, Jean Pic souligne que les parties du corps humain ne sont en accord que lorsqu'elles sont ordonnées à Dieu,

> De telle manière que comme le monde entier est un en soi, il doit aussi finalement être un avec son auteur. Imitons aussi pour notre part la très sainte alliance du monde, afin que par une mutuelle charité nous soyons un les uns envers les autres, et que tous ensemble, par le véritable amour de Dieu, nous devenions bienheureusement un avec lui[2].

Le texte mérite que l'on s'y arrête quelque peu car l'alliance du monde qui y est mentionnée donne un relief particulier au schème du microcosme. Il s'agit d'une exposition de la première parole de la Genèse toute empreinte de passion kabbalistique. Jean Pic, en effet, tente d'interpréter le premier mot de la Bible « Bereshith » (au commencement) selon cette tradition ésotérique juive, sorte de démarche initiatique, qui consiste à combiner les lettres des mots afin de comprendre les grands mystères qui s'y cachent. Au fondement de ce « jeu » de mélange et de recomposition se trouve la croyance que la vérité est non seulement signifiée mais aussi contenue dans les lettres mêmes de la Loi. Et cette vérité, de partielle qu'elle est (ou plutôt qu'elle apparaît) dans sa première version (celle du texte), devient totale. Jean Pic découvre ainsi dans le simple « Bereshith » plusieurs mots tels que père, fils, commencement, repos, créa, chef, feu, fondement, grand, homme, bon et alliance qui, composés entre eux, révèlent des choses étonnantes. Ainsi, le terme d'« alliance » semblerait provenir du mot hébreu « Bérith » lui-même issu du démembrement de « Bereshith ». Jean Pic s'interroge sur la signification que ce mot-ci peut avoir dans un tel contexte.

1. *Oratio*, p. 3.
2. *Heptaplus*, Appendice, p. 254.

S'il suppose le microcosme puisqu'il manifeste les correspondances entre les trois mondes et l'homme, il révèle en même temps un accord, une convenance entre les parties du monde qui émane d'un ordre voulu par le Créateur. L'Univers est habité par des forces diverses, dont l'homme fait naturellement partie, qui doivent converger en vue d'une même fin : l'union avec Dieu. C'est pourquoi Jean Pic qualifie cette alliance de très sainte.

Il apparaît donc que l'homme-microcosme, pour être la créature la plus libre de la Création, n'en est pas moins soumis à un ordre. Car il semble bien que ce soit dans la droite ligne de l'humanisme chrétien qu'il faille donner toute sa signification à la notion d'alliance. La sixième exposition, consacrée dans son entier à l'alliance et à la concordance des mondes et des choses, montre que la triple union à l'œuvre dans les créatures est à l'image même de la Trinité divine, qu'elle en est l'effet. Ainsi, à l'unité de la chose en elle-même et avec elle-même correspond la toute-puissance du Père qui permet aux choses de subsister sur le mode du rassemblement; à l'unité des créatures entre elles, résultant de la confrontation avec l'altérité, correspond la sagesse du Fils qui rend possible l'existence concordante du dissemblable; enfin l'unité de l'Univers avec le principe dont il émane est l'œuvre de l'Esprit Saint dont l'amour réalise le retour du créé à son origine.

Parmi les quinze genres d'alliances que Jean Pic met à jour dans le texte mosaïque, les cinq premières, instituées dès le premier jour de la Création, apparaissent comme fondamentales. Il s'agit des couples ciel-terre, terre-vide, abîme-ténèbres, Esprit de Dieu-eaux et lumière-corps. Rien dans la nature ne semble devoir exister à l'état séparé. Ainsi, si la terre est identifiée au vide par la matière informe et passive qui la caractérise, elle est aussi immédiatement accouplée au Ciel, comme si la matière se faisait ailée et l'esprit se faisait charnel. La Trinité divine parcourt la Création, semant des germes de rapprochement entre l'inférieur et le supérieur, grâce auxquels « nous pouvons nous unir à ce qui est meilleur que nous » [1].

De ces différents genres d'alliances, Jean Pic observe par ailleurs des correspondances avec la nature humaine, ce qui n'étonnera guère le lecteur picien, rompu aux comparaisons allégoriques et autres images foisonnantes de son texte. Le ciel et la terre se convertissent alors en âme et corps, l'Esprit de Dieu figure l'entendement humain et la lumière devient un symbole de vie.

Les différents mondes se correspondent entre eux comme les parties de chacun de ces mondes entre elles selon une Volonté transcendante, signifiée mystérieusement dès les premières lignes du récit mosaïque. La sainte alliance est le sceau même de Dieu sur sa Création alors que le désordre n'est que le fruit de « l'impétuosité de la matière coulante et caduque qui nous envahit (...), les gouffres et torrents des plaisirs et des voluptés qui débordent contre nous » [2]. L'on en déduit aisément la responsabilité du microcosme, créé libre et détenteur du pouvoir

1. *HE*, VI, 1, p. 218.
2. *HE*, VI, 6, p. 223.

d'orienter la Création selon l'ordre originel imparti par Dieu ou de la désorienter en la livrant à la discorde des passions.

Être microcosme ne signifie pas être simple miroir ou témoin passif mais engage l'homme sur le terrain de sa principale vocation : l'Universalité. De par sa position centrale et sa participation à deux natures extrêmes, l'individu est l'être par excellence qui peut accueillir le mystère de l'Incarnation et faire parvenir l'Univers à sa Rédemption.

La tâche qui échoit à l'homme de rassembler et d'achever l'Univers est immense. D'où la nécessité pour Jean Pic de faire intervenir une théologie de l'incarnation qui réalise l'assomption de cette correspondance entre l'homme et l'Univers.

Privilège d'être copule du monde mais déchirures et faiblesses de l'homme réel et concret : cette antinomie ne pourra être dépassée que par l'intervention d'une Providence divine, sous la forme de l'incarnation du Verbe incréé.

La réalité du microcosme se voit ainsi relativisée. En effet, le motif de *Copula Mundi* est rarement pris en lui-même. Ce sont plutôt les conséquences qui en découlent qui retiennent toute l'attention du Florentin. Ce ne sont pas tant les similitudes entre l'homme et l'ordre du créé qui intéressent Jean Pic que ce qui permet d'affirmer la différence radicale de l'individu. Si la pierre, la plante, l'animal..., sont ce qu'ils sont de toute éternité, l'homme, lui, est sans visage, sans humanité donnée à l'avance. Il est tout entier dans le résultat jamais acquis ou définitif de sa propre action, de son engagement moral, de ses attirances ou ses rejets, aussi bien du côté des plus obscures ténèbres que de la clarté la plus vive.

Parmi les principales conséquences que Jean Pic retiendra du microcosme, nous trouverons ainsi la liberté et la créativité humaines qui permettront de définir l'humanisme proprement picien[1].

Le schéma de microcosme, que Jean Pic dépasse en vertu d'une recherche toujours plus acérée de la dignité humaine, a été considéré par certains auteurs contemporains comme une humiliation de l'homme. C'est la thèse que défend Rémi Brague en faisant porter sa réflexion sur la notion de centre. Il apparaît que la centralité, selon la manière dont on l'entend, n'est pas forcément ce qui est le plus élevé en dignité. La question serait de savoir s'il y a identité entre le centre géométrique et le centre axiologique.

Aristote distingue les deux réalités dans ses écrits cosmologiques, l'une n'incluant pas forcément la supériorité ontologique que suppose l'autre. Dans cette logique, on pourrait dire que le centre « ontologique » de l'homme c'est son cerveau ou son cœur, par exemple, et non son foie qui n'est que son centre

1. Ces éléments de l'œuvre peuvent laisser perplexe quant à la participation supposée de la pensée picienne à une philosophie de l'esprit. Car, en mettant l'accent sur la liberté créatrice, Jean Pic semble accorder à l'esprit une supériorité par rapport à la nature, dans le sens où l'esprit pourrait penser ou créer des formes dont la nature est incapable. La réciprocation que nous avions observée entre nature et esprit serait ainsi brisée. Il nous faut être attentifs à cette tension constitutive de l'œuvre entre équilibre et déséquilibre, ordre et désordre, entre l'esprit créateur d'être et l'esprit créateur de néant.

géométrique. Nous trouvons donc une distinction entre les deux centres qui sera reprise par maints disciples d'Aristote.

Par ailleurs, l'auteur remarque que dans plusieurs textes de l'Antiquité, la notion de centre est considérée comme ce qu'il y a de plus bas, certaines occurrences des *Ennéades* de Plotin étant très claires à ce sujet. Même plus, la terre qui se trouve au centre de l'univers occuperait la région la plus vile, constituant dans le système du monde une sorte de décharge pour les corps matériels. D'où la conclusion que le géocentrisme est bien plus humiliation que promotion de l'homme, contrairement à l'héliocentrisme qui, lui, libère la terre et l'homme qui l'habite d'une place fixe. Ainsi, « au lieu de croupir dans un cul de basse-fosse, l'homme était désormais l'habitant d'un quartier aussi chic que celui où loge le soleil »[1]. Les problèmes auxquels s'est heurté le copernicianisme en son temps seraient ainsi dus au fait que cette théorie :

> Assignait à l'homme un séjour trop sublime et qu'il le transportait à une place qui n'est pas sans analogie avec celle qui caractérise le ciel des fixes, immuable et immortel[2].

1. Rémi Brague, « Le géocentrisme comme humiliation de l'homme » in *Herméneutique et ontologie*, Paris, PUF, 1990, p. 221.

2. *Ibidem*, p. 223.

CHAPITRE II

CONNAISSANCE ET MÉTAMORPHOSE

Le motif de microcosme, nous l'avons vu, indique chez le Mirandolain la position stratégique de l'homme mais dans le sens, surtout, où celui-ci est la seule créature qui n'occupe aucune place déterminée dans l'ontologie scalaire. Il peut, en effet, transgresser les limites et monter et descendre sur l'échelle des êtres tel qu'il l'entend. Le microcosme garde donc son importance dans la mesure où il fait de l'homme un centre de convergence indispensable mais il gagne en relativité car il ne dit pas tout l'homme. Dans son exploration de la spécificité humaine, Jean Pic fait un déplacement vers l'intellect. De par sa nature mitoyenne, l'homme a à sa charge la connaissance de son milieu. Copule du monde, reflet de la totalité du cosmos, c'est à lui que revient la tâche de parcourir l'univers dans la diversité de ses formes et de l'interpréter.

La connaissance détermine une part éminente de la *dignitas hominis*. Chez Jean Pic, comme plus globalement dans toute la Renaissance, l'activité intellective jouit d'une certaine indépendance car, au lieu de toujours tendre vers Dieu comme son unique fin, elle trouve en elle-même sa propre justification. Par ailleurs, l'activité de la pensée propulse l'homme dans le champ de l'action, pour autant que son attitude dans le monde soit constructive. Dans l'*Oratio*, il apparaît dès les premières pages que ce rôle éminent qui incombe à l'homme de parachever l'univers par la contemplation et la connaissance est voulue par Dieu même : « Je t'ai mis au milieu du monde afin que tu puisses mieux contempler autour de toi ce que le monde contient » [1], dit le parfait artisan et créateur de l'univers.

Cette complète ouverture de l'homme au monde qui suppose l'intégration de ses parties ne signifie pas pour autant – comme nous le verrons – une absorption, une dissolution du sujet dans l'immensité du Tout. Car chez Jean Pic cette tension demeure, et elle est essentielle, entre le don, l'élan, l'ouverture et le retrait ou l'effacement de l'homme vis-à-vis de ce que finalement il excède en grandeur et

1. *Oratio*, p. 7.

en dignité. Par sa conversion au monde comme totalité, il le parachève et le hisse à son Créateur mais il n'est pas pour autant lié à ses parties. Car l'homme, cet animal rationnel, n'en finit pas chez Jean Pic d'affirmer et revendiquer son indépendance ou, ce qui revient au même, sa différence.

L'HOMME INTERPRÈTE DE LA NATURE

En tant que médiateur universel, l'homme contient en lui toutes les natures et les résume dans son intellect. Jean Pic affirme en effet que :

> L'homme est un truchement entre les créatures, familier des supérieures, roi des inférieures, interprète de la nature grâce à la pénétration de ses sens, à l'enquête de sa raison, à la lumière de son intelligence [1].

Le monde est donc là pour être pensé et l'homme pour le penser. Cette activité de l'intelligence, qui témoigne de l'excellence de l'homme, établit un double rapport de connaissance entre le sujet et son milieu. En effet, pensé par l'homme, le monde est rassemblé, les choses dégagées de la multiplicité aliénante et ramenées à leur unité fondamentale en Dieu. Mais dans le même temps, penser le monde pour l'homme, c'est se retrouver soi-même, connaître sa place dans la hiérarchie des êtres, ses similitudes et surtout sa différence avec les autres créatures.

Il existe sur ce point d'importantes affinités entre Jean Pic et Nicolas de Cues. En effet, pour l'un comme pour l'autre, l'âme peut, par la connaissance, parvenir à connaître la nature et son Créateur, tout comme l'âme parvient à s'identifier à ce qu'elle connaît. D'où le rôle crucial que joue le monde sensible dans le processus de connaissance, d'autant qu'entre le créé et la forme infinie, comme l'enseigne le néoplatonisme, il n'y a aucune rupture mais continuité permanente, circularité vivifiante. « Dieu est la précision de toutes choses. Il suffirait d'avoir la connaissance précise d'une seule pour nécessairement les connaître toutes », nous dit le Cusain.

Le *Tableau ou la Vision de Dieu* illustre fort bien ce propos. Le Cusain démontre comment l'art pictural humain, constitué d'éléments matériels, peut servir d'ancrage à l'expérience mystique. La vision sensible parvient ainsi à un formidable renversement : elle voit de ses yeux de chair et au terme de sa vision elle se sent vue, dominée, arrachée à elle-même, secondée par la vision intelligible, celle du regard intérieur qui parvient à croiser le regard de celui pour qui « voir c'est aimer ». Dans cette perspective, les sens participent pleinement à l'expérience du divin. Ils en sont le chemin. De même qu'ils peuvent se tenir à l'apparence, le sujet du tableau (un homme qui regarde), ils peuvent aussi en saisir

1. *Ibidem*, p. 3.

la vérité et c'est alors l'omnivoyant qui apparaît derrière l'anonymat de la figure peinte. Ainsi :

> Comme le regard du tableau te suit également en tout lieu et ne t'abandonne pas où que tu te diriges, tu seras poussé à la réflexion et tu appelleras et diras : Seigneur, maintenant dans ton image et par une certaine expérience sensible, je vois ta providence [1].

Jeu, échange des regards, jusqu'à la reconnaissance d'une vision absolue, qui englobe tout ce qu'elle voit et « veille avec un soin extrême à la plus petite créature comme à la plus grande et à la totalité de l'univers » [2]. La vérité que dégage le tableau est la perfection du regard de Dieu, ce regard absolu qui embrasse simultanément le singulier et l'universel et réalise en lui la coïncidence des contraires : altérité et unité, diversité et identité etc. La vérité est à saisir au point de rencontre de l'impossible et du nécessaire, au-delà de la dualité mauvaise où évolue la raison.

On voit l'ampleur de la tâche. Connaître pour l'homme c'est, en ultime instance, quitter la condition d'être pensant en faveur de l'intelligence du cœur, elle seule garante de l'unité de l'être qui connaît. Car, par elle, tous les sens participent dans une harmonie parfaite. L'homme est donc loin d'être seulement spectateur ou miroir passif du monde. Il est, au contraire, un acteur qui s'engage dans ce vaste théâtre en vue de le transformer. Opération par laquelle, d'ailleurs, il se transforme lui-même.

Cette situation active d'*universi contemplator*, l'homme la doit à sa condition d'image. « Truchement entre les créatures », médiateur unique entre Dieu et le créé, l'homme qui admire et connaît le monde fait œuvre pie. En tant que « second Dieu », et à travers son activité judicatoire, il confère au monde sa valeur et son sens. La contemplation, si essentielle chez Jean Pic, est donc à inscrire dans le cadre de sa philosophie naturelle car c'est en connaissant la nature et en franchissant ses différents degrés que l'âme parvient à s'unir au Transcendant. Pénétrer les secrets de la nature n'a pour autre enjeu que de « marier la terre au ciel, c'est-à-dire les forces inférieures aux dons et aux vertus des supérieures » [3]. Il n'est de félicité théologique qui ne soit précédée par une stricte ascèse intellectuelle. Sur ce point, l'influence plotinienne sur notre auteur est évidente, mais aussi platonicienne et augustinienne.

L'union à Dieu

Si Dieu n'avait créé la nature intellectuelle, le monde serait demeuré sans valeur. Il n'y aurait eu d'esprit pour découvrir ses créatures, les comparer, les mesurer, les apprécier, en un mot pour les juger. A partir de là, on voit que

1. *Le tableau ou la vision de Dieu*, chap. IV, Paris, Édition du Cerf, 1986, p. 36.
2. *Ibid.*
3. *Oratio*, p. 61.

l'intelligence est un critère fondamental d'approche de la dignité humaine et que sa source et sa finalité c'est l'Un ou Dieu. L'unification des choses dans et par l'intellect suppose non seulement une métaphysique mais aussi une théologie puisque la finalité de la connaissance, pour le Florentin, consiste à rapporter les créatures dispersées à leur origine.

En effet, si l'intelligence est exaltée et possède une certaine autonomie dans le monde, c'est dans la Pensée divine, parfaite et toujours en acte, qu'elle trouve son principe et son identité. L'intellect est ainsi tourné à la fois vers le bas et le haut, vers le divers du phénomène et l'unité du principe :

> Je définis ainsi la félicité, le retour de chaque chose à son principe : car le bonheur est le souverain bien ; le bien souverain est ce que toute choses désirent ; mais ce à quoi toutes choses aspirent est cela même qui est au commencement de toutes [1].

C'est donc dans l'Un que les choses retrouvent leur essence, leur être intelligible [2], comme c'est dans l'Un que se réalise la coïncidence des contraires, thèse au fondement de la docte ignorance du Cusain qui trouve de multiples échos chez Pic de la Mirandole. C'est en Dieu, essence universelle qui transcende tous les opposés, que maximum et minimum coïncident alors que la contradiction chez l'homme prend souvent le douloureux visage du paradoxe. Dieu embrasse les réalités contradictoires sans pour autant les résoudre dans une même identité.

Notons que Pic de la Mirandole, en donnant à l'homme la charge de guider le monde vers une fin eschatologique, se situe dans une mouvance de pensée proprement renaissante. Chez les humanistes français du XVIe siècle, comme le très représentatif Charles de Bovelles, la présence de l'âme au monde est envisagée comme un voyage, une errance, une pérégrination nécessaire au terme de laquelle l'âme recueille le plus d'images sensibles afin de les ordonner autour d'un principe unitaire. Ainsi l'âme doit-elle faire retour sur elle-même pour intérioriser et exalter en quelque sorte ce qu'elle aura vu :

> L'âme du Sage, se glissant spirituellement hors du corps, à travers les valves des sens extérieurs, s'en est allée par le monde et, après avoir extrait et recueilli de

1. *Heptaplus*, Préface, livre VII, p. 225.

2. Cette dimension de l'œuvre picienne qui consiste à sublimer la voie contemplative ou intellectuelle en vue d'une union quasi mystique avec le divin a de fortes incidences néoplatoniciennes. En effet, l'on sait que chez Plotin l'âme individuelle aspire, au-delà même de la contemplation, à rejoindre l'unité absolue et infinie, à être absorbée par elle, dans une sorte de vision extatique qui suppose un dépassement de l'intellect (*cf. Enn.*, VI, 9, 11 et *Enn.*, VI, 7, 35). L'on peut toutefois se demander ce qu'il advient du thème de la liberté dans ce contexte "théologique". L'on assiste de toute évidence, dans l'*Heptaplus*, à un déplacement de la notion qui n'est plus revendiquée de manière aussi radicale que dans l'*Oratio*. Alors que le fameux discours est placé sous le signe d'une glorification de l'homme, l'*Heptaplus* est résolument tourné vers le Créateur et comme marqué d'une vision moins optimiste de la nature humaine, plus ambivalente pour le moins.

> toutes les choses qu'elle avait trouvées dans ce monde l'atome spécifique, elle s'en est retournée dans le corps et (...) elle a composé l'homme de vertu[1].

Pour se risquer à une image, nous pourrions dire que l'homme est au monde ce qu'est le musicien à sa partition : un interprète qui utilise son talent pour recréer la composition plutôt que de la jouer servilement. Noblesse du vaste théâtre du monde pensé par l'homme qui le découvre en l'inventant.

L'étude des conditions d'exercice de la pensée va mieux faire apparaître ce rôle créateur qui incombe à l'homme. Car penser, c'est créer. Et créer, c'est témoigner de sa fonction d'image. Dieu a voulu que l'homme participe activement à la Création dont il le rend responsable. « *Tiens. Le monde est à toi. Je te le donne. Utilise-le au mieux, de manière à gagner en humanité...* », semble dire le Grand Architecte du monde.

LES CONDITIONS D'EXERCICE DE LA PENSÉE

Qu'est-ce que penser (les facultés)

Image de Dieu comme microcosme, l'homme est aussi image de Dieu comme intellect. Les conditions d'exercice de la pensée humaine chez Jean Pic font apparaître le rôle primordial que joue l'homme dans le monde. Il s'agit ici d'une quête du sens, d'une recherche de la vérité à travers laquelle s'institue tout un dialogue entre l'ordre du créé et l'Être universel.

Mais avant d'aller plus loin, il nous faut préciser qu'avec la scolastique, philosophie et théologie sont encore dans un rapport étroit. La vérité, en effet, est avant tout celle de la Révélation et le discours philosophique a pour fonction de servir les vérités de la foi. Et si la théologie s'appuie sur la lumière naturelle pour pourvoir ses considérations d'une assise rationnelle, la foi reste supérieure à la raison car c'est elle qui approche le mieux, non sans le secours d'une grâce surnaturelle, l'essence des choses[2].

C'est à la Renaissance que la question de la vérité surgit à nouveau dans sa dimension problématique, puisque l'on assiste à une prise d'autonomie de la raison par rapport au champ théologique. Il y a donc une tentative de restauration de la métaphysique en tant que recherche d'un fondement rationnel à la connaissance. Mais l'émancipation de la raison du prisme de la Révélation coïncide aussi

1. *Le livre du Sage*, chap. 22, p. 165.

2. Thomas nous dit à ce propos que « la science sacrée l'emporte sur les autres sciences spéculatives. Elle est la plus certaine, car les autres tirent leur certitude de la lumière naturelle de la raison humaine qui peut faillir, alors qu'elle tire la sienne de la lumière de la science divine, qui ne peut se tromper. C'est elle aussi qui a l'objet le plus élevé, puisqu'elle porte principalement sur ce qui dépasse la raison, au lieu que les autres disciplines envisagent ce qui est soumis à la raison » (*La somme théologique*, Paris, Éditions du Cerf, 1984, tome 1, question 1, article 5, p. 157).

avec un moment de grande crise. Il est, en effet, un prix à payer à l'indépendance. Tant que la vérité était fécondée par la Parole et que la raison prenait ses fonctions de "servante" de la foi, le monde, l'homme et le surnaturel se trouvaient dans un équilibre tranquille. Mais dès lors que cet ordre tombe au nom des nouvelles valeurs que sont l'individu, son intellect et sa liberté, on assiste à l'éclatement des vieilles hiérarchies, des limites assignées à l'homme, des systèmes rigoureux de classification. Il y a comme une mise en suspens du discours dogmatique sur la vérité, consécutive en grande partie à la disproportion qui voit le jour entre l'homme et son milieu, l'homme et Dieu.

De plus, à la Renaissance, la pensée s'ouvre à l'expérience ainsi qu'à l'infini de ses possibles, mais elle perd en même temps la stabilité d'une raison anhistorique. Les fluctuations de l'histoire et les vicissitudes de la temporalité dans lesquelles l'homme se situe désormais, ne sont pas pour offrir le cadre le plus stable pour la pensée conceptuelle qui aspire au repos plutôt qu'au mouvement et au devenir. Mais la vérité ne pouvait que souffrir – et s'enrichir – d'être confiée aux forces foisonnantes et imprévisibles de la vie.

Si l'on a pu parler de « catastrophe humaniste », c'est qu'un monde ancien disparaissait en faveur d'un nouveau qui, le temps de se constituer et de se reconnaître pour ce qu'il était, a connu un certain désordre doublé d'une crise de l'humain. Mais il va sans dire, nous le verrons, que cette catastrophe fut tout ce qu'il y a de plus fécond pour la pensée.

La fameuse *Apologie de Raymond de Sebond* de Montaigne, bien qu'issue d'une Renaissance tardive, illustre bien la suspicion qui a pu s'ériger autour de la question de la vérité. Montaigne y opère deux critiques, révélatrices toutes deux d'une pensée en crise : d'une part la critique de l'homme qu'il serait vain pour Montaigne de considérer comme centre et rassembleur de l'Univers. L'on connaît les pages fameuses sur les animaux où ceux-ci apparaissent plus doué d'« humanité » et de bon sens que l'homme lui-même. D'autre part la critique de la théologie qui prétend se constituer comme science.

Il serait vain de relever ici toutes les occurrences du livre sur la « vanité et dénéantise de l'homme » qui résonnent en porte-à-faux de toute une philosophie renaissante de la *dignitas hominis*. Ce qu'il nous importe surtout de souligner, c'est la destruction radicale qu'opère Montaigne de l'ontologie scalaire, considérée comme illégitime puisque l'homme s'approprie des comportements plus vils que ceux des bêtes. Si ce dénigrement de la hiérarchie aura pourtant pour valeur de libérer l'homme des contraintes du lieu et de lui permettre de monter et descendre comme il l'entend sur l'échelle des êtres, elle rend compte en un premier temps des déchirements auxquels l'homme est soumis face à un monde où plus rien n'est à sa place. Ainsi lisons-nous à tout hasard dans l'*Apologie* cette histoire d'un homme immoral et d'un éléphant justicier dont il faut décrypter le sens au-delà du simple aspect anecdotique :

> Le gouverneur d'un éléphant, en une maison privée de Syrie, desroboit à tous les repas la moitié de la pension qu'on luy avoit ordonnée ; un jour le maistre voulut luy mesme le penser, versa dans sa manjoire la juste mesure d'orge qu'il luy avoit

> prescrite pour sa nourriture, l'éléphant, regardant de mauvais œuil ce gouverneur, sépara avec la trompe et en mit à part la moitié, déclarant par là le tort qu'on luy faisoit[1].

Pour ce qui est de la critique de la théologie, elle se résume à la distinction radicale que fait Montaigne entre philosophie et science de la religion. Non seulement Montaigne doute des capacités de la théologie à discourir sur Dieu mais il se réserve, à travers cette critique, la liberté de pensée propre au philosophe.

Donc là aussi le voile du doute est jeté sur ce qui était encore inébranlable pour la pensée médiévale. Sur ce point très précis, Pic de la Mirandole appartient plus à l'ancien monde qu'au nouveau dans la mesure où il situe la théologie au sommet de la vie intellective car elle seule peut nous ouvrir les voies qu'une philosophie par trop rationnelle ne peut que fermer[2]. Comme nous le verrons, d'ailleurs, l'exposé des facultés de connaissance chez Jean Pic appartient plus aux schémas traditionnels. L'on peut en déduire que l'apparition de l'infini cosmologique, qui a tant déchiré la pensée, ne va que très progressivement déstabiliser l'équilibre serein entre l'homme, le monde et son créateur.

Au fondement de la connaissance picienne se trouve l'âme humaine qui se compose essentiellement d'une partie sensitive ou animale et d'une partie rationnelle. Etant à la fois nature sensible et intellectuelle, c'est-à-dire une nature mixte[3], l'homme n'accède à la connaissance que par degrés.

C'est le *De Ente* de Jean Pic qui expose le plus complètement les degrés de la connaissance, au nombre de quatre[4].

Le premier degré est celui de la perception sensible, indispensable même s'il se situe au bas de l'échelle du savoir. Il est le résultat de l'activité des sens et de l'imagination, celle-ci jouant le rôle de puissance unificatrice entre les facultés opposées.

1. *Essais*, II, 12, Paris, Gallimard, 1962, p. 444.

2. Mais, et c'est cela qui est nouveau et important, philosophie et théologie deviennent deux sciences indépendantes. La philosophie n'a plus pour seule fonction de servir la révélation, mais elle possède une valeur propre qui résulte d'une émancipation de la raison. Faut-il le préciser, la séparation de la philosophie et de la théologie n'est en rien une rupture mais comme l'aveu que le domaine du théologique est trop élevé pour être embriguadé dans le discours humain.

3. *Cf.* Plotin, *Enn.*, IV, 8, 7, Paris, Les Belles Lettres 1964, p. 224 : « Il y a deux natures, la nature intelligible et la nature sensible; il est mieux pour l'âme d'être dans l'intelligible, mais il est nécessaire, avec la nature qu'elle a, qu'elle participe à l'être sensible; il ne faut pas s'irriter contre elle, si elle n'est pas un être supérieur en toutes choses : c'est qu'elle occupe dans les êtres un rang intermédiaire ». Sur le modèle plotinien, Jean Pic refuse le strict dualisme entre corps et âme, en reconnaissant à celle-ci une double fonction sensitive et intellectuelle.

4. Ces degrés sont les degrés mêmes de l'âme qui peut s'abaisser jusqu'au sensible ou s'élever vers l'intelligible grâce à ses puissances multiples. Par ailleurs, à la suite des Anciens, Jean Pic met en relation l'acte de connaître avec la reconnaissance de la place qu'occupe l'étant dans la hiérarchie de l'être, pour l'élever ensuite à l'unique principe dont tout procède et participe.

Le second degré concerne la connaissance rationnelle, celle-là même qui est le bien spécifique de l'homme. Jean Pic affirme que

> Aimer nous profite plus, nous travaille moins (...). Et pourtant nous préférons chercher par la connaissance ce que jamais nous n'atteignons, plutôt que posséder en aimant celui qu'il est vain d'atteindre sans amour »[1].

Penser est une activité si propre à l'homme que celui-ci préférerait donc chercher sans posséder à travers le pénible labeur de l'intelligence, plutôt que l'inverse.

L'instrument de la connaissance rationnelle, c'est la raison qui opère de manière conceptuelle et discursive. Alors que la connaissance sensible ne porte que sur les êtres contingents, ou que sur les accidents des objets, la connaissance rationnelle porte sur l'essence des choses. Non qu'elle l'atteigne directement, mais par voie démonstrative et ascensionnelle, la raison s'élève du particulier à l'universel, débarrasse les êtres de leur contingence matérielle et tente d'atteindre l'idée des êtres. Ce qui d'ailleurs met Jean Pic, à cet endroit, dans une mouvance aristotélicienne. Le propre de la raison est ainsi de « monter des éléments au ciel et des corps corruptibles aux incorruptibles »[2], son activité d'abstraction étant la marque de la transcendance de l'esprit humain sur les autres créatures.

Mais il faut rappeler en même temps que les efforts de la raison discursive restent tout à fait relatifs, sinon vains, car jamais autant qu'au Quattrocento l'esprit ne découvre la vacuité des apparences. Avec l'émergence de l'espace infini, l'équilibre serein du sujet pensant avec l'objet de sa pensée disparaît. Restent deux entités radicalement disproportionnées qui se font face : l'homme et l'Infini. Les formes du monde n'en sont pas moins traversées par l'Invisible mais l'esprit ne perçoit plus celui-ci que sur le mode d'un savoir fragmentaire, éclaté, ou sur le mode encore plus éloquent du silence.

Il est vrai que l'homme de la Renaissance – l'art en fait foi sous ses diverses formes – voue un véritable culte au fragment, à l'inachevé, comme si l'Infini ne pouvait plus se dire que nimbé de silence. Les œuvres inachevées de Léonard de Vinci ou de Michel-Ange par exemple, ne sont que l'écho artistique de la docte ignorance du Cusain, l'artiste participant selon ses moyens d'expression propres aux théologies négatives qui submergent alors l'univers intellectuel de l'époque[3].

1. *De Ente*, chap. v, p. 111.

2. *HE*, II, Préface, p. 169.

3. La recherche artistique à la Renaissance est une recherche acérée et jamais achevée de la forme ou de l'idée. Dans ses *Carnets*, Léonard donnait pour conseil au peintre de renoncer à la précision de la ligne et du contour qui a pour effet de limiter les possibilités de création. On pourrait aussi mentionner le tombeau de Jules II dont Michel-Ange ne conçut pas moins de six projets entre 1505 et 1545, sans pour autant le mener à une forme ultime; ou encore la chapelle funéraire de Laurent et Julien de Médicis, à Florence. Sur le sarcophage sont couchées des allégories du Jour, de la Nuit, de l'Aurore et du Crépuscule. La figure du Jour est intentionnellement sculptée de manière informe et abstraite comme pour indiquer que celle-ci n'est que promesse ou « préfiguration ». Quant aux dernières sculptures de l'artiste, témoins de sa profonde évolution intérieure, elles sont très peu figuratives, à

Pour être exaltées par les humanistes, les vertus de l'intelligence n'en sont donc pas moins considérées, paradoxe fécond, avec suspicion. Les facultés cognitives qui laissent entrevoir, à travers leur autonomie, la proximité de l'esprit humain avec l'esprit divin n'en demeurent pas moins frappées d'impuissance. Désormais, on ne nomme plus l'Infini, pas plus qu'on ne l'enferme; on tente plutôt de le suggérer, de l'approcher, la pensée humaine étant trop sujette aux transformations et à l'instabilité pour procéder autrement. D'où l'importance que Jean Pic (et d'autres) accordent au langage symbolique et allégorique du mythe, de la fable ou de l'énigme.

On voit comment, dans un monde taillé au creuset de l'absence, l'homme-Protée prend place. Son absence de forme primordiale est le témoin d'une recherche exaspérée (mobilité) du Vrai qui l'arrache sans cesse au néant des fausses certitudes.

Le troisième degré, celui de la connaissance intellectuelle ou intuitive, est le fait de la contemplation que Jean Pic considère comme le sommet de l'activité de l'âme. Cette forme de connaissance rapproche l'homme des anges. Il participe à la connaissance qu'ils ont de Dieu par une perception directe, indépendante du sensible. Cependant, la connaissance intellectuelle n'est guère possible sans l'illumination ou l'intervention de Dieu. Tournée vers le monde, la connaissance rationnelle est comparée à un principe diurne alors que la connaissance intellectuelle, qui est contemplation, est associée à un principe lumineux. En effet,

> l'âme, de la part où elle est tournée vers les eaux supérieures qui sont l'Esprit du Seigneur, pour être lumineuse, est nommée soleil; mais du côté où elle regarde les inférieures, c'est-à-dire les puissances sensibles d'où elle s'attire quelque tache ou infection, elle est dite lune [1].

Toutefois, cette forme de connaissance demeure exceptionnelle [2] puisqu'elle suppose un détachement du corps et des facultés sensitives. Jean Pic ajoute ainsi qu'« ayant dépouillé ce vêtement sujet à la mort, nous regarderons par la seule

l'image de cette Piéta commencée en 1558 où le Christ et sa mère semblent surgir d'un même bloc de marbre, jusqu'à même se confondre.

1. *HE*, IV, 4, p. 200.

2. Elle est si exceptionnelle que Plotin considérait, de manière plus générale, que la contemplation est toujours imparfaite, l'activité productrice n'étant selon lui, qu'un substitut, un succédané de la contemplation. La finalité de celle-ci est le désir sans cesse frustré d'étreindre son objet. Mais il faut tout de suite ajouter que Plotin considérait la contemplation elle-même comme évolutive, tous les vivants étant contemplation selon leurs capacités propres (*cf. Enn.*, III, 8). L'intelligence constitue une sorte de sommet de la vie contemplative puisque le sujet adhère alors à son objet « non plus par une intime union comme dans la meilleure des âmes, mais d'une unité substantielle; « être et penser », c'est la même chose; le sujet n'y est plus différent de l'objet » (*Enn.*, III, 8, 8, p. 162). C'est bien de cette forme de contemplation qu'il s'agit, chez Jean Pic, dans la mesure où l'objet de la contemplation n'est plus perçu par aucun sens mais seulement par l'intellect, non à l'extérieur mais bien au plus intime de l'être. En revanche, il semble réserver la contemplation à la seule activité intellectuelle.

clarté du soleil ce que, dans cette misérable nuit corporelle, par de multiples efforts et puissances, nous tâchons plutôt de voir que nous ne le voyons »[1].

Pour être proche de la conception aristotélicienne de l'abstraction, Jean Pic ne semble pas moins se référer à la théorie augustinienne de l'illumination. Nous sommes ainsi en présence de deux modes différents de connaissance, l'un posant comme nécessaire la participation des sens à l'acte cognitif et l'autre, au contraire, invitant l'âme à se retrancher vers l'intérieur. La connaissance procédant par degrés, chez Jean Pic, on a tout lieu de penser que la connaissance par le sensible, imparfaite et approximative, est destinée à être relayée par l'illumination divine. Celle-ci inonde l'intellect d'une lumière que la seule connaissance sensible est incapable de donner[2].

Vient enfin le quatrième degré de connaissance dite mystique, qui est le degré de l'abîme, de l'adoration muette et du silence. La question se pose, chez Plotin, de savoir si le premier principe peut lui-même être objet de contemplation. Cette question est corrélative à la relation qu'il y aurait entre l'un et l'intelligence, relation qui peut être soit discontinue soit continue. Dans le premier cas, seule la sortie hors de soi permettrait au sujet de s'unir au principe, alors que dans le second, un rapport de contemplation entre l'un et l'intelligence resterait envisageable. Nous sommes bien chez Jean Pic dans le cas d'une extase amoureuse et mystique[3].

Mais précisons que, dans l'ensemble de son œuvre, Jean Pic entrevoit plus volontiers deux subdivisions essentielles dans le champ cognitif : la connaissance sensible et la connaissance intellectuelle, au sens large, la connaissance rationnelle, n'étant qu'une détermination de celle-ci.

Hiérarchie/Unité des facultés

Bien que l'âme humaine obéisse à une hiérarchie bien définie, nulle trace de dualisme chez Jean Pic comme il est fréquent chez Platon. Au contraire, les différentes facultés qui structurent l'âme forment un ensemble harmonieux et uni dans la mesure où elles dépendent étroitement les unes des autres. Aussi longtemps que les facultés inférieures s'assujettissent aux supérieures, que les sens se soumettent à la raison, que la matière s'unit à l'esprit comme à sa face lumineuse, l'âme connaît unité et simplicité. C'est l'appétit sensible qui se remet à la volonté, à la connaissance intellectuelle et à l'amour divin.

Jean Pic suggère la continuité de la connaissance humaine par le recours à un symbole : la procession des anges sur l'échelle de Jacob.

1. *HE*, p. 200.

2. *Cf.* IIe partie, chap. 1, pour la collaboration de la raison avec le sensible dans l'acte de connaissance.

3. Pour l'extase comme sommet de la vie intellective, se référer au *Commento*.

> Il y a une échelle dressée des tréfonds de la terre jusqu'au sommet du ciel, répartie en une longue série de multiples degrés : au sommet siège le Seigneur, les anges contemplateurs y montent et descendent tour à tour[1].

La connaissance humaine est ainsi conçue comme une ascension progressive de l'âme vers son principe, chaque degré constituant une étape nécessaire dans l'échelle du savoir. Elle consiste, par la collaboration active de l'ensemble des facultés, à approcher, toujours un peu mieux, le Vrai dont tout procède, à condition toutefois que la hiérarchie soit respectée.

> Ces mains, ces pieds, c'est-à-dire toute la partie sensible où siègent les charmes du corps, qui tiennent, comme on dit, l'âme au collet, lavons-les dans la philosophie morale comme dans un fleuve de vie, pour n'être pas rejetés au bas de l'échelle comme profanes et souillés[2].

C'est sans doute ici qu'apparaît le mieux le néoplatonisme de Jean Pic, bien que l'œuvre soit loin de s'y réduire. L'allégorie de l'échelle de Jacob, centrale dans l'*Oratio*, représente non seulement la continuité entre les différents ordres du réel, mais aussi et surtout le lien le plus sûr entre la Création et son Créateur.

Elle est la voie verticale par excellence qui augure la conversion du monde et son rassemblement dans l'unité du principe[3].

Pour « devenir les compagnons des anges », il faut donc maintenir l'âme dans cette tension vers le haut, et la raison elle-même doit se laisser guider par la lumière de la *Mens*.

Cependant, étant mixte, la nature humaine risque toujours de voir compromis l'équilibre entre les deux fonctions de l'âme. La nature corporelle peut se révolter en faveur d'une plus grande autonomie et briser la fragile union de l'âme et du corps. Bien que « grand miracle », l'homme se distingue des natures angéliques en cela que les facultés intellectuelles qui font sa grandeur, sont de l'ordre du possible seulement et, à tout moment, les mauvaises pulsions peuvent empêcher l'intellect de passer à l'acte.

« Tu pourras dégénérer en formes inférieures, comme celles des bêtes »[4] dit Jean Pic, mettant en garde contre l'usage inconsidéré et irresponsable de la liberté humaine qui provoque « les souillures de l'ignorance et des vices, la crainte que les passions ne déchaînent leurs bacchanales et que la raison mal avisée n'en

1. *Oratio*, p. 19.
2. *Ibidem*, p. 21.
3. Cette continuité parfaite qui existe entre la plus modeste des créatures et la plus sublime est admirablement décrite dans ce texte de Plotin qui nous situe, d'ailleurs, au cœur de la métaphysique de l'esprit : « Si l'objet contemplé par l'intelligence doit vivre, ce n'est plus de la vie d'une plante, d'un animal ou d'aucun être animé. Sans doute ces vies sont des pensées de différentes espèces ; il y a une pensée de la plante, une pensée de l'animal doué de sens, une pensée de l'être doué d'une âme ; comment des pensées ? Oui, puisque ce sont des raisons ; toute vie est une pensée, mais une pensée plus ou moins obscure comme la vie elle-même » (*Enn.*, III, 8, 8, p. 162-163).
4. *Oratio*, p. 7.

vienne à délirer »[1]. Nombreuses sont les occurrences dans l'*Heptaplus* où Jean Pic exhorte à la vigilance de l'esprit tant les passions sont un adversaire redoutable,

> car il y a en nous, et même dans nos entrailles, des bêtes brutes, de sorte que, pour passer en eux, le voyage n'est pas long à faire[2].

Comme il y a une métamorphose vers le haut, si l'on peut dire, et qui est celle qui nous intéresse dans la mesure où elle constitue la quintessence de l'humaine dignité à la Renaissance, il y a aussi une métamorphose bien plus négative et redoutable qui brouille sur notre visage l'image divine. Celle qui, depuis Homère (*Odyssée*, X 133-574), est figurée par Circé, magicienne maléfique, qui transforme les hommes en pourceaux et les tient sous son joug, dans une étable ; allégorie de la bestialisation de l'âme, enchaînée à la matière.
Ainsi avons-nous

> commencé, malheureux et misérables, à servir nos bêtes et, avec le roi chaldéen, à loger dans leur hôtellerie-à nous courber et pencher vers la terre, affamés des choses terrestres, et ayant tout à fait oublié notre pays, père, royaume et dignité première, qui nous avait été conférée par un privilège[3].

L'on ne saurait trop insister sur l'importance de cette oscillation entre le bien et le mal qui traverse l'œuvre de Jean Pic. L'unité de celle-ci, tributaire d'une philosophie de l'esprit, confirmée d'ailleurs par la filiation de Jean Pic avec le néoplatonisme, est menacée par ce glaive à double tranchant que constitue la liberté.

Comment connaît-on ?

Les conditions du connaître étant relatives à la hiérarchie et au concert des facultés de l'âme, quelles sont donc les capacités et les limites de l'entendement humain ? S'il est vrai que l'intellect est ce qui détermine le rapport de l'homme au monde et met en valeur ses principes d'action, comment procède la connaissance pour celui qui réalise la synthèse de l'univers et en qui résonne toute chose ? Est-elle de l'ordre de l'appropriation ou la distance reste-t-elle maintenue entre le sujet connaissant et son objet ? Est-elle totalité ou approximation ? Dans quelle mesure est-elle la marque de la grandeur de l'homme ?

Le propre de l'homme étant la connaissance rationnelle, c'est par voie discursive et conceptuelle qu'il a prise sur les objets, donc par voie indirecte. Ainsi :

> L'esprit rationnel, se dirigeant des causes aux effets et, au rebours, remontant des effets aux causes, tournoie dans l'enclos du raisonner[4].

Même si elle aspire à saisir des essences, la raison demeure dans un rapport d'extériorité avec l'objet. Ce qu'elle saisit de lui, c'est sa forme ou raison

1. *Ibidem*, p. 19.
2. *HE*, IV, 5, p. 201.
3. *HE*, IV, 6, p. 203.
4. *HE*, IV, 1, p. 195.

spécifique (la *Ratio*), contrairement à l'ange dont la connaissance intuitive lui fait saisir les formes intelligibles des choses. Dans la pensée angélique, il n'y a nulle distorsion entre l'intellect et l'intelligible :

> L'intellect et l'intelligible se font un davantage que la matière et la forme, ce qui se trouve beaucoup plus véritablement en l'ange qu'en l'homme [1].

Ainsi l'ange saisit-il les espèces intelligibles telles qu'elles sont lorsqu'elles se dégagent de l'entendement de Dieu, alors que l'intellect humain, « errant et transporté » les appréhende dans leurs accidents, altérés par les insuffisances et les ténèbres de l'intelligence. La connaissance rationnelle, acquise par l'activité de la pensée à partir de la perception sensible, porte donc sur la *Species* [2] des choses, ou sur leur forme substantielle. Cette connaissance, quoique ressemblant à l'objet sur lequel elle porte, demeure relative, car

> nous sommes exilés de notre pays et vivant dans la nuit et les ténèbres de cette vie présente, nous usons beaucoup plus de la partie qui glisse au sens – d'où vient que nous opinons plus que nous ne savons [3].

Et Jean Pic ajoute que

> lorsque luira le jour de la vie future, détachés des sens et tournés vers la divinité, nous entendrons par l'autre partie supérieure [4].

Par ailleurs, si Jean Pic précise que les facultés humaines de connaissance rapprochent l'homme de Dieu, il montre aussi les différences qui séparent l'Être suprême de sa créature. « Les choses ne sont pas comprises en Dieu et en l'homme de la même manière », dit-il. En effet, alors que Dieu appréhende les choses en tant qu'il est leur principe, l'homme les comprend en tant que médiateur universel ou microcosme. Cette position médiane de l'homme a des conséquences sur son mode de connaissance car, de simple comme elle peut l'être en Dieu, la connaissance chez l'homme devient complexe et ambiguë.

> L'homme les comprend (les choses) et pelotonne toutes en soi, comme leur milieu. De là vient qu'elles sont en Dieu de meilleure étoffe qu'en elles-mêmes; mais qu'en l'homme les basses sont de plus noble condition, et les supérieures sont abâtardies [5].

L'union en l'homme des deux natures, humaines et divines, fait sa force et sa faiblesse. Sa nature est mixte et donc partagée. L'unité à laquelle parvient l'âme

1. *HE*, III, 2, 186.
2. La forme ou *species* des choses procède de la nature intelligible ou encore de la cause première. A la suite de Platon, Jean Pic considère que la cause naturelle qui permet le passage de la matière à la forme n'est qu'une cause instrumentale, puisque l'archétype des *species* se trouve en Dieu (*cf. Heptaplus*, I, 1, p. 160).
3. *HE*, IV, 4, p. 200.
4. *Ibid.*
5. *HE*, V, 6, p. 213.

humaine est précaire car son union à un corps la menace sans cesse de céder aux appétits inférieurs et de perdre son autonomie. Si le supérieur se trouve en elle rabaissé, et l'inférieur surélevé, c'est que le milieu est la place qui lui convient le mieux. Il n'est que le centre où elle puisse plus ou moins demeurer, d'autant que sa principale fonction est d'opérer la médiation des extrêmes.

Mais au-delà de ce qui apparaît déjà comme les limites de la connaissance discursive chez Jean Pic, il importe de retenir la dimension réaliste[1] de sa théorie de la connaissance. En effet, même si la *species* que saisit la raison n'est pas encore une essence à proprement parler, « elle est la raison spécifique de la *res* connue (...) et correspond fidèlement à la réalité de ces êtres »[2]. Ainsi, au terme de son ascension intellectuelle, la raison approche l'idée de la chose connue qui est ce par quoi elle participe à l'intelligible.

Jean Pic/Nicolas de Cues

Par-delà toutes ces considérations techniques, ce qu'il importe surtout de souligner, c'est la dimension active de l'homme-au monde à travers la mobilisation des facultés de connaissance. En effet, chez Jean Pic, la connaissance implique l'agir, et de l'agir découle l'être[3]. Celui-ci n'est plus un présupposé antérieur à l'activité de l'homme, contrairement à ce que veut la tradition scolastique. Au contraire, la connaissance évolue ici dans un système ouvert et dynamique.

Nicolas de Cues est très représentatif de cette manière de faire. Pour lui, il ne s'agit pas tant de rechercher la nature des choses que d'établir entre elles des lois, des relations. Par ailleurs, l'intelligence se distingue chez lui par la capacité d'émettre des jugements plutôt que par l'aptitude au raisonnement logique et abstrait. La responsabilité créatrice de l'homme est dans cette capacité même.

Nicolas de Cues utilise l'image de l'œil pour désigner les manifestations actives de l'intellect (intellect agent) alors que c'est celle du miroir qui est mobilisée pour figurer la réceptivité de l'intellect quand il enregistre les données extérieures (intellect possible ou patient).

Beaucoup de similitudes sont possibles entre les systèmes de connaissance du Cusain et de notre humaniste, mais peut-être est-ce dans cette condition créatrice de l'homme qu'elles apparaissent le mieux, comme aussi dans la finalité du penser. Un rapide détour par le système de connaissance de Nicolas de Cues permettra de mieux le mesurer.

Chez Nicolas, comme chez Jean Pic d'ailleurs, le sensible joue un rôle capital dans l'éveil de l'esprit. D'où l'insistance du Cusain sur la valeur de l'étonnement :

1. Comme on le voit, la connaissance chez Jean Pic n'est en rien apparentée à la théorie des nominalistes qui nient tout réalisme à l'essence et ne conçoivent de connaissance que du singulier.

2. Fernand Roulier, *Jean Pic de la Mirandole, Humaniste, philosophe et théologien*, Genève, Éditions Slatkine, 1989, p. 379.

3. C'est l'homme qui impose les principes, a postériori. Les principes ne sont pas indépendants de l'expérience. Ils en découlent.

> Dans nos pensées, cette vie ressemble d'abord à une puissance endormie jusqu'à ce que l'étonnement, qui naît des choses sensibles, l'éveille et le mette en mouvement; alors par le mouvement de sa vie intellective, elle découvre, décrit en elle ce qu'elle cherche [1].

Le moteur du système de connaissance du Cusain est la mesure, la fonction première de l'esprit étant de soumettre les données des sens à la distinction, l'évaluation, la comparaison, le rapprochement. Par cette activité "mesurante" de l'esprit, le sensible passe de la diversité à l'unité, de l'obscurité à la clarté, du désordre à l'ordre et à l'universalité. Jean Pic semble rejoindre le Cusain sur ce point quand il affirme qu'il ne faut pas

> abandonner à l'oisiveté la partie rationnelle par laquelle l'âme mesure, juge et examine toutes choses, mais de la diriger et de l'aiguillonner assidûment par l'exercice et par la règle dialectique [2].

La fonction première de la *Mens* est de lier les choses entre elles car ce n'est que dans la mesure où elles font partie d'un réseau de relations réciproques qu'on peut les connaître et les valoriser. C'est pourquoi l'on peut dire que l'objet de la connaissance chez le Cusain, c'est la relation elle-même, le rapport qui relie les êtres plutôt que la nature de ces êtres.

C'est tout l'art des conjectures qui apparaît là, conjectures dont la signification originelle (jeter des ponts) indique la nature de la pensée chez Nicolas de Cues. La conjecture est une connaissance approximative car sans cesse soumise à de nouveaux rapports et donc jamais achevée. Elle permet d'enserrer la multiplicité des phénomènes dans un système d'unités propres à la pensée, c'est-à-dire relatives. Mais ce système est toujours sujet à évolution donc à perfection en fonction d'une rencontre toujours plus approfondie de l'esprit avec l'expérience.

Par ailleurs, au cours de ce processus ouvert de connaissance, l'intellect voit se profiler une mesure absolue, un étalon invisible. Cependant, en même temps qu'il fait l'expérience de l'immanence de l'infini, l'intellect découvre aussi sa distance. Aporie de la pensée humaine : c'est son activité même qui lui révèle la présence de l'infini mais elle ne peut le saisir dans son intelligibilité. Elle l'appréhende donc comme rationnellement inaccessible.

Mais il faut néanmoins préciser que l'effort de mesure humain, tout imparfait et relatif qu'il est, n'est possible que parce qu'en cette démarche se trouve une présence, celle de l'infini divin. Il y a donc communication permanente quoiqu'invisible entre les efforts limités de l'humain et la puissance absolue du Transcendant. Ainsi, en vertu de sa participation à l'Infini, on ne peut plus dire de l'homme que ses efforts sont imparfaits et seulement imparfaits. La tension qu'il vit entre les deux mondes permet une saisie progressive, toujours de moins en moins partielle, de la Vérité ou de la Mesure idéale.

1. *De Mente*, trad. E. Cassirer, in *Individu et Cosmos*, Paris, Éditions de Minuit, 1983, p. 260.
2. *Oratio*, p. 33.

De plus, les opérations de l'esprit lui confèrent une certaine autonomie, ce qui vaut à l'homme le nom de « second Dieu ». Toutefois cela ne signifie pas que la pensée humaine peut donner par son travail une valeur ontologique aux choses, une entité qu'elles n'avaient pas avant que la pensée ne s'en empare. Car la pensée humaine n'est que l'image vivante de la Pensée Infinie :

> dans la mesure où toutes choses participent à la pensée (...), dans cette même mesure elles participent aussi à l'image de Dieu, en tant que la pensée est, par son essence, image de Dieu [1].

La pensée humaine assumant donc ce rôle de médiation entre Dieu et les choses, elle ne peut que se conformer aux êtres dont la Vérité se trouve dans la Pensée de Dieu ; elle les assimile en les saisissant comme images, puisqu'elles ne sont modèles qu'en Dieu et par Dieu :

> la pensée infinie est une puissance informatrice absolue, la pensée finie est conformatrice ou configuratrice [2].

Ce texte crucial appelle quelques remarques. L'assimilation n'est en rien la copie d'une réalité qui existerait antérieurement au travail de la pensée. Au contraire, la pensée a ici une valeur éminemment créatrice qui se manifeste par la construction de la chose. Si en Dieu penser c'est créer et concevoir c'est produire, pour la pensée finie qui est image, concevoir les choses, c'est les saisir dans leur ressemblance avec l'Être absolu. Les constructions mentales de la pensée finie, sans saisir les choses dans leur vérité, sont des approximations indéfiniment perfectibles, en tension permanente vers le modèle. La pensée finie, dans son mouvement de conformation, est intégrée à une dynamique vivante : celle de participer activement à la Création, sans quoi les choses n'existeraient qu'en Dieu.

Nulle passivité donc pour la pensée humaine. Par son dynamisme et sa flexibilité propres, elle s'adapte à tout ce qu'elle rencontre dans le monde de « grandeurs, de multiplicité, de diversité, d'inégalité... ». Elle entreprend par ses capacités d'évaluation et de pesée d'introduire de l'ordre et de la mesure là où il n'y a que désordre et obscurité. Elle donne enfin une valeur aux choses puisqu'elle possède des qualités « judicatoires » au travers desquelles apparaît la vocation divine de l'homme. C'est pourquoi Nicolas de Cues peut reprendre à son compte la devise de Protagoras. Celle-ci perd alors son aspect proprement païen, car, à travers l'activité spécifique de la pensée, mesure de toutes choses, ce que l'homme perçoit, c'est l'immanence d'une Pensée absolue sans laquelle il ne pourrait parvenir à la connaissance.

Sans faire partie d'un système, cette même condition créante de la pensée se manifeste, chez Jean Pic, à travers la métamorphose, dans cet élan qui embrasse tous les êtres de la Création et les amène à la vocation de leur appartenance divine.

1. *Œuvres choisies* par M. de Gandillac, Paris, Aubier, 1942, chap. IV, p. 262.
2. *Ibid.*, p. 263.

Que connaît-on : l'objet de la pensée

L'être humain, qui est la synthèse de tous les éléments de la nature, a le privilège, pour reprendre l'image de Nicolas de Cues, d'être œil de l'univers. D'où une mobilisation de l'intellect, qui est l'instrument même de connaissance des créatures créées. Mais quel est plus précisément l'objet de la pensée ? Quelle est aussi la nature de la relation entre l'esprit humain et les choses qu'il voit ? Nous avons vu, à la lumière de la notion de métamorphose, qu'il s'agissait pour l'homme d'accueillir en lui toutes les natures, dans leur diversité. L'objet de sa connaissance n'est rien moins que le monde dont il fait partie. Programme ambitieux qui nous interroge d'une part sur la nature de cet intellect multiforme mais aussi sur ce qui advient, dès lors, de la nature humaine. En effet, est-ce pour l'homme une perte de son identité ontologique que d'accueillir, comprendre et épouser les formes de la nature ou, au contraire, est-ce une dilatation de l'être ? Les textes piciens ne vont pas sans être ambigüs parfois et les commentateurs ont donné maintes interprétations contradictoires sur ce point essentiel de la pensée de notre auteur.

Connaître le monde dans son ensemble a presque valeur de loi morale chez le Florentin tant il est vrai que la faculté humaine d'être centre du monde, comme microcosme d'abord et puis comme intelligence, est la marque de sa parenté divine. L'objet de la connaissance étant le divers du phénomène, tous les ordres de réalité sont soumis à la puissance créatrice de l'esprit humain, le végétal, l'animal et l'intellectuel. Jean Pic n'hésite pas à voir dans cette capacité d'englober toutes les créatures la supériorité de l'homme sur l'ange. En effet, on peut lire dans l'*Heptaplus* que « l'humaine substance comprend réalement en soi toutes les substances naturelles » alors que l'ange les connaît mais dans leurs « formes et raisons » [1].

Mais qu'est-ce donc que comprendre les choses « réalement en soi » ? Est-ce pour l'homme, créature médiane, dégénérer réellement en forme inférieure, bestiale ou végétale, lors du processus de connaissance ? Certains l'ont cru. Selon Henri de Lubac, il ne faut pas prendre les déclarations de Jean Pic au sens propre. Nous lisons dans son ouvrage sur Jean Pic qu'il faut éviter l'erreur de croire que l'homme

> parce qu'étant lui-même sans nature et sans forme aucune, peut à volonté devenir, au sens propre, n'importe quelle forme, c'est-à-dire n'importe quelle nature. Exégèse étrangement minimisante, aussi bien qu'absolument arbitraire [2].

Plus nuancée est la position d'E. Garin pour qui l'intellect, chez Jean Pic, n'a pas de nature déterminée tant qu'il est en puissance. Celui-ci ne se déterminerait que par l'actualisation des natures. Ayant pour charge de réaliser toutes les formes d'être, l'intellect se comprendrait donc moins en termes d'essence que de capacité et d'ouverture. Cette thèse présente cependant un inconvénient majeur : celui de

1. *HE*, V, 6 p. 211-212.
2. *Pic de la Mirandole*, *op. cit.*, p. 84.

sous-entendre une fraternité de pensée entre le Florentin et Averroës. Si tentés soit-on de croire que cette tendance existe chez notre auteur, il ne faudrait pas perdre de vue le thème essentiel de la liberté qui est un "bien" strictement individuel.

Le chapitre suivant nous éclairera mieux sur les fonctions d'accueil de l'intelligence. Nous verrons que la fusion de celle-ci avec les choses est à comprendre dans le sens d'une révélation des processus spirituels qui sont dans le monde et de leur similitude avec l'esprit.

MÉTAMORPHOSE DE L'ESPRIT, « ALCHIMIE DE LA PENSÉE »

La notion de métamorphose est trop riche de sens pour la limiter ou la confondre avec l'une de ses composantes, la métempsychose, qui suppose une mutation de l'être, et qui ne préoccupe guère beaucoup notre auteur.

La métamorphose dont il s'agit ici, certes implique un changement de forme mais à travers un substrat unique, une identité bien définie, qui est celle de l'homme. Celui-ci naît, bien évidemment, à l'intérieur d'une nature donnée, mais cette nature est ouverte et c'est dans ce creuset qu'il faut chercher le sens et la valeur de la notion de métamorphose. Elle est le changement qui aspire à réaliser la forme la plus haute, la plus digne de l'homme, ce qui suppose, d'une part la vocation à l'universel, et de l'autre la possibilité grandiose de se donner sa propre forme, de l'inventer, de la créer en vue d'un plus être. Elle a ainsi la valeur d'une expérience initiatique destinée à révéler les profondeurs insoupçonnées de l'âme, à travers une dialectique hautement paradoxale entre le devenir et la stabilité, le changement et la permanence[1].

Si la métamorphose intéresse de si près l'homme dans sa dimension intellective, c'est qu'elle est tout d'abord un travail de l'esprit. C'est tout l'homme, corps et esprit, qu'elle engage dans sa destinée autant humaine que spirituelle. Elle est un projet immense qui engage la réalisation ou l'échec de l'*homo perfectus*. La métamorphose ne serait, d'une certaine manière, que l'autre nom de l'humanisme de la Renaissance, et plus spécifiquement chrétien puisqu'il n'est de transformation qui ne soit communion avec le Tout et recherche passionnée du centre infini du monde.

1. Dans une lettre à R. Strauss, l'écrivain autrichien, Hugo von Hofmannsthal s'explique sur la métamorphose, notion dont la présence est obsédante dans toute son œuvre et qu'il désigne comme « la vie de la Vie » : « Elle est à proprement parler le mystère de la nature saisie dans son acte créateur. Qui veut vivre doit passer au-delà de soi-même et se métamorphoser (...). Pourtant toute la dignité humaine est liée aussi à la persévérance de l'identique, au refus de l'oubli, à la fidélité. C'est là une des contradictions les plus insondables sur l'abîme de laquelle est bâtie l'idée de l'être ».

Travail de l'esprit, la métamorphose l'est indubitablement dans la mesure où l'intellect, chez Jean Pic, est ordonné à tout connaître. Tout connaître signifie se confronter à l'altérité radicale des autres créatures, sans pour autant s'arrêter à un dualisme négatif et destructeur, mais aller, au contraire, vers une forme de plus en plus accomplie. Tout connaître, accueillir en soi la complexité des êtres, c'est apprendre aussi et surtout à se connaître, à se distinguer de l'ordre du créé et de Dieu, et à comprendre sa tâche spécifique. Car il ne s'agit pas dans l'opération intellective de se fondre ou se confondre avec le divers mondain. Bien au contraire, la recherche de Jean Pic demeure une recherche non seulement de la différence spécifique mais aussi de la différence individuelle. L'ensemble des correspondances qu'il observe entre l'homme et le monde n'ont pour autre finalité que de faire ressortir la singularité radicale de l'homme. Ce dernier, s'il ressemble au monde et en synthétise les éléments, n'est pas soumis au monde et ne reçoit d'autres limites que celles qu'il trouve en Dieu.

Dans sa *Théologie Platonicienne*, Marsile Ficin voit dans l'aspiration de l'âme à devenir toutes choses, un signe supplémentaire de l'immortalité des âmes qui « se procurent selon leurs moyens, le premier attribut de Dieu, c'est-à-dire la possession de toute vérité et de tout bien »[1].

La voie qui permet à l'âme de parcourir les différentes formes de vie est celle de la connaissance, à travers l'intelligence, puis de la volonté par laquelle l'âme jouit des choses connues. Ainsi, mener la vie du végétal, de l'animal, de l'homme, des héros, des démons, des anges ou de Dieu, suppose la rencontre de la puissance de l'intellect avec l'acte de la forme visible ou invisible. Utilisant une analogie pour illustrer son propos, Ficin indique qu'à la manière des sens qui, quand ils s'exercent, ne font plus qu'un avec l'objet perçu, l'intelligence qui connaît prend la forme de l'objet à connaître. Cette fusion de la faculté cognitive avec l'objet ou l'acte de la forme suggère que la distance de la représentation est abolie lors du processus de connaissance[2].

> Le sujet qui prend une forme de telle façon que de cette forme et de lui-même résulte une seule chose, devient cela même dont il a reçu la forme. Ne sait-on pas que lorsque la matière de l'air prend la forme du feu, elle devient du feu ou ignée ? C'est pourquoi l'intellect devient à peu près la chose qu'il comprend[3].

Pour l'auteur, créées par l'intelligence supérieure, la meilleure chose qui puisse advenir aux formes, c'est d'être accueillies par l'entendement plutôt que de descendre dans la matière. L'intellect humain étant lui-même une forme, rien ne

1. Livre XIV, chap. III.

2. Nous sommes, bien entendu, aux antipodes des métaphysiques du sujet, éminemment représentées par Kant, qui stipulent une mise à distance de l'objet par rapport au sujet connaissant. La fameuse révolution copernicienne que Kant transpose dans sa métaphysique, se fait en quelque sorte « au détriment » de l'objet, avec comme point de mire le sujet transcendantal et l'analyse critique des conditions de possibilité de la connaissance.

3. M. Ficin, *op. cit.*, p. 257.

peut donc mieux convenir à l'acte de la forme que d'être récupérée en quelque sorte par l'intelligence. Ainsi la forme se trouve élevée à un mode d'être supérieur.

Charles de Bovelles, dans le *Livre du Sage*, exprimait une réflexion analogue, dans un contexte toutefois différent :

> L'homme revêtira toutes les formes, et toute chose revivra en lui. Et ce n'est qu'alors, en devenant lui-même tout ce qu'il voit et, en accueillant dans sa pensée toute chose, qu'il se connaîtra lui-même [1].

Bovelles fait donc écho à Jean Pic (et à Ficin) quand il affirme que l'homme doit accueillir en son essence la substance de toutes les natures.

Pour l'homme, « devenir tout ce qu'il voit », – assertion bien énigmatique à prime abord – semble induire tout un travail intérieur d'approfondissement de soi et de recherche créatrice, sorte de prolongement du fameux adage socratique « Connais-toi toi-même », que Jean Pic reprend à son compte.

Nous trouvons beaucoup d'éléments, chez notre auteur, relatifs au retour sur soi, dans l'*Oratio* notamment où il apparaît que l'adage socratique est la condition même de toute connaissance :

> Le connais-toi toi-même nous invite et nous exhorte à la connaissance de la nature tout entière, car la nature de l'homme en est le lieu et comme le composé, car celui qui se connaît lui-même connaît en soi toutes choses [2].

Comme déjà vu, la contemplation chez notre auteur, fruit de l'âme qui rentre en elle-même et « resplendit de toutes parts de la lumière des Chérubins » [3], revêt une importance particulière. Le socratisme de Jean Pic, ordonné à la connaissance de l'intelligible, établit le lien entre le monde, l'homme et Dieu. En se connaissant, l'âme connaît le monde et participe à l'acte de Création. La contemplation manifeste aussi la grande autorité de l'âme déjà si centrale chez Ficin et Nicolas de Cues.

Pour Nicolas, l'âme, créatrice de valeur, surmontant la variété des phénomènes en les ordonnant à la totalité ou à la mesure absolue, possède d'extraordinaires pouvoirs et une autonomie quasi-divine. En effet, chez le Cusain, la puissance intellectuelle, par sa participation à l'Acte unificateur, se situe à mi-chemin entre l'humain et le divin. L'immense privilège de l'homme est non seulement d'être un centre du monde, au confluent des ténèbres et de la lumière, mais surtout de pouvoir unifier les antagonismes en un tout vivifiant. Esprit et matière ne s'opposent que pour mieux se retrouver, dans une alchimie radieuse, par laquelle les contraires s'attirent, se conviennent et expriment une très haute spiritualité.

En affirmant l'autorité de l'âme, et Jean Pic et Nicolas de Cues s'éloignent de la thèse platonicienne selon laquelle l'âme se serait incarnée à la suite d'une

1. *Le livre du Sage*, *op. cit.*, p. 101.
2. *Oratio*, p. 31.
3. *Ibid.*, p. 15.

déchéance. Privée de contemplation, elle se serait retrouvée enchaînée à un corps qui ne cesse de la pousser vers le bas. Ici, au contraire, l'âme qui fait retour sur soi éclaire le corps du dedans et découvre dans le sensible un allié précieux. Même plus, l'âme humaine participe de la matière [1] car, contrairement à l'âme angélique, c'est dans la durée qu'elle se réalise. Elle doit traverser les ténèbres, participer au devenir du sensible et travailler à sa transfiguration. Comme le dit Gandillac :

> bien que la malheur de l'homme ou son péché même résulte de la Création elle-même, la dignité même de l'homme, sa valeur essentielle, c'est précisément de réunir en lui pour les accomplir toutes les formes positives de l'être, et nulle n'est méprisable puisque chacune s'éclaire du dedans de la même lumière [2].

Nous retrouvons ici cette exigence de métamorphose observée chez Jean Pic. « Réunir pour les accomplir toutes les formes de l'être », redoutable responsabilité que celle de l'homme qui a pour tâche l'unification et le parachèvement de l'Univers par la reconnaissance de tous les degrés de l'exister comme autant de formes de théophanies. Pour peu que l'âme reconnaisse dans le sensible et dans toute l'échelle de l'être la présence de l'Infini, il ne lui est plus possible de passer à côté de l'altérité, même la plus radicale, sans oublier sa parenté divine. Car l'Univers n'a aucune existence en-dehors de Dieu, aucun sens en dehors du geste de la Création. Le Cusain a bien montré en quoi chacune des créatures de cet Univers est un reflet de la forme infinie. Evidemment, la personne humaine est la plus haute des théophanies dans la mesure où elle seule prend conscience de l'immanence du divin, non seulement dans l'ordre du créé mais dans son propre être.

L'âme, toute tendue vers la Pensée vivante dont elle procède, prend la mesure, au milieu du monde, de ce qui la sépare et la rapproche de la Face éternelle. Prise dans le mouvement des relations réciproques – « Tout est dans tout » –, elle éprouve la possibilité en tant qu'image d'accomplir sa filiation divine et de réaliser sa ressemblance avec Dieu.

Jean Pic ne dit pas autre chose lorsqu'il met en avant la liberté de l'âme humaine de décider de son destin, de choisir soit de ressembler aux bêtes en sortant d'elle-même, soit, au contraire, de prendre le chemin de l'intériorité :

> Qui sort de soi-même est arraché de soi. Et qu'y a-t-il de plus fâcheux ? Il faut s'en aller finalement après les pas de nos troupeaux, c'est-à-dire suivre la trace des bêtes qui sont en nous (…) : mais qu'y a-t-il de plus misérable, de plus digne de dédain et mépris, que nous devenions laquais et estaffiers des bêtes, sur

1. Notons que le rôle éminent dévolu à l'âme remonte à Plotin qui voyait en elle la meilleure représentante de l'homme (alors que l'intellect est un principe qui transcende l'humain). D'où ce texte des *Ennéades* que Jean Pic et Nicolas devaient d'ailleurs connaître : « Nous sommes cette partie principale de l'âme, qui est intermédiaire entre deux puissances, l'une inférieure et l'autre supérieure, la sensation et l'intelligence (…) La sensation pour nous est une messagère, l'intelligence est notre roi » (*Enn.*, V, 3, 3, p. 52). Pour Jean Pic, faut-il le rappeler, l'âme reproduit en elle les différents niveaux de l'être. A son sommet se trouve l'âme rationnelle qui participe à la nature intellectuelle et à sa base les facultés sensitives et végétatives par lesquelles l'âme participe au sensible.

2. *La philosophie de Nicolas de Cues*, Paris, Aubier, 1941, partie IV, chap. 4, p. 47.

lesquelles la nature entend que nous ayons la seigneurie? Par là, marchant non dans la trace des animaux, mais dans celles de Moïse, rentrons au-dedans de nous, rentrons dis-je, au sérail de notre âme (...) afin que nous reconnaissions en nous, aussi bien tous les mondes que notre Père et notre vraie patrie [1].

Une « alchimie de la pensée »

Au terme de ces développements sur l'importance de la connaissance « métamorphique » chez Jean Pic comme accomplissement de soi et du monde, penchons-nous quelque peu sur la formule de Cassirer à propos de l'érudition du Florentin, sur ce qu'il désigne comme une « alchimie de la pensée ».

Cette expression est intéressante à plus d'un titre :

Premièrement, elle nous situe, d'emblée, au cœur de nos préoccupations dans le sens où elle lie l'activité de l'intellect à une transformation, une conversion, voire même une transfiguration de l'être pensant. Ensuite elle montre la nécessité de faire le rapprochement entre l'activité des alchimistes de la Renaissance et celle des philosophes. Ici et là, n'est-ce pas une même aspiration spirituelle qui est à l'œuvre, une même recherche de concorde universelle et de purification des âmes?

Concevoir la pensée comme d'essence alchimique, c'est la définir dans ses capacités d'ouverture et d'accueil. Jean Pic a tenté à travers une érudition admirable de concrétiser cette exigence. Les commentateurs se sont beaucoup interrogés sur l'immense diversité des sources de Jean Pic, les Grecs (Pythagore, Héraclite, Platon, Aristote...), les néoplatoniciens (Plotin, Porphyre, Jamblique, Proclus...), les Arabes (Avicenne, Averroès, Al-Farabi...), les « antiques mystères juifs » etc.

S'agissait-il, pour Jean Pic, d'une tentative de conciliation, de syncrétisme des différentes tendances de la Pensée universelle? Ce serait éluder la question que de lui attribuer le désir de procéder à un mélange des différentes traditions. D'ailleurs cela est-il seulement possible? Il faudrait plutôt voir dans cette mise en présence des différentes philosophies ce que Montaigne considère dans ses *Essais* comme le travail d'« exercitation » préalable pour découvrir dans le concert des pensées multiples sa propre voix. De plus, quand les différents systèmes se confrontent et résonnent les uns dans les autres, ce sont de nouvelles perspectives qui apparaissent, des orientations originales, des pistes qui seraient demeurées inexplorées sans l'irruption de cette diversité.

Il faut bien voir que l'alchimie de la pensée est une vaste entreprise spirituelle. « Rien ne permet de mieux parvenir à la connaissance de la vérité recherchée que par l'exercice le plus fréquent de la dispute », nous dit Jean Pic [2]. A travers ces débats intellectuels conçus comme de véritables combats pour la vie, l'enjeu est de « rentrer chez soi plus riche, c'est-à-dire plus savant, et mieux armé pour les

1. *HE*, Prologue du livre IV, p. 195.
2. *Oratio*, p. 43.

combats futurs »[1]. Justifiant son intérêt et son admiration pour tous les maîtres en philosophie, Jean Pic reprend à son compte un adage antique :

> Que personne ne me condamne si “partout où il m'emporte, j'arrive en passager du vent” (...). C'est sans doute le propre d'un esprit étroit de rester enfermé dans le seul Portique ou la seule Académie. On ne peut bien choisir une voie entre toutes, si l'on n'a pas d'abord acquis de chacune une connaissance intime[2].

Il en ressort que toute attitude positive face à la différence, à la diversité, quelle qu'elle soit, est une forme de métamorphose ou d'auto-dépassement. S'enraciner dans sa différence et sa singularité, c'est se contenter de la plus pauvre des formes d'être, c'est faire montre d'une pensée étroite, d'un esprit court, pour parler comme Saint-Simon. De chaque spiritualité émane un suc qu'il ne faut pas laisser s'échapper. Jean Pic en fait abondamment le tour. Contentons-nous de relever les adjectifs qu'il utilise pour désigner chacune d'elles : « vigoureux, tranchant, solide, pondéré, net, précis, parfait, aigu, originel, ample, majestueux, sublime, vénérable, ferme, inébranlable, grave, médité, divin, clair, pur, ample, élégant, ... »[3]. Une véritable symphonie de couleurs, de timbres, d'accents, de tons afin de parvenir à un résultat digne de la nature humaine, inépuisable en richesse et en diversité, afin aussi que jaillisse « l'éclair de vérité ».

L'irénisme de Nicolas de Cues, son désir brûlant de réaliser la paix entre les peuples, l'avait conduit aussi à concevoir la nécessité d'approfondir chaque spiritualité et d'en tirer la meilleure part.

Si l'instrument par excellence de la pensée est la philosophie ou la dialectique, – « Dissipons grâce à la dialectique les ténèbres de la raison » exhorte Jean Pic[4] –, l'âme rationnelle en est le principal moteur; c'est elle qui épure l'homme de ses passions mauvaises et lui permet de connaître les choses divines.

On trouve dans l'*Oratio* un vibrant éloge de la philosophie qui conserve toujours aujourd'hui, et peut-être même plus encore, sa saveur et sa modernité[5].

La dialectique joue un rôle capital chez notre auteur. Elle est la voie morale par excellence qui permet de maîtriser l'instinct et les passions mauvaises[6]. La connaissance intellectuelle, en purifiant l'âme et en libérant l'esprit de ses idoles

2. *Ibid.*, p. 45.
2. *Ibid.*, p. 45.
3. *Ibid.*, p. 47.
4. *Oratio*, p. 19.
5. « (...) Car maintenant – si grande est la misère de notre temps ! – tout l'acte de philosopher suscite plutôt le mépris et l'outrage que l'honneur et la gloire. Une conviction funeste et monstrueuse a envahi presque tous les esprits, selon laquelle personne, ou presque, ne doit philosopher. Comme si avoir exploré ce que nous avons sous la main et sous les yeux, les causes du réel, les voies de la nature, les raisons de l'univers, les desseins de Dieu, les mystères des cieux et de la terre, tout cela n'était rien tant que l'on n'en peut espérer ni faveur ni salaire. On en est arrivé, hélas !, au point que ne sont plus estimés sages que ceux qui font de l'amour de la sagesse une œuvre mercantile, si bien que nous pouvons voir la chaste Pallas, envoyée parmi les hommes en don de Dieu, chassée, sifflée, en butte aux risées... » (*Oratio*, p. 39).
6. Sur le rôle de la dialectique, voir aussi Plotin, *Ennéades* I, 3.

et de ses fièvres trompeuses, permet de s'élever jusqu'à Dieu et de s'unir à lui dans la plus parfaite félicité.

La connaissance est donc la condition nécessaire pour accéder au transcendant, même si la théologie doit ensuite prendre le pas sur la noble philosophie. Car l'intelligence est lumière, elle dissipe les brumes de la passion et prépare par une lente ascèse, faite de multiples degrés sur l'échelle de la perfection, à l'amour.

Reste que ce rôle de premier plan joué par l'intellect est malgré tout relatif. Il est vrai que la fonction intellectuelle qu'occupe l'homme dans le monde indique la valeur éminente de cette créature par rapport aux êtres créés. Cependant, il faut bien voir que Jean Pic recherche ce qui permet de singulariser radicalement l'homme des autres existants, les anges compris. Or, la connaissance, pour être admirable, n'en est pas moins restrictive si elle est comprise comme un rôle ou une fonction, assignant à l'homme une place statique. L'argument de l'intellect n'est acceptable, pour Jean Pic de la Mirandole, que s'il s'enracine dans la liberté. Car, au fond, n'oublions pas que l'homme partage la connaissance sensible avec les animaux et la connaissance intellectuelle avec les anges. Seule la liberté peut restituer à l'homme sa dignité car c'est elle qui le singularise à l'extrême.

Par ailleurs, déterminer l'homme comme raisonnable, c'est le circonscrire dans une sphère d'où seraient absentes les forces obscures de l'irrationnel, de l'instinct ou du néant. Or, le primat accordé à la liberté, tout à l'inverse, situe l'homme dans une dynamique de possibles, qui a d'ailleurs paru inquiétante à certains interprètes. En effet, puissance ambiguë, la liberté semble tout d'abord entraîner l'homme dans le mouvement quelque peu païen du cycle des métamorphoses. Celui-ci ne va pas cependant sans recouper le thème de la rédemption chrétienne. Car l'humanisme de Jean Pic, pour offrir à la liberté un champ très large, ne la considère pas pour autant comme la possibilité de tout faire. Mais il n'en reste pas moins, comme nous le verrons, qu'il offre une oscillation troublante entre les forces des ténèbres et celles de la lumière, puisque l'homme paraît sans cesse partagé entre l'appel du divin et ses propres élans prométhéens.

CHAPITRE III

MÉTAMORPHOSE ET LIBERTÉ

L'HOMME COMME INDÉTERMINÉ

Le dessein de Dieu

De l'homme microcosme, « *Mundi copulam, Immo Hymenaeum* », Jean Pic va déduire l'indétermination de la nature humaine. Puisque la plus noble des créatures est vouée à n'avoir aucune forme en propre, ni de nature immuable et que l'ordre du créé existe pour la gloire de Dieu et de sa créature la plus éminente, il n'est pas exagéré d'affirmer que l'homme tire son essence d'un acte auto-créateur, conséquence de sa liberté et de l'extrême libéralité du Créateur. En effet, cette liberté est à comprendre comme la marque de la confiance insondable de Dieu en sa créature, même faible, déchirée et misérable. La liberté picienne, si puissante soit-elle, ne doit donc pas être séparée du Geste initial qui la rend possible.

Jean Pic décrit dans l'*Oratio* les étapes de la Création, du monde *supra*-céleste, peuplé d'esprits, au monde inférieur, avec ses bêtes, ses plantes..., chaque être recevant la forme impartie par son Souverain Créateur. Arrivé à l'homme, l'architecte tout puissant semble avoir comme une hésitation, une défaillance. Car il ne s'agit pas là d'une créature parmi d'autres mais de l'homme qui aura pour tâche d'être l'œil aimant de la « demeure du monde », de contempler, d'admirer un tel chef-d'œuvre, de louer enfin la magnificence d'un si génial Artisan.

L'homme, être pourvu d'intelligence et de cœur, capable d'aimer, de rassembler, de produire, en un mot, de faire resplendir sa filiation céleste, ne pouvait avoir le même sort que les autres créatures. Nombre d'idées ou d'archétypes ayant été épuisés par Dieu,

> Il ne convenait pas à sa sagesse d'hésiter par manque de conseil, dans une œuvre si nécessaire. Il ne convenait pas à son amour bienfaisant que l'homme, qui devait louer chez les autres créatures la générosité divine, fût contraint à la condamner pour soi-même. Le parfait artisan décida finalement qu'à celui à qui

> il ne pouvait rien donner en propre serait commun tout ce qui avait été le propre de chaque créature. Il prit donc l'homme, cette œuvre à l'image indistincte, et l'ayant placé au milieu du monde, il lui parla ainsi :
> Je ne t'ai donné ni place déterminée, ni visage propre, ni don particulier, ô Adam, afin que ta place, ton visage et tes dons, tu les veuilles, les conquières et les possèdes par toi-même. La nature enferme d'autres espèces en des lois par moi établies. Mais toi que ne limite aucune borne, par ton propre arbitre, entre les mains duquel je t'ai placé, tu te définis toi-même. Je t'ai mis au milieu du monde, afin que tu puisses mieux contempler autour de toi ce que le monde contient. Je ne t'ai fait ni céleste ni terrestre, ni mortel ni immortel, afin que, souverain de toi-même, tu achèves ta propre forme librement, à la façon d'un peintre ou d'un sculpteur (...) [1].

Il convenait de citer ces lignes dans leur intégralité car elles contiennent des éléments essentiels pour comprendre la métaphysique picienne et le statut ontologique qu'il confère à l'être humain. De plus, c'est dans cette capacité qu'a l'homme de choisir n'importe quelle nature parmi celles qu'il contient potentiellement que se trouve un des éléments les plus originaux de l'anthropologie du Florentin.

Le corollaire de l'indétermination de l'homme, c'est donc, tout naturellement, l'auto-création, creuset fertile où jaillit magnifiquement ce que Burckhardt salue comme un véritable "manifeste" en faveur de l'humanisme. C'est que Dieu, dans l'immensité de sa Création, malgré la perfection des formes visibles, n'a guère trouvé d'être avec qui communiquer. Sans l'homme, le monde était comme une partition musicale, géniale et cependant demeurée sans interprétation faute de musicien suffisamment compétent pour la jouer. Ou encore une symphonie inachevée, un orchestre en mal de soliste ou un brillant accord dans l'attente de sa résolution.

On notera que la théorie de l'indétermination de l'homme à la Renaissance a permis, dans une certaine mesure, le développement du faustisme en Occident. En effet, pris en lui-même, sans référence à un système de valeurs quelconque, l'homme fait valoir son indépendance vis-à-vis d'un ordre qui s'imposerait à lui de l'extérieur. Livré à lui-même, il serait alors le sujet de toutes les tentations qui sont autant de formes de déshumanisation, à l'image de la teinturière dans *La femme sans ombre* de Hofmannsthal. Par un pacte diabolique signé avec une sorcière, elle renonce à son ombre, c'est-à-dire à sa part d'humanité, en échange de mille attraits ou de mille mirages. Sorte d'allégorie inversée du mythe de la caverne puisque l'ombre signifie ici, à travers la densité du corps, l'humain.

Cependant, à situer l'essence de l'homme dans son libre-arbitre et sa capacité de choisir, n'est-ce pas lui conférer une puissance inquiétante? D'où la hâte d'Henri de Lubac de diminuer l'inportance de la liberté picienne, comprise comme puissance prométhéenne :

1. *Oratio*, p. 6-7.

> Que cette liberté qui l'élève si haut ne soit pas cette sorte d'indétermination créatrice qui ferait de lui la divinisation d'une puissance et d'une fantaisie arbitraires, qu'elle soit en lui tout au contraire le principe d'une redoutable responsabilité [1].

S'il est vrai que Jean Pic en appelle à la responsabilité morale des hommes, il n'en reste pas moins que la liberté reste dans sa pensée une puissance redoutable, capable de tous les retournements, de toutes les perversions.

L'Autocréation

L'autocréativité, on l'a déjà dit, confère à l'homme des pouvoirs gigantesques qui font presque de lui l'égal de Dieu. C'est pourquoi certains historiens de la Renaissance ont vu en Jean Pic, par excès d'interprétation, un précurseur de l'athéisme moderne. Nous verrons cependant, à la lumière des textes, qu'il n'est d'humaniste chrétien plus sincère que Jean Pic. Son ambition pour l'homme ne devrait pas occulter sa ferveur religieuse. D'autant que la glorification de l'homme, chez notre auteur, a pour face cachée celle de son Créateur.

Pour définir l'autocréation, il faudrait mobiliser à nouveau la notion de métamorphose tant il est vrai que les deux termes trouvent sens l'un dans l'autre. En effet, l'indétermination suppose la possibilité pour l'homme de porter à l'existence n'importe lequel des êtres finis. Cette absence de limites en terme de nature permet à ce « messager entre les créatures » de se faire lui-même, en toute liberté, sans contrainte extérieure ni détermination autre que celle imposée par sa propre volonté.

On le voit, la liberté picienne s'enracine dans le monde fini et puise son sens dans l'agir (cf. IIe partie, chapitre premier, II). Nous sommes très loin de la vision platonicienne selon laquelle l'âme n'est vraiment libre que dans la vie contemplative, suspendue au ciel des idées, détachée des infirmités de l'ici-bas.

En choisissant d'actualiser telle forme plutôt que telle autre, l'homme découvre, en même temps que l'infinie plasticité de sa "nature", la liberté dont son être procède. Pourfendeur de la chaîne des différents déterminismes, il n'existe qu'en avant de lui-même, comme la matière artistique la plus noble puisque son être même en est l'objet. Perspective aussi grandiose que vertigineuse, tout lui serait-il vraiment possible ?

Que l'on ne s'y trompe pas. Il ne s'agit pas de faire fi, naïvement, des déterminations liées à la finitude. Bien au contraire puisque celle-ci est le moteur même de la métamorphose. Il ne faut jamais perdre de vue la révolte initiale, de nature quasi-religieuse, qui commande la vie protéiforme. Le "faire" est tout d'abord ici un "se défaire", comme Hofmannsthal en offre l'illustration dans *La femme sans ombre*. L'empereur, figure de l'homme hautain et sans cœur, est frappé d'une malédiction par le monde des esprits. Il est transformé en une statue de pierre qui

1. H. de Lubac, *op. cit.*, chap. IV, p. 89, Paris, Aubier, 1974.

n'est que l'extériorisation de sa dureté intérieure. L'empereur vit toujours cependant mais sur le mode glacé de la pétrification. Cette chape de pierre ne se fissurera qu'une fois réalisée la reconquête de soi qui n'est plus éternité de pierre mais éternité de vie. Même si cette reconquête, dans le conte de Hofmannsthal, passe par le sacrifice de l'impératrice-déesse, par sa propre métamorphose. Renonçant à sa divinité pour rejoindre le monde des hommes, elle fait fondre la pierre où est retenue la vie de son époux. N'est-ce pas là l'homme de Pic de la Mirandole ? Un Protée qui, pour épouser toutes les formes de la nature, doit briser sa propre statue de marbre, symbole de ses limites, de ses murailles.

Il faut bien voir que dans l'esprit de Jean Pic, ce pouvoir d'autodétermination n'est pas pour l'homme une qualité parmi d'autres. Elle est au fondement de sa structure ontologique. Et ce paradoxe n'est pas des moindres chez notre auteur. Cette absence de qualités initiales n'est pas le signe d'une pauvreté d'être mais, au contraire, la promesse des plus grandes espérances. Si l'ordre du possible permet une dégénérescence en des formes si inférieures qu'elles dépassent l'ordre même de l'imagination, il permet aussi de réaliser les formes les plus hautes. Dignité/indignité, couple inséparable dont les termes se conditionnent l'un l'autre et déterminent la condition humaine. Comme le souligne Garin commentant le « Prince de la Concorde » :

> le propre de l'homme n'est pas tant d'être le centre de l'univers que d'aller au-delà du domaine des formes, et de se rendre maître de la nature en se situant en dehors d'elle. C'est par son caractère d'indépendance, parce qu'il est un point de liberté absolue, que l'homme étend son pouvoir sur le monde des formes, et qu'il peut le transcender aussi bien dans le sens d'une dégénération vers le démoniaque que dans celui d'une ascension vers l'intelligence divine (...). Il peut tout bouleverser et détruire, comme il peut tout rédimer dans une transfiguration libératrice (...). Entre le diabolique, à la laideur inhumaine, et le divin, qui se dilate à l'infini, se tient désormais l'homme, qui peut user de la création aussi bien pour sublimer les êtres en Dieu que pour les entraîner dans la nuit du chaos et du mal[1].

Equilibre précaire entre les forces du bien et du mal. L'homme picien serait-il ce funambule qui, au moindre faux-pas, risque d'entraîner dans sa chute la Création entière ?

Le désir

Cette responsabilité « redoutable » de choisir entre la lumière et les ténèbres, l'ange et le démon, cette possibilité de se transformer aussi selon le gré de sa volonté, fait apparaître une prérogative proprement humaine : celle du désir infini. En effet, créé indéterminé, sans séjour fixe ni visage achevé, le désir de l'homme se voit ravivé par le feu de tous les manques. Creusé, frustré par la fugacité et les

1. Garin, *op. cit.*, p. 125.

insuffisances des réalités particulières, le désir de l'homme est condamné à n'avoir pour objet que l'insaisissable, l'inépuisable. L'indétermination de l'homme et son long périple dans le monde des formes expriment sa soif inaltérable d'Absolu. Aucune des natures qu'il épouse ne peut convenir au dynamisme de son propre être. Toujours sera médiocre la forme qui n'aura pas permis de réaliser le face à face avec l'Innommable, « le retour de chaque chose à son principe (...) car ce à quoi toutes choses aspirent est cela même qui est au commencement de toutes »[1].

Nul mieux que Grégoire de Nysse n'a su exprimer l'infini du désir humain, à travers sa philosophie du manque et de l'insatisfaction. Tel est le sort de la créature qui veut connaître et saisir la puissance transcendante pour laquelle elle s'est enflammée d'amour. Elle est condamnée à tendre indéfiniment vers l'objet dont l'infinie richesse dépassera toujours ses efforts de saisie.

L'âme éprise de Dieu verra dans ses impuissances, à travers le désir infini qui la corrode, son seul bonheur possible de participer à la chose aimée. Impuissante à connaître autrement que sur le mode éminemment paradoxal de la non-connaissance, son élan, sa recherche mêmes finiront par coïncider avec l'objet de sa recherche. Autrement dit, c'est dans sa soif inaltérable qu'elle se sentira désaltérée, dans la sensation infinie du manque qu'elle se trouvera comblée, dans la nuit obscure de la foi qu'elle sera ravie.

Il est de la nature même du désir spirituel d'être infini, pour Grégoire, car c'est par ce désir seulement que Dieu nous est révélé. Serait-il limité que l'ascension de la créature se trouverait brutalement suspendue.

A mesure que l'âme s'engage sur la voie du devenir spirituel, son désir augmente et avec lui le bonheur de découvrir l'infini de l'Esprit divin. Elle ne peut donc qu'accepter que l'objet recherché lui échappe car c'est cela-même qui ravive son espérance.

Sans doute est-ce pour cela que Grégoire qualifie Dieu de « beauté désespérante »[2], mais qu'y a-t-il de plus joyeux que cette désespérance qui a compris que posséder l'aimé, c'est le voir lui échapper pour toujours ? « Ce que l'on possède comme une chose ne peut plus être espéré »[3], nous dit Grégoire. C'est en acceptant cette dépossession permanente que l'âme « reçoit la flèche élue de Dieu en elle-même à l'endroit mortel du cœur »[4].

Il n'aura certes pas fallu attendre Kierkegaard pour mesurer les paradoxes sur lesquels repose la foi chrétienne.

1. *HE*, VII, Prologue, p. 225.
2. In *Cant.*h. 12, I, 1037B.
3. *Eun.* 12 ; II, 941 c.
4. In *Cant.* h. 12 ; I, 1037B.

La métempsychose

Cependant, si l'autocréation se comprend comme une métamorphose et une migration inlassable d'une forme à une autre, il ne faudrait surtout pas en conclure, par une compréhension trop littérale des textes de Jean Pic, que l'homme peut se transformer en n'importe quelle nature. Il est vrai que la métamorphose situe l'homme dans un état de recherche ininterrompue de la forme la plus haute, celle capable de porter l'humain à son accomplissement, dans toutes ses dimensions, naturelles et surnaturelles, mais cela ne signifie en rien que tout est possible, revêtir l'enveloppe réelle de l'animal comme de l'insecte ou de la plante. Ne nous laissons pas abuser par l'exaltation allégorique de l'*Oratio* et par l'ambiguïté de certaines de ses images. Au risque de nous répéter, précisons que la démarche de Jean Pic ne s'apparente pas aux théories païennes de la métempsychose, même si notre auteur s'y est intéressé.

Dans l'*Oratio*, Jean Pic nous dit que le « Père a introduit dans chaque homme des semences de toutes sortes, des germes de toute espèce de vie »[1]. Est-ce à dire que si l'homme choisissait le mode d'être végétal par une décision aussi bizarre que fantastique, il pourrait quitter la condition humaine? Cela prête à sourire, évidemment.

Ces semences correspondent à ce que Jean Scot Erigène[2] appelle les causes primordiales ou encore « la nature qui est créée et qui crée ». Ce sont des paradigmes crées par Dieu et dont provient l'univers sensible et intelligible. Ce qu'il est intéressant de noter, c'est que ces causes primordiales ne viennent pas toutes, d'emblée, à leur forme ou à leur accomplissement. Pour que ces formes procèdent dans le multiple, il faut que les forces cachées de la nature soient fécondées par l'esprit. Mais si l'esprit peut, potentiellement, devenir toutes choses, si toutes les natures sont virtuellement contenues en l'homme, c'est en fonction du rôle qui lui est échu de ramener les choses à leur cause première. Il ne s'agit pas de s'arrêter à telle forme ou à telle autre mais de les parcourir toutes afin de les ramener à leur principe. C'est en ce sens que l'homme contient donc des « semences de toutes sortes ».

En réalité, si Jean Pic s'intéresse à la métempsychose, c'est à titre tout à fait symbolique. Elle serait en quelque sorte une allégorie de l'indétermination de la nature humaine. Jean Pic abandonne ici la rigueur du discours philosophique pour un style plus libre et poétique. Celui-ci ne perd rien en profondeur et permet, au contraire, le déploiement d'intuitions fortes[3].

1. *Oratio*, p. 7.

2. *Cf.* Erigène, *De la division de la Nature, Periphyseon*, livre II, trad. F. Bertin, Paris, PUF, 1995. *Cf.* aussi, avant Erigène, Saint Augustin in *De Trinitate* et *De Genesi ad litteram*.

3. Notons que le style de l'*Oratio* est quelque peu marginal par rapport à l'ensemble de l'œuvre, bien que ce soit par le fameux discours que Jean Pic soit entré dans la postérité. En effet, ses œuvres postérieures adopterons un style beaucoup plus sobre et rigoureux sur le plan philosophique (*cf.* surtout le *De Ente* et les *Conclusions*). Que l'on se souvienne de la fameuse polémique qui l'opposa aux humanistes-rhéteurs, plus férus de beau style que de profondeur.

La doctrine de la métempsychose est donc, pour notre auteur, un moyen parmi d'autres de démontrer – ici allégoriquement – la *natura transformans* de l'homme.

L'on pourrait aussi considérer que cette théorie lui sert d'argument pour décrire les facultés appétitives de l'âme. Il suffirait que l'homme régresse selon des formes de vie inférieures pour parler métaphoriquement de métempsychose.

> Si tu vois un homme livré à son ventre ramper par terre, ce n'est plus un homme que tu vois, c'est une plante. Si tu vois quelqu'un, aveuglé comme par Calypso dans les vains mirages de la fantaisie, et asservi aux sens dans l'entraînement de séductions qui le détruisent, ce n'est pas un homme que tu vois, c'est une bête [1].

Le paganisme de Jean Pic à l'endroit de cette doctrine n'est donc pas à prendre à la lettre. Si l'on veut mesurer les influences païennes de sa pensée, ce sont alors les mystères des Anciens, dans leur diversité, qu'il faudrait sonder, corpus hermétique, textes orphiques, doctrine sacrée des Hébreux, des Chaldéens et des Grecs. Autant de voies initiatiques qui ont valeur cathartique pour non seulement disposer l'homme au divin mais lui permettre de devenir ce DEORUM CONVIVA, « le commensal des dieux alors qu'il est encore sur terre » et « recevoir le don de l'immortalité » [2]. Le sens des métamorphoses n'est pas à chercher ailleurs que dans cette furieuse aspiration.

L'homme-Protée ou caméléon

Il n'est guère étonnant que l'une des images centrales de l'*Oratio* et de la pensée de Jean Pic soit celle du caméléon, utilisée pour figurer l'homme-Protée qui tire sa spécificité dans le possible de la métamorphose.

> Qui n'admirerait ce caméléon que nous sommes? Et sinon qui admirera davantage quoi que ce soit d'autre? Asclépios l'Athénien a dit à juste titre de ce caméléon qu'il était signifié dans les mystères par la figure de Protée, en raison de sa nature muable, qui se transforme elle-même... [3]

Précisons que la représentation de l'homme comme caméléon ou comme divinité marine de la mutation a toute une histoire, et s'inscrit donc dans une tradition. Il serait évidemment fastidieux de la passer en revue dans son ensemble. Rappelons qu'Aristote déjà en dresse le constat quoique dans un contexte tout à fait différent puisqu'elle prend place dans une interrogation sur la vocation de l'homme au bonheur [4].

Les *Métamorphoses* d'Ovide, bien qu'appartenant au mythe, sont particulièrement instructives si l'on considère que la figure mythique n'est plus seulement ce personnage hiératique et lointain mais l'expression la plus intime des

1. *Oratio*, p. 11.
2. *Oratio*, p. 29.
3. *Ibid.*, p. 9.
4. *Ethique à Nicomaque*, I, 11, p. 73, trad. Tricot.

mouvements de l'âme, de ses ascensions, ses chutes, ses luttes, ses contorsions... La figure mythique comprise comme langage de l'esprit et réflexivité de la nature humaine, parvient par la richesse de ses images à symboliser l'itinéraire spirituel de l'homme. En témoigne cette description de Protée :

> Il en est qui ont le privilège de revêtir successivement plusieurs figures, toi, par exemple, Protée, habitant de la mer qui entoure la terre de ses bras. Car on t'a vu tantôt jeune homme, tantôt lion; un jour tu étais un sanglier furieux, une autre fois un serpent dont on redoutait le contact ou bien encore un taureau armé de cornes; souvent on pouvait te prendre pour une pierre, souvent aussi pour un arbre; parfois, empruntant l'aspect d'une eau limpide, tu étais un fleuve, parfois une flamme ennemie de l'onde [1].

Parmi les Pères de l'Église, Clément d'Alexandrie est représentatif de ce qui deviendra une tendance très nette chez les sermonnaires médiévaux de déplorer la tentation d'adopter des formes de vie retardée qui ne sont que « grossièreté lascive ».

Dans cette perspective la métamorphose est comprise dans un sens exclusif puisqu'elle devient synonyme du déchaînement des passions serviles et de la partie inférieure du désir. Clément d'Alexandrie qui distingue trois parties dans l'âme, la spirituelle qui guide l'homme intérieur, l'irascible qui est la dimension animale et une troisième qui correspond au désir de l'âme, nous dit que cette dernière partie est la plus redoutable.

> Ayant des formes multiples et plus changeantes que Protée, la divinité marine, se métamorphosant tantôt d'une manière, tantôt d'une autre, cherche à séduire, à entraîner vers les adultères, la débauche et les mœurs corrompues(...). Le désir prend toutes les formes et veut séduire, pour faire disparaître l'homme [2].

Protée est donc pris ici dans un sens strictement péjoratif, le bestiaire servant plus généralement, dans ce contexte, à mettre en garde contre les penchants mauvais. Or, chez Jean Pic, la métamorphose est comprise bien sûr dans un sens religieux, mais aussi dans un sens plus global puisqu'elle contient les deux mouvements de montée et de descente sur l'échelle des êtres. Jean Pic maintient ainsi la tension entre la tentation du servile et l'aspiration à la lumière car c'est cette tension même qui fonde l'espoir des grandes métamorphoses et permet de passer en ce que Clément appelle la « vraie beauté ».

Nous sommes ici dans une toute autre dimension car, à travers le changement de forme, il ne s'agit pas de faire disparaître l'homme mais de le rendre plus homme, de lui donner un plus d'être [3]. Protée représente, ici, l'homme universel,

1. *Métamorphoses*, VII, 725. 753, Paris, Gallimard, 1992. p. 281.

2. *Pédagogue,* Paris, Éditions du Cerf, 1970, III, chap. 1, p. 13.

3. On s'est beaucoup mépris sur la réelle portée de la figure de Protée chez Jean Pic. Certains (notamment Eugenio Garin) en ont exagéré l'importance à un point tel qu'ils n'ont pas hésité à faire de Jean Pic une figure faustienne ou prométhéenne, comme si l'homme, dans ses noces avec la nature, pouvait se suffire à lui-même. Rien de plus mythique donc que cette vision qui survole la dimension

l'homme qui se lance dans l'aventure grandiose du cheminement de l'âme vers sa source. C'est pourquoi Jean Pic ne pourrait écrire :

> l'homme qui habite le Logos ne prend pas toutes sortes d'apparences diverses, il garde la forme du Logos, il prend la ressemblance de Dieu [1].

Simple querelle de mots ou divergence sur le fond, le fait est que pour notre auteur cette ressemblance de l'homme avec Dieu n'est que la métamorphose finale, celle que Montaigne appelle de tous ses vœux en la qualifiant de « divine et miraculeuse ». Montaigne reconnaîtra, à la suite de Jean Pic, qu'elle excède de loin les simples pouvoirs humains :

> L'homme ne peut voir que de ses yeux, ny saisir que de ses prises. Il s'eslevera si Dieu lui preste extraordinairement la main; il s'eslevera, abandonnant et renonçant à ses propres moyens, et se laissant hausser et soubslever par les moyens purement celestes [2].

La nature humaine

La notion de métamorphose soulève, on s'en doute, bien des problèmes philosophiques. Qu'advient-il en effet de la nature humaine si, comme semble l'affirmer Jean Pic, son essence procède des actes libres, variés et inconstants de l'homme ? Si tel est le cas, cela ne nous entraîne-t-il pas hors toute métaphysique ? Faut-il conclure, en vertu de l'affirmation de l'homme-caméléon, à la nature sans cesse muable et instable, que Jean Pic nie l'idée de nature humaine ?

Cette interprétation est excessive, bien que certains l'aient trop hâtivement adoptée. La pensée de Jean Pic est complexe. De plus, elle est fondée en partie sur le paradoxe. Rien de plus normal qu'une philosophie aussi vivante et dynamique que la vie même, contienne les apories de celle-ci. Pour éclairer la question, quelques remarques préliminaires s'imposent.

En tout premier lieu, il ne faudrait pas oublier que Jean Pic ne s'intéresse pas à la question de la nature humaine en tant que telle. Sa démarche n'est pas de nature spéculative ou abstraite. Au contraire, plus pragmatique, elle porte sur l'homme concret et s'interroge sur ce qui fonde la singularité de celui-ci parmi les autres créatures. Qui est l'homme, qu'a-t-il de plus que les autres vivants, à quoi tient cette impressionnante diversité au sein de la seule espèce humaine etc., ces questions préoccupent davantage Jean Pic que la recherche d'une essence abstraite.

Il faut préciser ensuite que l'indétermination dont parle Jean Pic n'est pas à entendre dans un sens absolu. Il est donc important de relativiser la négation supposée de la nature humaine sous la plume de notre auteur. Ne pas être conditionné

religieuse de l'œuvre de Jean Pic dans laquelle pourtant la philosophie sert de support et de point de relai à la « très sainte théologie ».

1. *Ibid.*, p. 15.

2. *Les Essais*, II, chap. XII, *O.C.*, La Pléiade, p. 589.

par une nature spécifique, cela signifie que l'homme n'est pas déterminé à l'avance comme le genre animal dont tous les membres se ressemblent. Si le genre a donc des propriétés qui sont celles de chaque individu, rien de tel chez l'homme. En ce sens, l'on peut dire que ce dernier n'a pas de nature. Mais être sans nature n'est pas contradictoire avec le fait d'être né dans une forme spécifique (ici l'humanité), ouverte, dynamique, laissant à son "propriétaire" le champ libre pour devenir ce qu'il est, toujours un peu plus.

Comme il a pu apparaître au chapitre précédent, tout au long de l'*Oratio* et de l'*Heptaplus*, Jean Pic affirme que le propre de l'homme est de penser, d'avoir une prise intellectuelle sur le monde. Mais comment oublier que l'homme est doté aussi de facultés animales qui le soumettent parfois à la tyrannie des sens ? N'insistons pas trop sur ce que nous tenons pour une évidence. D'ailleurs, comment nier l'idée de nature chez l'homme sans tomber dans l'abus que cette théorie dénonce : l'aliénation, qui serait provoquée ici par une liberté trop grande.

Sur un autre plan, pour conforter l'idée que Jean Pic n'a pas voulu priver l'homme de toute nature, il faut reconnaître que, lors du processus d'autocréation, l'homme puise les formes qu'il veut porter à l'être dans l'ordre du créé. Il ne les invente pas, pas plus qu'il ne les modifie. En cela, sa liberté est tout sauf "délirante". Sa volonté s'exerce dans l'ordre du réel et du possible. Son champ d'action n'est pas infini car les objets ou êtres sur lesquels il porte sont déjà là.

Nous pourrions enfin ajouter – mais nous y reviendrons – que la liberté humaine est encerclée par deux réalités. Premièrement, la liberté est un don. L'homme n'est pas créateur de sa liberté. Il est donc en quelque sorte conditionné par une absence de conditions, limité, si l'on peut dire, par une absence de limites. Ensuite, la liberté est ordonnée à une finalité.

Elle ne s'exerce pas en dehors des catégories du bien et du mal, l'homme étant voué au choix et à la responsabilité [1].

Pour terminer, revenons quelque peu sur le problème métaphysique, mentionné en début de chapitre. Affirmer l'homme comme indéterminé, nous demandions-nous, n'est-ce pas nous situer en marge d'une science des principes ? Est-il possible, en effet, de donner à l'homme en guise de fondement la plus instable des facultés ? Car définir l'essence de l'homme dans sa situation d'animal rationnel est une chose, la définir dans la liberté en est une autre. Autant dans le premier cas peut-on se fier à des critères objectifs qui sont ceux de la raison universelle, autant dans le deuxième nous voyons-nous propulsés dans le subjectif, l'aléatoire, le mouvant. Or, c'est cela même qui constitue le plus original de l'œuvre de Jean Pic. Le problème de la liberté se pose bien en termes de nature. Il y a bien une métaphysique de la liberté, bien que le support démonstratif vienne souvent à manquer et qu'il faille, à partir de ses abondantes descriptions, tirer nos

1. En ce sens, l'homme, si indéterminé soit-il, s'inscrit dans un système de valeurs dont il n'est pas le créateur. Par sa liberté, l'homme a toutefois le pouvoir de se poser pour ou contre ce système.

déductions. Si la liberté est l'essentielle détermination de l'humanité de l'homme, de ce qui le constitue comme tel, elle est alors constitutive de son essence, celle-ci étant ouverte et à créer. Si nature il y a, elle est donc paradoxale puisque l'homme n'est que dans la mesure où il se fait. Sa nature est non dans un être mais dans un pouvoir être [1].

LA LIBERTÉ EN QUESTION

L'Adam de l'Oratio

La célébration de la liberté incommensurable et quasi-divine de l'homme ne va pas sans soulever de multiples questions. D'aucuns ont cru voir dans le portrait de l'Adam de l'*Oratio* un prométhée moderne, utilisant sa propre puissance pour substituer sa loi tyrannique à celle du Créateur.

Il est vrai que le texte de l'*Oratio* peut parfois prêter à équivoque d'autant qu'il n'est guère précisé clairement où se situe, dans le temps, cet Adam qui possède des pouvoirs si démesurés et extravagants. C'est l'image du caméléon qui vient d'emblée à l'esprit des commentateurs qui ont opté pour la thèse de la négation radicale d'une nature humaine mais aussi pour celle de l'homme bâtisseur de tours de Babel, défiant sans vergogne la générosité de Dieu.

L'on peut donc légitimement s'inquiéter des intentions réelles de Jean Pic quand l'on trouve dans l'*Oratio* des phrases qui reviennent, comme un leitmotiv, telles que :

> Qui donc n'admirera l'homme? Lui qui (...) se forge, se fabrique et se transforme lui-même en toute figure de chair, en la nature de n'importe quelle créature [2], ou encore : l'homme est un être vivant, de nature variée, multiforme et changeante [3].

1. Nous nous inscrivons en faux contre certaines interprétations qui relativisent l'importance philosophique et historique de la liberté picienne. Ainsi pouvons-nous lire, chez Louis Valcke, par exemple : « Notons-le en passant, Jean Pic proclame la dignité de l'homme, il proclame sa liberté, mais il ne tente à aucun moment d'en donner, au sens propre, une justification (...). Jean Pic n'a pas à convaincre son auditoire, et son éloquence, si sublime soit-elle, est seulement « descriptive » : on aurait tort, par conséquent, d'y rechercher cette « métaphysique de la liberté » que d'aucuns veulent découvrir ici. (*Le périple intellectuel de Jean Pic de la Mirandole*, Louis Valcke et Roland Galibois, Les Presses de l'Université de Laval, p. 94). Or l'émergence chez Jean Pic de la liberté, dans sa radicalité, est un phénomène nouveau qui, croyons-nous, a beaucoup à nous apprendre sur l'humanisme de la Renaissance. Pour la première fois, l'homme semble se libérer, non sans violence, des fonctions sociales, politiques, communautaires ou religieuses qui lui étaient imparties. Sa valeur, il la tire seulement du fait d'être homme. Passer trop vite sur cet aspect de l'humanisme picien, c'est risquer de rater l'essentiel.

2. *Oratio*, p. 11.

3. *Ibidem*, p. 13.

Cet homme tout puissant représente-t-il l'homme universel, l'homme en tant qu'homme ou plutôt l'homme tel qu'il est sorti des mains du Créateur avant la chute, pur, sans reproches et doué de privilèges exceptionnels? Il est difficile de trancher entre ces deux positions. A bien fouiller dans les textes peut-être serait-il possible de conforter et l'une et l'autre thèse.

H. de Lubac, lui, a choisi la seconde thèse selon laquelle l'Adam de l'*Oratio* ne représente pas l'homme actuel.

> Celui-ci est envisagé dans son état primitif, au temps de son innocence, tel qu'il résulte immédiatement de la Création (...). Les expressions les plus fortes de Jean Pic, celles qui paraîtraient autoriser la thèse de son pélagianisme, sont placées par lui dans le discours que Dieu adresse au premier homme en le créant [1].

Contentons-nous de dire que le "choix" de Lubac repose sur les textes piciens relatifs à la misère actuelle de l'homme qui s'est éloigné de son Créateur, la souillure du péché étant responsable de l'obstruction du modèle par rapport à l'image. Signalons aussi que F. Roulier adopte la thèse opposée. En effet, selon lui,

> l'*Oratio* voit dans le premier homme le symbole de ce qui constitue, au-delà des multiples variétés individuelles contingentes, l'être commun à tous les hommes [2].

Une autre expression qui a fait couler beaucoup d'encre est celle de « *Vis Titanica* ».

> Pénétrant toute chose du centre au centre, tantôt nous descendrons, déchirant comme Osiris l'un en multiple, avec la force d'un Titan, tantôt nous monterons, rassemblant comme les membres d'Osiris, le multiple en un [3].

Cette phrase est le prototype du style allégorique adopté par Jean Pic dans l'*Oratio*. D'où la confusion qu'elle semble avoir induit. Jean Pic décrit ici le double mouvement de procession des choses et de leur retour à l'unité, sans oublier que l'homme lui-même participe à ces deux mouvements. En effet, à l'image de la « procession » plotinienne du premier principe, l'homme contient d'abord en lui une puissance de dispersion qui le plonge dans le multiple, ainsi que diverses déterminations ou affections propres aux êtres corporels. C'est ce qu'illustre le mythe d'Osiris, dieu égyptien dont le corps fut démembré et le sang répandu, avant d'être ressuscité. Dans ce contexte, la « *vis titanica* » semble exprimer la puissance prométhéenne de l'homme, sentiment de révolte, désir d'absolutisation, mais aussi les divisions de l'âme et ses puissances de passivité. On voit par là que tout changement n'est pas forcément prometteur. La métamorphose qui se place sous des auspices démoniaques, certes, rend gloire à la liberté de l'homme mais le menace dans le même temps, sinon d'éclatement, du moins d'inconstance.

1. *Pic de la Mirandole*, *op. cit.*, chap. VI, p. 115-116.
2. Roulier, *op. cit.*, p. 437.
3. *Oratio*, p. 21.

Cependant, cette exigence de la pensée picienne est fondamentale : l'homme est double et sa liberté est principe de tous les risques, de tous les dangers.

Sur un autre plan, l'expression de « *vis titanica* » peut désigner la force qui est nécessaire pour l'âme de se rassembler. Faible, déchiré, inconstant, pécheur..., l'homme a vraiment besoin de la force d'un Titan pour se recentrer et s'unifier.

Par respect pour l'homme, Dieu l'a créé à son image, comme être pensant et surtout comme être libre, libre de ses actes, responsable de ses choix. Faculté aussi grandiose qu'inquiétante, à la mesure de la responsabilité qui en résulte. Jean Pic l'indique très clairement en disant que si

> l'homme abuse de la miséricordieuse libéralité du Père, il rendra néfaste, de salutaire qu'il était, le libre-arbitre qu'il nous a accordé [1].

En parlant donc de « *vis titanica* », Jean Pic pensait peut-être aussi aux dramatiques impuissances de l'homme qui essaye en vain de se rapprocher de Dieu. Il suffit de penser à la légende du Grand Inquisiteur de Dostoïevsky pour comprendre combien ce don est lourd à porter. Qui est le Grand Inquisiteur sinon chacun de ces hommes las du combat de la liberté, nourris d'angoisses et de doutes fantastiques. Vouloir se dégager de la lourde responsabilité du choix, c'est vouloir en finir avec les incertitudes acérées qui mettent le cœur en lambeaux. Même si la conséquence inéluctable d'un tel renoncement, c'est le rabaissement de l'homme à une position des plus insignifiantes.

> Au lieu de t'emparer de la liberté humaine, tu l'as encore étendue », crie le vieil inquisiteur révolté au Christ silencieux. « As-tu donc oublié que l'homme préfère la paix et même la mort à la liberté de discerner le bien et le mal ? Il n'y a rien de plus séduisant pour l'homme que le libre-arbitre mais aussi rien de plus douloureux... [2].

Et plus loin :

> Tu as trop exigé de lui... En l'estimant moins, tu lui aurais imposé un fardeau plus léger

Paroles terribles, aussi dures à entendre que la vérité peut être effroyable à voir. La figure de la révolte, Kierkegaard l'a bien montré, est une figure propre au christianisme. Etape nécessaire ? En tout cas, elle est bel et bien légitime et même religieuse si l'on considère que l'indifférence n'est que le froid visage de l'oubli.

Assurément, de positive la figure de la révolte deviendrait un grand mal si elle se confinait dans ses propres limites. Le Grand Inquisiteur, malgré le baiser brûlant que lui laisse le Christ, s'enracine dans son attitude provocante et désespérée. Il a les yeux fixés sur la servitude des hommes, leurs troubles, leurs égarements, le "labyrinthe" où ils sont plongés en raison d'une liberté trop vaste.

1. *Ibidem*, p. 13.
2. *Les frères Karamazov*, Paris, Gallimard, 1952, p. 348.

Il faut donc une force surhumaine pour assumer et maîtriser le champ indéterminé qu'ouvre le libre arbitre, mais celui-ci n'en est pas pour autant illimité. L'expression de « *vis titanica* » trahit donc en l'homme sa condition de créature, partagée entre créativité et passivité, liberté et nécessité. Nous verrons (IIe partie) que l'homme de la Renaissance est pris dans l'étau de ses contradictions, tendu entre des mouvements contraires qui demeurent sans résolution. La force titanique traduirait, dans ce contexte, les "contrariétés" auxquelles il est confronté.

Liberté et loi morale

La foi du Grand Inquisiteur étant ce qu'elle est, quasi inexistante, il renonce au don de la liberté, ce qui rend vaines toutes les interrogations abstraites sur la grandeur de l'homme, son rôle dans l'histoire, son rapport à autrui... Puisque l'Inquisiteur lui dénie la responsabilité de son destin ainsi que l'aptitude au discernement et au choix juste et clair, alors, en effet, à quoi bon être libre?

Nul constat de ce genre chez notre humaniste, quoiqu'il soit réaliste et conscient de la misère de l'homme. Renoncer à la liberté, c'est renoncer à son humanité même et, par-dessus tout, à la qualité d'image de Dieu. Car c'est par la liberté, faculté divine par excellence, que l'homme participe à la Création. En ce sens, la liberté ne se juxtapose à aucun des attributs de l'homme puisqu'elle est au fondement de ce qu'il est.

La question que les commentateurs ont pu se poser était de savoir jusqu'où allait le pouvoir éminent de la liberté, certains textes piciens prêtant, en effet, à équivoque. Cette liberté ne risque-t-elle pas, par sa puissance, d'établir un rapport fusionnel entre l'homme et son Créateur?

En mettant l'essence de l'homme tout entière dans son libre-arbitre, n'est-ce pas faire montre d'une confiance qui frôle l'inconscience alors que l'humanité a abondamment démontré son irresponsabilité face à tant de situations historiques ou individuelles? Nous verrons que Jean Pic ne nie en aucune manière la misère "actuelle" de l'homme, traduite d'ailleurs par le besoin de métamorphose. Celle-ci est bien le fait de l'homme inaccompli et imparfait dont la liberté lui permet, cependant, d'insérer la dynamique transformationnelle. Dynamique destinée à l'arracher à sa finitude et à l'entraîner loin des formes périssables de vie.

Comment Jean Pic réussit-il, par ailleurs, à concilier l'affirmation de cette liberté là avec la doctrine chrétienne qui met l'accent sur la chute de l'homme, le péché, ses insuffisances personnelles, son impuissance naturelle à s'élever vers le Créateur, la nécessité de la grâce... ? Car souvent le « second Dieu » n'est qu'une grossière caricature de son modèle, une marionnette au pantomime burlesque et inconsistant.

En fait, toute l'originalité de Jean Pic sera d'avancer jusqu'au bout des thèses en apparence incompatibles avec la doctrine chrétienne, en faveur de la suffisance humaine, en même temps que d'affirmer puissamment toute son adhésion au catholicisme. Le message évangélique étant ouvert et donc sujet à diverses interprétations, Jean Pic se lance dans l'aventure périlleuse de l'exploration du sens en prenant le risque de choquer un ordre ecclésiastique traditionnel. L'on connaît sa mésaventure romaine où treize de ses thèses furent sévèrement condamnées.

Il est vrai que la thèse de l'homme-Protée engage chez Jean Pic une glorification des capacités humaines mais il ne faut pas confondre pour autant ce voyage dans le monde des formes avec une errance indéfinie :

> Il faut en rebattre de cette « puissance créatrice et dominatrice de l'esprit humain » qui transcenderait dans la conception picienne toute loi morale comme toute nature et qui ferait de lui un « éternel Protée », dit Lubac avec justesse [1].

Car ce voyage a un but, une destination. Sa finalité, ce n'est ni l'indétermination, ni l'autocréation qui en résulte. Ces dernières ne sont que le moyen de rejoindre la Forme infinie. Il faut bien voir que le motif de la liberté n'est jamais pris en lui-même, chez notre auteur. Nulle trace, en effet, de culte démesuré et déraisonné d'un libre arbitre érigé en veau d'or des temps de crise et de mutation.

La liberté chez Jean Pic n'a aucun sens en dehors de la loi morale qui l'inspire, la commande, la guide et l'achève. Si l'homme peut devenir n'importe quelle nature, ce n'est pas pour autant qu'il doit choisir n'importe laquelle des natures. A l'homme de choisir entre les formes qui l'abaissent et celles qui l'élèvent vers la transcendance infinie. A l'homme de choisir aussi soit de se rallier à l'ordre divin qui régit le monde, soit de s'en détourner. Le monde est ainsi fait qu'il est traversé de part en part par les éclairs géants du bien et du mal. La liberté n'a de sens que dans ce choix qui s'offre à elle. Libéralité infinie du Créateur qui propose sans rien imposer, au risque de voir sa créature se détourner radicalement de son projet.

L'homme a cependant cette capacité de se soumettre librement à l'ordre du monde après la reconnaissance de sa nécessité. D'un point de vue théologique, la liberté est à son acmé dans le renoncement à l'absolutisation de l'acte libre comme seul créateur de valeur. Déposer librement, en toute connaissance de cause, une partie de ses pouvoirs, accepter sciemment de s'assujettir à la loi morale, c'est coïncider avec un maximum de puissance et de liberté. C'est ce que Bernard appelle le « consentement volontaire » qui implique une collaboration de l'homme à l'œuvre de Dieu et au règne de la grâce. Nulle passivité dans cette soumission mais, au contraire, une mobilisation de l'engagement confiant que requiert l'acte de foi. Aux antipodes de l'appétit naturel et des fatalités de l'espèce, l'acquiescement volontaire est défini comme

> une disposition de l'esprit, libre de soi-même. On ne le contraint pas, on ne l'arrache pas. Il est le fait de la volonté, non de la nécessité. Il ne se refuse ni ne se donne à quiconque, si ce n'est volontairement. Autrement, si on parvient à la forcer, il est violenté et non volontaire [2].

1. *Pic de la Mirandole*, *op. cit.*, chap. 6, p. 124.

2. *Livre de la Grâce et du Libre arbitre*, Paris, Éditions du Cerf, 1993, § 2, p. 247. Dans ce traité, Bernard expose sa fameuse doctrine des trois libertés. La liberté de consentement est en fait la liberté primitive. Liberté de « nature » par laquelle l'homme est à l'image de Dieu, elle est aussi

Etant libre par la Volonté de Dieu, l'homme reçoit sa liberté, si l'on peut dire, comme une loi mais, en dernière instance, il n'est que la loi de Dieu qui détermine la valeur morale des actes individuels. Dieu, en permettant que l'homme s'autocrée, pouvoir de nature divine, a voulu, en cela, marquer l'éminente dignité de la créature du sixième jour.

Du péché et de la grâce

Comme la question de la liberté est, pour le Mirandolain, au fondement de la dignité de l'homme, on ne peut que s'interroger sur le sort qu'il réserve aux notions fondamentales de l'enseignement catholique que sont le péché, la grâce, la Création, la Rédemption, la Providence...

Peut-on dire de Jean Pic qu'il est le Pélage de ces temps modernes voués au progrès de la science et d'une raison qui affirme de plus en plus son autonomie au prix, peut-être, d'un affaissement du spirituel ?

L'on sait que Pélage affirmait une autonomie de la volonté et du libre arbitre telle qu'il en neutralisait les conséquences du péché originel. Il se faisait aussi une conception particulière de la grâce, allant la confondre avec les propriétés de la nature humaine que sont la raison et le libre arbitre, en vertu du principe de l'équité divine. L'homme peut se délivrer du péché s'il en a la volonté, nous dit-il. L'affirmation de la liberté semble être sans limites. Par sa seule volonté, l'homme peut décider du bien ou du mal, de l'adhésion à la sainteté ou au démoniaque, de choisir d'honorer les préceptes divins ou les refuser. Ainsi exaltée la responsabilité humaine rend presque inutile la médiation du Christ, l'homme pouvant traiter en quelque sorte d'égal à égal avec son Créateur.

On connaît la vigoureuse riposte de saint Augustin contre l'hérésie pélagienne. Comment rendre la grâce tributaire d'une décision humaine sans saper les fondements de la doctrine catholique : péché, Rédemption..., sans nier que Dieu est la force agissante de notre vie morale et spirituelle ?

Bien que Jean Pic ait tendu à l'extrême les ressorts de la liberté, il semble bien difficile d'admettre de sa part un commerce de pensée avec le pélagianisme, tant il est vrai que son œuvre est traversée par une conscience ardente des larges insuffisances de la nature humaine et de la limite de ses forces. Certaines occurrences de l'*Heptaplus* sont très éloquentes à ce sujet. Jean Pic marque, par exemple, très nettement le drame du péché :

indestructible, en rien affectée par le péché. Par ailleurs, cette première liberté qui est « une disposition de l'esprit libre de soi-même » procède avant tout d'un acte volontaire, d'une capacité d'acquiescement. Vient ensuite le *Liberium Consilium*, la liberté de conseil, rattachée à la ressemblance avec Dieu, ressemblance perdue, et qu'il s'agit de restaurer, non sans une contribution de la grâce. Bernard invoque enfin une dernière forme de liberté, la *Libertas Gratiae* qui, elle, affranchit définitivement l'homme du péché. Si la scolastique fut durablement marquée par les analyses de Bernard, Jean Pic de la Mirandole ne fut pas en reste, fin connaisseur qu'il était des débats entre théologiens sur les rapports de la grâce et du libre-arbitre.

> La nature humaine (...) dès le commencement (car aussitôt elle pécha), était vide et vague de justice originelle, et sa face, c'est-à-dire sa raison, était couverte et enduite des ténèbres du péché [1].

Il insiste plus particulièrement sur la nécessité d'utiliser sa liberté avec mesure :

> Si nous trahissons notre dignité par le péché, outrepassant la Loi, toutes choses nous seront contraires (...). Redoutons les peines et les supplices qui attendent les transgresseurs de la Loi divine... [2].

Et de revenir pareillement sur la faiblesse de l'homme :

> ...dans cette misérable nuit corporelle, par de multiples efforts et puissances, nous tâchons plutôt de voir que nous ne voyons [3].

Partant de là, Jean Pic reconnaît l'importance d'une intervention extérieure pour supporter l'homme dans sa vie active et méditative. Livré à lui-même, malgré l'excellence de certaines de ses facultés, l'homme ne peut parvenir à la béatitude à laquelle il est promis, la réalité du premier péché ayant introduit dans le monde un principe de pesanteur et de dispersion. Ainsi Jean Pic soutient-il la nécessité d'une action providentielle pour tirer l'homme de son néant et le hisser à hauteur de la lumière des intelligibles. Nous en voulons pour témoin cette importante formule de l'*Oratio :* « Tu pourras dégénérer en formes inférieures, comme celle des bêtes, ou, régénéré, atteindre les formes supérieures qui sont divines » [4] qui, en nous offrant une dialectique suggestive entre la voie active (dégénérer) et la voie passive (être régénéré) indique bien que l'homme ne peut réaliser son salut par lui-même.

Pour concilier l'affirmation de l'efficacité de la Providence divine avec la liberté, Jean Pic recourt aux explications les plus courantes des théologiens médiévaux puisqu'il considère, en effet, que l'homme reste libre de choisir entre la soumission à l'ordre providentiel ou, au contraire, de le refuser. La providence étant la prescience divine – quand elle n'est pas assimilée au *Fatum* –, tout ce qui émane d'elle ne peut être que bon et conforme à la nature de l'homme. Dans ses refus à reconnaître l'insuffisance de ses propres actes et pensées, l'homme témoigne, certes, de sa liberté mais d'une liberté qui se perd dans les entraves de la nécessité auxquelles est soumis le monde naturel. Souvent aussi, cette liberté qui se fonde sur le refus de l'ordre providentiel cède aux appétits de la sensibilité et se retrouve dominée par la violence des lois propres au corps et à cette nature qui est « l'ébauche et le dégrossissement de la grâce » [5]. Accepter la sagesse de la

1. *HE*, V, 1, p. 232.
2. *HE*, V, 7, p. 214.
3. *HE*, IV, 4, p. 200.
4. *Oratio*, p. 7. Nous nous inspirons ici de l'analyse de Louis Valcke et de Roland Galibois, in *Le périple intellectuel de J.P. de la Mirandole*, *op. cit.*
5. *HE*, VII, Préface.

Providence serait ainsi la manière de retrouver sa liberté égarée. Nous pouvons lire à ce propos dans le *Commento* :

> Si notre volonté obéit à la loi providentielle, elle est très sagement guidée vers l'obtention de la fin qu'elle désire, tandis qu'elle tombe en esclavage, de libre qu'elle était, à vouloir s'affranchir de cette tutelle, et devient l'esclave du Destin dont elle était avant la maîtresse, vu que transgresser les lois fixées par la Providence n'est qu'une folie qui nous pousse à suivre le sens et le désir irrationnels... [1].

1. *Commento*, Lausanne, L'âge d'Homme, 1989, II, 24, p. 131.

CHAPITRE IV

LE *DE ENTE ET UNO* : L'INTELLIGENCE EN CLAIR-OBSCUR OU LA MÉTAMORPHOSE COMME ISSUE

Le *De Ente*[1], ouvrage le plus métaphysique de Jean Pic et peut-être le plus rigoureusement construit, est une brillante tentative de conciliation des deux monuments de la pensée que sont Platon et Aristote[2]. L'objet de la réflexion de Jean Pic porte sur les deux principes fondamentaux de la métaphysique : l'Un et l'Être.

Poussant à fond et la logique de l'un et la logique de l'être, Jean Pic reprend à son compte la convertibilité des transcendantaux en montrant combien tous deux sont nécessaires, l'Être pour rendre compte de l'existence des choses contre le Néant, et l'Un de leur cohérence par sa présence diffuse. Ne privilégiant aucun principe en faveur de l'autre, Jean Pic effectue alors une lecture originale de Platon et d'Aristote en réfutant essentiellement l'intention qu'aurait eu le Père de l'Académie de poser la supériorité de l'un sur l'être.

Utilisant principalement le *Parménide* comme cheval de bataille de son combat pour la concorde, et par endroits le *Sophiste*, Jean Pic ne prête à l'hénologie platonicienne que valeur d'hypothèse de travail. Les commentateurs de Platon se seraient ainsi fourvoyés à interpréter la pensée du Père de l'Académie dans un sens strictement exclusif.

1. Nous utiliserons dans ce chapitre la traduction du *De Ente et Uno* de Stéphane Toussaint (*L'esprit du Quattrocento. Le De Ente et Uno de Pic de la Mirandole*, Paris, Honoré Champion, 1995).

2. La querelle séculaire qui opposa les Platoniciens et les Aristotéliciens tout au long de l'histoire de la pensée, ne sembla pas devoir s'éteindre à la Renaissance, malgré les nombreuses tentatives de conciliation faites, par exemple, par le Cardinal Bessarion, Georges de Trébizonde et Théodore Gaza. Ainsi Gémiste Pléthon qui, rappelons-le, avait été délégué par l'Empereur Jean VIII Paléologue aux Conciles de Ferrare et de Florence afin de réconcilier les schismatiques grecs avec l'Église romaine, écrivit une fameuse diatribe contre l'aristotélisme, en fervent défenseur d'une religion naturelle inspirée du platonisme. Quant à Lorenzo Valla, dans ses *Dialectiae disputationes contra Aristotelicos*, il exalte les valeurs naturelles contre la tyrannie de la raison. La tentative de conciliation de Jean Pic ne s'inscrit donc aucunement dans un contexte "serein" où l'un ou l'autre des deux penseurs grecs aurait fait l'unanimité.

Nous ne rentrerons pas dans le détail du traité en tant que tel. Il n'est pas de notre propos de donner une énième interprétation du *De Ente* ou de nous lancer dans une analyse critique des sources piciennes dont la complexité justifierait d'ailleurs, à elle seule, toute une étude.

En effet, nombres d'interprétations différentes se sont succédées du *De Ente*, selon que l'on privilégiait l'influence de telle source ou de telle autre. Ainsi a-t-on pu insister, tour à tour, sur l'aspect platonisant de l'œuvre, thomiste, augustinien, conservateur sur le plan métaphysique, libéral sur le plan théologique, ou encore scotiste, kabbalistique ou hermétique.

Pour mieux comprendre la portée du débat sur la concorde, plutôt que d'emboîter le pas à l'une ou l'autre de ces interprétations, nous nous contenterons d'étudier le premier argument des platoniciens que Jean Pic entend révoquer et qui occupe d'ailleurs la majeure partie du traité : celui qui consiste à affirmer que Dieu est un mais qu'il n'est pas un être.

Car ce qui nous intéresse surtout au regard de la notion de métamorphose, c'est ce dont rend compte cette diversité intellectuelle, cette tentative de concorde entre les grands systèmes philosophiques engendrés par l'histoire de la pensée. La concorde picienne, nous le verrons, contient tout un programme métaphysique, ce qui nous permettra de montrer, encore une fois, que la reprise à la Renaissance est toujours quelque chose de neuf. Reprise car au moment où Jean Pic s'occupe à réaliser l'accord de Platon et d'Aristote, cette tentative a déjà des antécédents, depuis Cicéron jusqu'au Moyen Age en passant par les néoplatoniciens. Mais Jean Pic prétend être le premier à fournir une démonstration solide à l'appui de son projet.

La mise en présence de Platon et d'Aristote nous amènera, par ailleurs, à nous interroger sur le rôle et la valeur de la dialectique chez Jean Pic. Face au reproche que l'on a pu lui faire selon lequel sa métaphysique demeurait, somme toute, assez traditionnelle, il faudra montrer l'usage particulier qu'en fait notre auteur. Mise en perspective des savoirs humains dans la quête noétique, elle permettra, en effet, l'émergence d'une réalité nouvelle, d'un fondement original à la pensée : le faire ou la productivité humaine.

Ce qui retiendra aussi et surtout toute notre attention, c'est cette tension entre la métaphysique comme mode d'approche spéculatif de l'être et l'émergence de l'infini compris comme énigme et mystère. Comment la reprise des métaphysiques traditionnelles s'accommode-t-elle de l'humanisme picien qui est essentiellement liberté et capacité de métamorphose ? Car, penser la métamorphose en tant que principale détermination de l'humanisme, c'est mesurer la capacité de l'homme d'accueillir l'incommensurable ; c'est ce brûlant paradoxe entre la fureur intellectuelle de l'homme, son délire de savoir, et l'amour de l'infini qui est amour du secret, du silence, de l'ineffable. Une des clés de l'humanisme picien se trouve dans la capacité de soutenir cette tension sans jamais succomber à la tentation de la résoudre.

Dans le *De Ente*, nous voyons la pensée aller jusqu'à son extrême limite, d'où le renvoi dos à dos et de l'être et de l'un qui, au regard de l'infini, témoignent de leur égalité dans leur incapacité à dire le divin.

TRANSCENDANTAUX ET MÉTAMORPHOSE

La Renaissance se caractérise, en partie, par la reprise des grandes métaphysiques traditionnelles qu'elle fait cohabiter avec l'infini de la liberté humaine ou encore avec la transcendance de l'homme. Cette difficulté, que beaucoup considèrent comme constitutive d'une des apories de la pensée de la Renaissance, n'est pas des moindres. Comment penser, comme dans le *De Ente*, la reprise des transcendantaux en leur sens scolastique comme attributs de l'être où Dieu est contenu et par quoi il est en quelque sorte limité, en accord avec l'humanisme de la Renaissance par lequel se dévoile le mystère d'une liberté illimitée, génératrice de métamorphose et d'instabilité.

Ces questionnements sont révélateurs de la richesse et de la complexité d'une époque transitoire, installée dans un entre-deux inconfortable entre le Moyen Age et les temps modernes, tributaire d'un lourd héritage en même temps qu'annonciatrice d'une ère nouvelle.

Propriétés de l'être se situant par-delà les catégories d'Aristote, les transcendantaux, l'Un, le Vrai, le Bien, se rapportent à l'être de façon absolument première et se réciproquent ou se convertissent avec celui-ci, puisqu'ils en expriment une détermination. Se situant dans la mouvance aristotélicienne, la tradition scolastique a repris à son compte cette convertibilité que le Stagyrite affirmait déjà.

Jean Pic se réclame donc de l'ontologie scolastique quand il affirme la convertibilité des premiers principes, considérés de son point de vue comme des noms de Dieu, Dieu se disant pareillement sous tous les noms.

Pour servir sa thèse sur l'Un et l'Être, Jean Pic s'appuie sur des distinctions aristotéliciennes. Revenant à la définition aristotélicienne de l'être, il démontre rigoureusement l'impossibilité d'exprimer Dieu exclusivement dans l'Un qui serait au-dessus de l'étant. Le contraire de l'étant étant le rien, Dieu ne peut en effet être contenu que dans l'extension de l'être. Dans sa lecture du *Parménide*, le Mirandolain va d'ailleurs trouver la confirmation de la réciprocité des premiers principes :

> Si nous en croyons Parménide et ses défenseurs platoniciens, l'un ne peut être supérieur à l'être sans être aussi supérieur à Dieu, mais Parménide est si loin de nier que Dieu est l'être, qu'il ne réserve cette appellation d'être qu'à Dieu seul [1].

L'être, même s'il se dit de multiples manières et reçoit des déterminations différentes, ne saurait donc être supplanté dans son rôle de principe primordial. L'Un devient alors attribut du premier principe, exprimant par là son indivisibilité. C'est en effet à ce titre qu'il se réciproque avec lui. La convertibilité des deux termes suppose, non qu'ils soient synonymes, mais que l'un d'eux puisse être affirmé de l'autre. L'Être se réciproque avec l'Un, le contient en lui puisqu'il

1. *De Ente*, chap. 3, p. 147.

vit sur le mode de la plénitude et de la simplicité. D'où l'affirmation essentielle d'Aristote en *Métaphysique* IV selon laquelle « l'Un n'est rien d'autre que l'Être ».

Jean Pic va tenter de démontrer que Platon, bien que dénaturé par les platoniciens, n'a jamais prétendu la supériorité de l'Un sur l'Être. Ses commentateurs se sont réclamés de l'autorité du *Parménide* pour soutenir une telle thèse. Or le *Parménide*, selon Jean Pic, est un « exercice dialectique » où les thèses affirmées et réfutées n'ont aucun contenu dogmatique. D'ailleurs la première thèse du *Parménide* – qui n'est donc qu'une hypothèse –, si elle pose l'unité de toutes choses et met l'Un dans une position absolue, elle n'affirme pas pour autant la supériorité de l'Un sur l'Être. Dire que tout est un, c'est écarter ce que l'être introduit en diversité, ce n'est pas exclure l'être de l'un.

Le *Sophiste* nous éclaire encore mieux sur la position de Platon, nous dit Jean Pic, car il y est affirmé sans équivoque que l'être et l'un sont égaux. Commentant les formules du *Sophiste* selon lesquelles « dire *quelque chose*, c'est dire *quelque chose d'un* » et « celui qui ne dit pas *quelque chose*, il est nécessaire qu'il ne dise pas même *quelque chose d'un* », Jean Pic conclut que, pour Platon, « le non-être et le non-un sont égaux, je dirais même identiques, ainsi en va-t-il de l'être et de l'un »[1].

Mais Jean Pic, comme prêt à faire une concession aux platoniciens, revient sur la première hypothèse du *Parménide*. A supposer qu'« il ne s'agit pas d'exercice dialectique mais que s'exprime là quelque dogme sur l'être et l'un »[2], il s'interroge sur la signification de l'exclusion de l'être par rapport à la position absolue de l'un.

Quel sens peut-il y avoir à affirmer l'antériorité de l'un sur l'être? C'est Aristote qui fournit à Jean Pic les « fondements » de la résolution du problème. Dans les chapitres III et IV du *De Ente*, il y distingue, à la suite du Stagyrite, les deux acceptions de l'être, le sens commun ou concret et le sens savant ou abstrait, l'*ens* et l'*esse*. L'*ens* est l'étant dans sa diversité, qui reçoit l'être; c'est l'être par participation. L'*esse* est l'être dans sa plénitude, l'être formel.

Ces deux sens de l'être vont permettre de rapprocher les vues d'Aristote et de Platon. En effet, il est possible de distinguer l'un de l'être et de mettre par conséquent l'un au-dessus de l'être à condition de ne pas exclure l'être de l'un. Car exclure l'être du premier principe des platoniciens et donner à celui-ci une extension plus large que l'être, ce serait rejeter Dieu du côté du néant, comme nous l'avions déjà constaté.

> Comme au-delà du tout il n'est rien que le néant, si de ce fait l'être n'exclut que le néant, il est hors de doute qu'il doive embrasser tout le reste. C'est pourquoi l'un ne peut avoir une capacité supérieure d'extension, sans quoi il embrasserait aussi le non-être[3].

1. *Ibidem*, chap 2, p. 143.
2. *Ibidem*.
3. *De Ente*, chap. 3, p. 147.

Cela étant posé, dans quelle mesure l'affirmation de l'antériorité de l'un sur l'être peut-elle faire sens ? Si l'on considère que Dieu est le « *sum qui sum* » de la révélation mosaïque – et Jean Pic nous montre en effet que pour Platon l'un n'est autre que Dieu, alors qu'Aristote semble mettre Dieu au-delà des catégories de l'être – alors cet un qu'est Dieu ne peut être confondu avec les étants singuliers. Sur base des deux sens de l'être, Dieu est l'être formel qui doit être distingué de l'être par participation.

Reprenant la théorie médiévale des noms concrets et abstraits, Jean Pic rappelle que l'abstrait ne peut être dénommé à partir du concret. Aussi, comme il est absurde de dire que la blancheur est blanche, il doit être absurde de dire que l'Être est un étant.

> C'est pour cette raison que l'on dira vraiment de Dieu qu'il n'est pas être (*ens*) mais sur-être (*super-ens*), et encore au-dessus de l'être (*ente superius*) ; c'est là la divinité même, et puisqu'on la nomme l'un, il s'ensuit que nous confessons que cet un est au-dessus de l'être (*supra ens esse*) [1].

Mais si Dieu n'est pas un être selon les catégories d'Aristote, il n'est pas pour autant en dehors de l'être. S'il n'est pas un être, c'est seulement en raison de son excès d'être. Quant à la dénomination d'Un, elle ne désigne pas ce qu'est Dieu en termes de substance mais uniquement son mode d'être. Les platoniciens auraient donc placé leur premier principe au-dessus de l'étant, uniquement pour distinguer Dieu des créatures.

Mais comme nous l'annoncions en début de chapitre, il n'est pas de notre propos d'analyser dans le détail le *De Ente* et de suivre à la trace les contre-arguments que Jean Pic oppose aux platoniciens, notamment au sujet de la matière première. Ce qui nous intéresse surtout c'est la dialectique picienne des principes ; c'est l'oscillation que l'on peut observer qui va de l'un à l'être et de l'être à l'un, dans le refus de les comprendre séparément [2]. Ce que Jean Pic réintroduit en force au Quattrocento, c'est la puissance de dialectisation de la pensée comme s'il était de sa nature profonde de s'exposer au risque de défaire toujours ce qu'elle a construit et de ne trouver de repos en aucun lieu.

Au-delà du rapprochement du Lycée et de l'Académie, il convient de s'interroger sur la manière dont les transcendantaux qui expriment et limitent Dieu dans leur étendue conceptuelle peuvent s'accorder avec la transcendance d'un Dieu infini.

Le *De Ente* est manifestement traversé par une tension, voire une contradiction particulièrement caractéristique de la période qui nous occupe. Comment la découverte du "mystère" divin auquel renvoie, comme nous le verrons, la vie contemplative, peut-elle cohabiter avec la métaphysique ? De manière plus générale, l'on peut se demander aussi comment concilier cette liberté qui était apparue

1. *Ibid.*, chap. 4, p. 151.

2. *Cf.* à ce propos l'article de Stéphane Toussaint, « Le De Ente et Uno de Pic de la Mirandole, Être et Infini », in *Fine Follie ou la catastrophe humaniste*, Paris, Honoré Champion, 1995.

dans l'*Oratio* comme faculté de subversion avec la rigidité conceptuelle des transcendantaux. Comment cet humanisme d'essence métamorphique qui est ouverture à la vie sous ses formes les plus diverses peut-il s'accommoder des limites que ces mêmes principes imposent ?

Le mérite de Jean Pic est de ne pas exposer le problème, malgré toutes les contradictions qu'il soulève, en termes d'incompatibilité et donc de choix. Il ne s'agit pas de choisir la métaphysique contre la théologie ou l'inverse, mais plutôt de vivre jusqu'au bout l'aventure rationnelle, jusqu'à son extrême limite, là où le concept ne peut plus que s'effacer face au surgissement d'une présence gigantesque et indomptable. Jean Pic sait que chaque principe nominatif de Dieu a sa valeur et sa profondeur propre. Il évite scrupuleusement de fondre ou de confondre les noms de Dieu. La convertibilité n'exprime pas la confusion mais l'égalité différentielle des principes dans leur incapacité à conceptualiser pleinement Dieu, à l'approcher autrement que par voie asymptotique. Ainsi les deux principales nominations du traité ne sont pas identiques mais égales car, comme le dit S. Toussaint :

> chacune est tangente au même cercle de divinité (...) Le *De Ente* s'accorde toute latitude de prouver que deux concepts de vérité, façonnés par deux nominations transcendantales différentes et mesurées à l'infini, ne peuvent qu'avoir une extension rationnelle identique [1].

Dieu se trouve au-delà des limites du pensable et de tout concept transcendantal produit par la métaphysique, tout en étant, par ailleurs, l'objet par excellence de la métaphysique, l'être en tant qu'être. L'intellect, impuissant à appréhender des essences à travers ses nominations, produit seulement des attributs dérivés, Dieu étant absolument antérieur à tout substrat. Le concevoir comme sujet logique et fonctionnel de la prédication, c'est entrer dans l'extrême limite du concept, qui ne fait que révéler la finitude de l'esprit humain. Non que l'être n'appartienne à la définition de Dieu mais ce dernier, n'étant pas un étant comme n'importe quel autre puisqu'il est l'origine absolue de toute chose, ne se laisse appréhender par les facultés cognitives que sur le mode de l'accident. Déterminer Dieu comme être n'est donc que bribe infime de la connaissance de l'inconnaissable. Les transcendantaux ont une valeur métaphysique dans la mesure où ils sont le plus haut degré d'abstraction auquel parvient la raison dans son appréhension du divin, mais ils nous apprennent aussi que l'esprit est impuissant à connaître la transcendance autrement que sur le mode approximatif :

> Nous savons Dieu d'une nature bien meilleure que ce qu'indiquent les noms universels (...), l'être en lui-même est non seulement supérieur à ces universaux, mais aussi à quelque nom que l'on puisse forger, et même à toutes les conceptions que nous puissions nous former [2].

1. *Ibidem*, p. 112.
2. *De Ente*, chap. 5, p. 169.

Nous voyons donc qu'à la Renaissance l'ordre des transcendantaux est soumis à rude épreuve. Sans être toutefois laissé pour compte, il a du mal à affronter les nouvelles valeurs érigées par l'humanisme renaissant. Assujettis à une dialectique, les principes voient donc leur signification évoluer. Ils n'intéressent notre renaissant que dans leur dualité, leur mouvement et quittent la sphère logique où ils ont été longtemps confinés pour s'ouvrir à la nature. Quel scandale, certes, pour un principe dont le propre est de ne pas être compromis ou corrompu par l'expérience. Et pourtant, c'est bien la philosophie de l'esprit qui semble autoriser une telle conception. Ne nous hâtons pas trop de la qualifier de rêverie intellectuelle. Ce serait passer à côté de ce qui représente un véritable défi pour la pensée. Ne pourrait-on pas considérer, au contraire, que la métamorphose donne une nouvelle vie aux principes de la métaphysique? Elle leur permettrait de continuer à fonctionner mais sous le couvert d'un super-principe ou d'un principe des principes qui serait la métamorphose elle-même. N'est-ce pas ce que l'on trouve à l'œuvre chez Giordano Bruno? C'est dans sa philosophie que la métamorphose atteint visiblement son apogée puisque la matière s'unit chez lui à la forme de manière indivisible et substantielle. Dans cet univers infini où aucune hiérarchie n'a plus lieu d'être, toutes les réalités sont homogènes car l'Un est à la fois dans et hors le monde. On voit donc tomber les distinctions habituelles entre l'acte et la puissance, la forme et la matière, le sensible et l'intelligible etc. La mise en communication de ces ordres divers est commandée par le concept crucial de Vie-matière infinie qui occupe une place centrale dans le *De la cause*. Bruno fait subir à la matière une mutation étonnante puisqu'elle ne désigne plus autre chose désormais que l'être divin lui-même. Car de son sein jaillit une vie infinie. Génératrice de formes qui, loin de se surajouter à elle de l'extérieur, surgissent de ses entrailles,

> la matière est privée de formes et elle est sans elles. Non pas comme la glace est sans chaleur ou comme le gouffre est privé de lumière, mais comme la femelle enceinte est sans progéniture, qu'elle produit et fait jaillir à partir d'elle-même [1].

Dans ces conditions, on comprend que Bruno prétende donner à cette matière, volcan intarissable de formes, une dignité ontologique. Au nom d'ailleurs de l'Esprit universel qui agit de l'intérieur sur un monde s'autoproduisant à l'infini. De cette vision résulte l'abolition de toute frontière ou limite dans une nature désormais uniformisée, où tout est dans tout de toute éternité. Le changement infini ou la vicissitude semble s'imposer ici comme principe philosophique à part entière et trouve son expression dans la fameuse « roue des métamorphoses ».

La « ruota delle metamorfosi » est ambiguë, chez Bruno, car elle traduit une sorte d'enchaînement fatal pour l'âme qui se voit entraînée dans les rets du sensible, en même temps qu'elle impose sa nécessité puisque la nature, dans son fonctionnement même, la réclame. Faut-il s'en échapper ou en intégrer le cours, le

1. *De la cause*, dialogue IV, trad. L. Hersant, Paris, Les Belles Lettres, 1996, p. 250.

fait est que chez Bruno la métamorphose est considérée sous ses deux visages et que la finalité pour le *Furioso*, toujours contrariée, sans cesse interrompue et recommencée, est de s'unir à Diane. Celle-ci est, bien sûr, l'allégorie de la nature infinie, image de la toute-puissance divine. La roue est donc paradoxale car dans son mouvement ascendant, elle permet cette union alors que dans son mouvement descendant elle signifie l'arrachement, l'oubli. Mais la roue, traduisant les deux principes de l'âme, comme aussi le mode de fonctionnement de l'univers, impose la mutation comme principe de déchiffrement du monde. C'est cela même qu'il nous semble devoir retenir de l'œuvre brunienne. Délestée de la culture judéo-chrétienne – Bruno fera plutôt une transposition païenne des grands thèmes chrétiens dans sa religion philosophique –, elle a le mérite d'affirmer sans détour la vérité et la nécessité de la métamorphose universelle. Pour être centrale chez Pic de la Mirandole, la métamorphose perd quelque peu de la force de frappe que lui donnaient ses origines païennes puisqu'elle est finalement rattachée aux thèmes très chrétiens de salut et de rédemption.

Mais il n'en reste pas moins qu'avec l'émergence du sujet et de sa puissance d'inventivité, de créativité et d'action, on assiste à une quasi divinisation de l'homme qui se pose, sinon en rival de Dieu, du moins comme son égal. Libre de penser, libre de faire, l'homme exerce son indépendance nouvelle sur le monde qui l'entoure et sur lui-même. Cette liberté, consécutive à l'indétermination de la créature, entraîne inévitablement les principes métaphysiques dans une logique de la mutation.

Le Facere *: nouveau principe métaphysique*

L'homme de la Renaissance va boire jusqu'à la lie la coupe enivrante de sa liberté. Par la force de son esprit et de sa volonté, il va tenter de repenser le monde sur un fond d'optimisme et d'enthousiasme inouïs, consécutifs probablement à la libération de la vie, sous toutes ses formes, des vieux carcans du passé.

Avec la vie, c'est l'esprit qui se libère et qui va à la découverte de la prodigieuse diversité des formes qui habitent la nature et la pensée. D'où cette impression d'excès pour le promeneur qui se hasarde sur les routes sinueuses du Quattrocento. Le libre-faire du sujet prend dans ce contexte une telle importance que le *Facere* tend à s'imposer comme un nouveau transcendantal, ce qui a pour effet de recentrer le débat sur les pouvoirs de connaissance et d'action de l'homme autour de cette liberté.

Que le *facere*, proprement humain et empirique, aspire à rivaliser avec des concepts transcendantaux indépendants de l'homme et prétende ainsi s'ériger en principe métaphysique universel et fondateur, est proprement révolutionnaire. Une fois sortis de l'isolement que leur fonction logique et démonstrative leur imposait, les transcendantaux sont confrontés au monde, face à face que les ontologies classiques jugeraient sans doute scandaleux et compromettant pour la vérité. Car celle-ci n'est plus un principe mais un devenir, ou du moins un principe productif puisque de sa "confrontation" avec le réel naissent de nouvelles valeurs, de nouveaux fondements. Le développement de la pensée n'a aucun sens en dehors de cette nature, toute entière habitée par une surnature qui garantit la validité des processus de l'intelligence. C'est en ce sens que l'opérativité humaine se substitue aux anciens principes ou, plus justement, se convertit avec eux, dans la mesure où c'est elle qui fournit désormais à l'homme son identité métaphysique.

Nous trouvons là un véritable fil conducteur à la compréhension de cette période de crises et de bouleversements. Même si, il faut le préciser, les penseurs renaissants n'étaient pas toujours conscients des voies philosophiques nouvelles qu'ils ouvraient. Comment s'étonner alors qu'ils n'aient pas toujours exprimé en théorie ce dont ils avaient eu parfois l'intuition ?

C'est Jean Baptiste Vico [1] qui instituera en théorie, mais seulement au début du XVIIIe siècle, la convertibilité du fait avec le vrai, considérant que le faire est de la métaphysique en acte. Le point de départ de la métaphysique serait ainsi cet universel concret (l'agir) par lequel l'homme manifeste son appropriation du monde. Vico se livre à des réflexions passionnantes sur la langue latine, porteuse selon lui, de la plus haute sagesse, et s'en sert de manière originale pour appuyer sa démonstration. Il remarque ainsi que les verbes en relation avec les principes de l'action, comme les impératifs latins « sta », « es », « da », « i »... sont monosyllabiques, ce qui confirmerait l'intuition du faire comme principe indivisible de la métaphysique.

Il est toutefois évident que, bien avant Vico, Nicolas de Cues, Bovelles, Jean Pic... auront compris la valeur incontournable de l'expérience et chercheront le sens avant tout dans l'activité humaine, créatrice de ses propres valeurs, plutôt que dans les abstractions logiques. Le vieil adage scolastique selon lequel l'agir découle de l'être est ainsi mis à mal par la conception renaissante de l'humanité dans sa condition créante. C'est même l'inverse qui fait loi, c'est de l'agir même que découle l'être et c'est à cela que fait écho le plus spécifique de l'œuvre de Jean Pic, dans ce refus absolu d'assigner l'homme à résidence, si attrayante soit-elle.

Tout en conservant donc leur importance métaphysique, les transcendantaux sont relativisés face à l'émergence de la liberté infinie de l'homme qui exalte son *Facere* et consolide ses pouvoirs. De plus, l'humanisme renaissant, incompréhensible en dehors du thème de l'immanence totale de l'Infini, ne pouvait que prendre ses distances avec les principes immuables de la philosophie médiévale.

Entre l'importance de plus en plus grande prise par le sujet et l'immanence de l'infini qui, quoiqu'inconnaissable, manifeste en toute chose sa présence, l'ordre des transcendantaux est donc rudement secoué. Cependant, et c'est cela qui est remarquable dans l'effort d'une pensée aussi universelle que celle de notre humaniste, nous assistons non seulement à une reprise de toute une métaphysique traditionnelle mais à une tentative de concorde entre différents grands systèmes de

1. *Cf. L'antique sagesse de l'Italie*, présentation et notes par Bruno Pinchard, Paris, Flammarion, 1993.

pensée. Aucune philosophie ne peut prétendre avoir le monopole de la vérité. Les considérer toutes comme chemin plutôt que comme dogme, les étudier dans leur vie et leur mouvement en les mettant en perspective plutôt que de les figer dans un absolutisme qu'elles ne prétendent pas avoir forcément, voilà ce qu'un Jean Pic n'a eu de cesse de démontrer.

LA CONCORDE PICIENNE

Le *De Ente* de Jean Pic est fort représentatif d'un procédé renaissant qui consiste à faire dialoguer les principales métaphysiques traditionnelles (cf. Ficin, Nicolas de Cues, Reuchlin...), mais cette œuvre se situe en même temps à part dans la mesure où elle vient contrarier le fort courant néoplatoniste de l'époque. D'où le débat qui a opposé Jean Pic à son ancien maître Ficin, fervent défenseur de l'hénologie platonicienne. Il est vrai que Ficin lui-même a tenté de rapprocher le Lycée et l'Académie mais son approche du problème reste périphérique, et Platon demeure pour lui l'autorité suprême. A cette adhésion à l'hénologie, Jean Pic oppose une dialectique rigoureuse qui a pour fonction de faire apparaître le patrimoine commun que partagent les diverses pensées. La dialectique picienne s'ouvre ainsi sur un vaste projet de concorde dont il ne faut pas minimiser l'importance car il constitue le cœur de la métaphysique mirandolienne.

Sa démarche révèle au moins deux points importants :

D'une part, la pensée ne s'exerce pas dans un champ exclusif mais éprouve sa richesse dans la pluralité, la diversité. Ce faisant, elle se donne une extension telle et élargit tant le champ de son activité qu'elle rejoint une certaine universalité. La pensée qui s'expose au risque de vivre de douloureuses contradictions révèle ainsi sa vocation à la métamorphose et à la vie : vie de la pensée, pensée de la vie, l'esprit en devenir ne s'arrête à aucun système, même s'il les explore dans leur profondeur, mais trouve sa vérité et sa force dans le mouvement. Penser les productions de l'esprit en termes de métamorphose interdit tout cloisonnement, toute rupture mais fonde au contraire la gigantesque continuité de la vie de l'esprit qui résorbe en elle la tentation de l'exclusion intellectuelle.

D'autre part, le *De Ente* nous apprend que penser la dialectique en termes de concorde, c'est considérer en même temps les limites de l'exercice rationnel dans l'appréhension du premier principe. Le fond commun à ces considérations, c'est l'ineffabilité divine qui met en suspens tout discours de nature dogmatique. Orienté vers l'infini, le discours métaphysique prend la mesure de ses limites. C'est la dualité même des pensées qui révèle, dans leur désaccord, l'impossibilité de saisir l'infini. Georges Gusdorf observe très justement qu'il y a, à la Renaissance, une « apologétique de la diversité » et que la pluralité, les contradictions inhérentes aux systèmes de pensée, « bien loin de déshonorer Dieu, expriment dans l'immanence la richesse infinie de l'être »[1].

Jean Pic prend son parti de cette diversité. Son projet de concorde n'est en rien un syncrétisme ou un éclectisme. La concorde n'est pas le mélange, la fusion mais la conciliation en dépit, en vertu même, de la différence. La dialectique des principes a ceci d'essentiel et de résolument neuf : c'est qu'elle engage la vérité ou les concepts qui lui servent de support dans un champ transformationnel. La dialectique est productrice de changement. Par elle, la pensée se décline selon les exigences de sa propre liberté. C'est pour cette raison que l'on peut affirmer que la concorde, qui a pour objet les principes transcendantaux (et leurs incontournables limites), ne contrarie pas la part d'indétermination de l'homme, marque de sa transcendance. Au contraire, puisqu'elle semble même l'acheminer jusqu'au seuil du pensable. Au-delà de ce seuil, l'exercice rationnel est mis en échec, mais avant d'y parvenir – et c'est essentiel – Jean Pic parcourt et s'arrête au discours spéculatif qu'autorise la métaphysique. L'infini ne sape pas le moment de la raison, il l'exacerbe. Suivons quelque peu notre auteur dans sa démarche.

Jean Pic prend le *Parménide* de Platon comme un modèle d'ouvrage métaphysique non dogmatique. Ouvrage dialectique par excellence, le *Parménide* est un vaste laboratoire d'idées où la raison explore par déploiement de thèses et d'antithèses ses capacités noétiques, sans jamais se clore sur une perspective donnée.

> Voilà tout d'abord ce que je dirai du Parménide : de son ensemble on ne peut rien dégager clairement, et si à tout prendre on pouvait le faire, ce ne serait là rien d'assez patent pour qu'on puisse assigner à Platon un dogme de ce genre. C'est certain, ce dialogue n'a rien de dogmatique, n'étant de fait qu'une sorte de pratique dialectique[2].

Jean Pic poursuit en critiquant certains interprètes de Platon qui, en forçant sa pensée, se fourvoient à lui faire affirmer la supériorité de l'un sur l'être, ce que Platon lui-même n'aurait jamais explicitement posé. L'allusion est à peine voilée. L'on pense de suite à Ficin, principal porte-parole de Platon à la Renaissance. C'est d'ailleurs sur ce point de la convertibilité des principes que Jean Pic se sépare le plus de celui qui fut, comme on le sait, son maître pour un temps.

Pour l'auteur de la *Théologie platonicienne de l'immortalité des âmes*, il y a supériorité et transcendance absolue de l'Un qui régit tout ordre de réalité, en vertu de son indivisibilité et de sa simplicité. C'est l'indivisibilité qui fonde et garantit la perfection de la Première Cause. Ainsi nous dit-il :

> il est nécessaire qu'il y ait au-dessus de l'ange un autre être qui doive être non seulement immobile, mais absolument un et simple. Cet être c'est Dieu, qui est

1. *Les sciences humaines et la pensée occidentale*, 5, *Dieu, la nature, l'homme au siècle des Lumières*, Paris, Payot, 1972.

2. *De Ente*, chap. 2, p. 139.

> d'autant le plus puissant de tous les êtres qu'il est le plus simple, car l'union consiste dans la simplicité, la puissance dans l'unité [1].

Ficin ne conçoit pas que l'Un soit assujetti à un principe supérieur. Ce serait lui donner le rôle passif du participé alors que l'Un est ce à quoi participent les choses. De plus, concevoir l'Un dans sa fonction participante, c'est le concevoir comme mélange d'unité et de puissance et donc comme divisé, ce qui serait d'autant plus absurde qu'« un principe supérieur ne reçoit rien de l'inférieur relativement à sa nature »[2]. Or l'Un donne à l'être son unité et, en cela, doit logiquement le précéder. L'on peut comprendre que Ficin ait rejeté l'interprétation picienne du *Parménide* qu'il jugera trop libérale par rapport au texte de Platon.

Dans l'optique du Mirandolain, quand Parménide pose ses axiomes ou hypothèses pour en étudier les conséquences, – si l'un est, si l'un n'est pas – il se livre à un exercice logique libre de toute intentionnalité préalable. L'Univers est-il un ou est-il multiple, les choses sensibles ne sont-elles qu'apparence ou plutôt l'expression d'une pluralité ontologique, les réalités non visibles ou les formes sont-elles immanentes aux choses sensibles ou sont-elles des modèles transcendants..., toutes ces questions sont examinées jusque dans leurs ultimes conséquences et contradictions, à travers une gymnastique intellectuelle impressionnante.

Rappelons, une fois de plus, qu'il n'est pas de notre propos d'entrer dans le détail des démonstrations du *Parménide*, ni de tenter d'interpréter les fameuses huit hypothèses considérées encore par maints interprètes comme une énigme philosophique, mais simplement d'essayer de comprendre l'arrière-fond du projet picien de concorde qui tient, à la suite du *Parménide*, du grand art dialectique. Sans doute pourrait-on faire un rapprochement, même lointain, entre la logique propre au *Parménide* et la méthode de Jean Pic car, en confrontant Platon et Aristote, le Mirandolain pratique le jeu dialectique dans sa dimension pluridimensionnelle. Mais ce dont témoigne surtout cette *exercitatio* intellectuelle, c'est de l'exercice inconditionnel d'un libre arbitre de la pensée. Affranchie de tout présupposé formel, la pensée philosophique se met à l'épreuve de la dualité et des contradictions engendrées par l'accueil des savoirs humains dans leur pluralité.

On pourrait nous objecter que le dialogue des spiritualités que l'on voit à l'œuvre chez Jean Pic n'a rien de neuf dans une culture humaniste où cette approche était presque d'usage. De manière plus générale, ce reproche a pu s'appliquer à l'ensemble du Quattrocento, époque encore tournée à bien des égards vers le passé; époque transitoire aussi, qui suppose la non-élucidation de beaucoup de ses intuitions. Mais est-ce la bonne démarche que de vouloir à tout prix rechercher l'originalité d'une telle époque, dans le sens d'une singularité absolue ? Ne conviendrait-il pas mieux de s'interroger sur le sens de la reprise à la Renaissance qui, loin d'être retour du même, procède d'un acte proprement

1. *Théologie platonicienne de l'immortalité des âmes*, Paris, Les Belles Lettres, 1964, livre I, chap. 6. p. 68.

2. *Ibid.*, livre II, chap. 1, p. 74.

créateur? La Renaissance, en effet, interprète dans le sens où elle porte à l'accomplissement les idées du passé. La mémoire devient ainsi féconde et productrice de vie nouvelle pour la pensée.

Indiscutablement, Jean Pic semble vouloir aller plus loin que ses contemporains. Son érudition légendaire avait non seulement pour but de réaliser une *pax philosophica* mais surtout de concilier le christianisme avec la philosophie antique, l'hermétisme ou encore la kabbale. Prenons l'exemple de cette dernière. Non seulement Jean Pic donne une interprétation chrétienne des textes kabbalistiques – ce qui était somme toute assez courant–, mais il réinterprète la révélation chrétienne à l'aune de la kabbale, laquelle constitue pour l'auteur une voie royale d'accès à la compréhension de la divinité. Fondée en partie sur la révélation que Dieu a faite à Moïse sur le Sinaï, la kabbale comporte aussi un contenu scientifique basé sur une interprétation symbolique de l'alphabet hébraïque, la structure des lettres ne faisant que correspondre aux différents niveaux d'être dans l'univers. Par ailleurs, les lettres et leurs combinaisons complexes représenteraient les mystères mêmes de la divinité comme l'Esprit Saint, la Rédemption, la Sagesse de Dieu etc. Mais la signification de cet alphabet baigne dans le mystère; les lois profondes du monde et de Dieu, qu'il énonce, demeurent cachées au commun des hommes; d'où le caractère ésotérique de cette science. L'appréhension des vérités qu'elle nomme se fait au terme d'un long parcours initiatique qui prépare l'âme à l'union avec Dieu.

Jean Pic utilise donc la kabbale, d'une part pour l'approfondissement des vérités chrétiennes, d'autre part dans l'optique de la réconciliation des doctrines. Les textes juifs ne sont pas si éloignés de la foi chrétienne; ils sont même la condition indispensable d'approfondissement du dogme chrétien[1]. Notons que parmi les *Conclusions* de Jean Pic que l'Église condamne, plusieurs d'entre elles sont directement issues de l'interprétation kabbaliste qu'il donne de la foi chrétienne. Les libertés de théologien du Mirandolain ne furent perçues que comme provocation et présomption « d'un écolier plein de génie, mais guidé par des maîtres aveugles », comme l'écrira si injustement Voltaire.

Cette pensée libre, que nous voyons à l'œuvre chez Jean Pic, est celle qui s'essaye à toutes les métamorphoses au nom d'une vie de l'esprit dont les exigences sont portées si haut, à la Renaissance, qu'elles se heurtent au concept comme à un obstacle. Le concept dans sa rigueur, sa rigidité et sa prévisibilité ne peut que s'opposer, en effet, à l'instabilité propre à l'humanisme de la Renaissance, instabilité consécutive à la recherche infiniment libre de la forme la plus riche et la plus élevée pour l'esprit. L'opposition de l'esprit et du concept est cruciale pour tenter de comprendre les pensées philosophiques véhiculées par ce temps. Elle permet aussi de mesurer combien la Renaissance, malgré le tribut

1. Jean Pic se sera souvenu de l'enseignement de Reuchlin, principal fondateur de la Kabbale chrétienne (*cf. De l'art Kabbalistique*, de 1517).

qu'elle doit à la philosophie médiévale, est un fait absolument nouveau, dont l'émergence prend tout son sens dans l'acte de liberté qui la sous-tend.

Cette vie de l'esprit plonge ses racines très loin dans l'histoire de la pensée, pour culminer à la Renaissance[1]. Conçu comme conjonction de vie et d'intelligence, d'un principe à la fois vital et intellectuel, l'esprit n'est plus seulement considéré comme simple instrument de connaissance, ce qui impose une reconsidération des rapports de la Pensée et de la Vie. En effet, dans la mesure où la métaphysique de l'esprit envisage la relation entre Pensée et Vie comme circularité vivifiante, dans la mesure aussi où c'est l'esprit qui est posé comme critère absolu d'ordre et de beauté, un équilibre radieux et immédiat s'établit entre le sujet pensant et le monde.

Entre nature et esprit, comme les philosophies renaissantes de l'immanence le montrent, il n'y a plus aucune rupture mais continuité car dans la nature, c'est l'esprit qui est à l'œuvre; dans l'esprit c'est la nature qui se cherche et se veut retrouver. L'esprit a ainsi pour tâche de faire parvenir à la meilleure harmonie les forces débordantes de la vie par leur mise en forme rationnelle. Dans l'esprit, il y a une présence immédiate à soi de la pensée, une suffisance qui le porte à s'éprouver comme absolu. Contrairement aux philosophies postérieures de la représentation qui imposent une distance entre le sujet et l'objet et ne font surgir ce dernier que par l'entremise du concept, l'esprit ici exerce une prise directe sur les choses, et fait surgir le monde, dans sa totalité, comme présence[2].

C'est dans la mesure où Pic de la Mirandole se situe dans une métaphysique de l'esprit qu'il peut dépasser l'opposition entre métaphysique de l'un et métaphysique de l'être. L'ordre du créé et de la pensée n'étant plus soumis à la hiérarchie de l'ancien monde des péripatéticiens ou au dualisme des platoniciens, l'un et l'être sont envisagés dans leur relation, non plus dans leur opposition.

A ce stade, une objection inévitable se présente à nous: comment la métaphysique de l'esprit que nous voyons à l'œuvre dans le *De Ente*, à travers le devenir des principes, et dans l'*Oratio* qui magnifie la continuité entre le monde et son principe, peut-elle s'accorder avec l'émergence d'une liberté qui tend plutôt à singulariser l'homme dans l'ordre du créé et donc à écourter ses noces avec la nature?

1. *Cf.* l'article de Pierre Magnard, « Pour une métaphysique de l'esprit », in *Métaphysique de l'esprit: de la forme à la force*, Paris, Vrin, 1996.

2. Certains, un peu trop vite, ont affirmé que la philosophie de la Renaissance n'apportait rien de radicalement neuf par rapport à la philosophie de la vie déjà à l'œuvre chez Aristote. Il est vrai que l'on trouve chez le Stagyrite une spiritualité évidente dans la matière : le monde physique est animé par la vie et l'intelligence s'inscrit dans une progression continue du biologique à la connaissance. Mais d'ici à conclure que la Renaissance n'apporte rien de plus qu'Aristote, c'est faire preuve d'une profonde méconnaissance du sujet. Il suffit de méditer quelque peu Bruno pour constater que les principes logiques se convertissent avec les principes de la vie, ce qui nous situe dans le cadre d'une métaphysique en acte, pour emprunter le vocabulaire de Vico, ou d'une ontologie dynamique.

L'on ne peut que constater que cette tension est immanente à toute l'œuvre même si elle est moins présente dans le *De Ente* car la liberté, si puissamment affirmée dans le fameux discours, semble s'exercer ici dans un champ plus restrictif. De l'*Oratio* au *De Ente*, Jean Pic s'est quelque peu assagi. Du moins son parcours témoigne d'une évolution, d'une métamorphose de l'œuvre qui met en avant l'humanisme renaissant dans sa dimension paradoxale, confirmant que l'homme est projet et devenir avant d'être sujet de catégorie ou de classement. La métaphysique de l'esprit picienne est donc à comprendre sur le mode problématique d'une pensée qui se cherche. Force nous est d'affirmer qu'il n'est guère possible de résoudre certaines objections sans effacer l'ambivalence même de l'œuvre. Elle est cependant essentielle.

Néanmoins la métaphysique de l'esprit qui est à l'œuvre à la Renaissance est déjà toute proche de son déclin. En effet, les découvertes scientifiques apportèrent leur révolution non seulement dans le domaine des sciences et des techniques mais aussi dans le champ de l'esprit. Avec l'émergence de l'infini cosmique, la conjonction joyeuse de l'esprit et de la nature s'évanouit dans la mesure où, face à cet infini, l'esprit s'éprouve comme fini et privé de sa puissance initiale. Dès lors, les choses ne sont plus perçues dans leur proximité mais comme infiniment distantes. Comment l'esprit qui était créateur, critère de jugement et de mesure, va-t-il encore pouvoir se mesurer à l'incommensurable ?

Si l'œuvre de Nicolas de Cues sera dans son ensemble une tentative de conciliation entre métaphysique de l'esprit et émergence de l'infini, ainsi qu'un vaste effort de conserver à l'esprit ses prérogatives passées, Pic de la Mirandole, quant à lui, sera moins prolixe sur ce sujet, moins conscient sans doute que le Cardinal des bouleversements profonds qu'allait provoquer cette nouvelle donne. C'est d'ailleurs chez le Cusain que l'on trouve une théorie très élaborée de l'infini, alors que chez Jean Pic, cette notion, comme on le verra, désigne surtout la sombre retraite de Celui qui, par-dessus tout, aime le secret. Non que la dialectique soit vaine. Bien au contraire, nul mieux que Jean Pic ne l'a portée si haut. Elle demeure irremplaçable dans sa valeur d'*exercitatio* qui révèle la part de vérité de chaque savoir, de toute spiritualité. Cependant la dialectique, chez notre auteur, est considérée malgré sa nécessité comme toute relative car, au bout du périple intellectuel, elle révèle la grandeur, il est vrai, des facultés cognitives mais aussi et surtout leur impuissance à s'emparer du principe divin.

La conclusion que Jean Pic tire d'ailleurs du *Parménide* est très éloquente à ce sujet. Elle nous apprend, rappelons-le, que Platon lui-même n'a pas explicitement proféré la supériorité de l'un mais qu'il a seulement constaté au terme de ses démonstrations la différence qui existe entre les premiers principes, différence qui loin de les opposer, les égalise au regard de l'ineffable divin.

Sans doute encore aujourd'hui le *De Ente* nous apporte un témoignage peu banal d'esprit libre et de pensée infiniment réceptive dont l'ennemi le plus farouche reste la pauvreté et l'étroitesse du discours dogmatique.

LA THÉOLOGIE NÉGATIVE DE PIC

Le *De Ente* révèle une tension dialectique entre la soif de connaître –l'intellect étant, rappelons-le, une des sources de l'éminence de l'homme – et un sens aigu de l'infini. Pris entre deux feux, Jean Pic semble non point hésiter mais plutôt demeurer dans cette instabilité, issue de la rencontre de deux désirs contradictoires. Dans le cinquième chapitre du *De Ente*, nous rencontrons le fameux terme d'*insania* qui qualifie la passion brûlante de l'intellect pour la recherche métaphysique et la science du vrai. Identifiée à une forme de délire, l'*insania* exprime la ferveur de l'esprit qui veut connaître, le feu qui le consume dans sa quête noétique. A travers cette notion, c'est un peu de notre humaniste que nous retrouvons lui qui, mieux que personne, a réalisé l'idéal du savoir encyclopédique. Et pourtant, ce que l'*insania* cherche, elle ne pourra l'obtenir qu'au prix de sa propre défaite, par l'abandon au grand large des facultés de connaissance.

Mais l'homme est ainsi fait que

> En l'aimant (Dieu), nous nous faisons plus de bien, nous pâtissons moins et nous l'honorons mieux. Pourtant, nous préférons sempiternellement aller en quête de ce que nous ne pourrons jamais quérir par la science, plutôt que de posséder, par l'amour, ce qu'il serait même vain de trouver sans amour [1].

Semper querendo... Tel est le destin de l'homme, telle est sa suprême dignité de ne jamais s'avouer vaincu avant d'avoir parcouru jusqu'à son extrême limite le vaste champ de la connaissance, pour s'unir enfin, par une vision béatifique, avec l'objet ultime de sa quête amoureuse. Il semble que, pour un désir aussi puissant que celui de l'intellect qui aspire à s'unir à sa source divine, rien ne puisse le raviver, l'exalter, l'enflammer autant que le retrait du divin. Plus il avance dans sa quête et plus l'objet semble s'obscurcir. Par cela même, l'homme est appelé à continuer ses avancées en découvrant d'autres routes, en faisant d'autres voyages, même si les paysages en sont des plus rugueux et des moins familiers pour l'intellect. L'infini de Dieu se donne à mesure qu'il se retire, il se répand à mesure qu'il semble loin et inaccessible. Kierkegaard a d'ailleurs montré, en des pages admirables, comment l'incognito est le seul mode possible d'apparition pour Dieu car le seul qui soit adéquat à son essence.

Face à cette tension entre une volonté de connaître et une volonté de se cacher se développe ce que l'on pourrait appeler, à la suite de Stéphane Toussaint, la théologie érotique de Pic de la Mirandole, la passion du désir qui cherche à s'unir à l'objet de sa quête étant sans cesse exacerbée par le caractère énigmatique du divin.

1. *De Ente*, *op. cit.*, chap. v, p. 167.

A propos de la parole mystique, Michel de Certeau écrit que le secret qui la caractérise

> repousse, attire ou lie (...) Une passion sémantique s'y révèle, qui conjugue une passion (qui désire et souffre l'autre) à un sens (qui se donne ou se refuse). Le secret introduit une érotique dans le champ de la connaissance. Il passionne le discours du savoir[1].

Il semble bien que ce soit aussi ce même type de relation passionnelle et ardente qui caractérise le rapport entre la créature connaissante et son amant divin, mêlant par là l'intellect au feu de l'éros puisque sa fin n'est autre que l'union extatique avec Dieu. Il n'est pas étranger à la conscience nouvelle du retrait du divin, toute pénétrée d'influences kabbalistiques, que se soient multipliés au Quattrocento les modes d'expression par énigme ou par fable, comme manière de reconnaître le secret, concession d'amoureux à l'Aimé, si l'on peut dire. Que celui-ci continue à se manifester par son secret si cela est le garant d'une présence, mais qu'il ne disparaisse pas.

> A cet instant, je dis en toute vérité que l'esprit de vie, qui demeure dans la chambre très secrète du cœur, commença à trembler si fortement que je le ressentais jusque dans mes moindres veines; et il dit en tremblant ces paroles : "*Ecce deus fortior me, qui veniens dominabitur mihi*" Voilà un dieu plus fort que moi, qui vient et me dominera[2].

La rencontre de Dante et Béatrice peut figurer ici la rencontre du désir tourmenté de la créature avec son Dieu.

Nous voyons donc à l'œuvre dans le *De Ente* une métaphysique du mystère et de l'énigme que la dualité des doctrines ne fait que renforcer dans la mesure où le conflit est révélateur des limites de l'activité noétique. Mais une fois atteintes, ces limites ne constituent que le seuil de ce que l'on pourrait appeler, à la suite du Cardinal de Cues, la docte ignorance de l'esprit. Confronté à l'infini, l'esprit humain ne peut espérer s'en approcher que par une sorte de « passage à la limite »[3], procédé mathématique qui permet aux contraires de coïncider. Chez Jean Pic, l'accueil du mystère de Dieu n'implique pas une négation de la raison mais, bien au contraire, son accomplissement, puisque la seule connaissance vraie est de nature béatifique. La théologie négative prépare alors à un maximum de

1. *La fable mystique*, 1 – *Une topique*, Paris, Gallimard, 1982, p. 133.

2. Dante, *Vita nuova*.

3. Les mathématiques servent à Nicolas de Cues de modèle de pensée. Ce qui l'intéresse dans le processus mathématique c'est que celui-ci, contrairement à la logique et ses résultats immuables ou au raisonnement tel que pratiqué par la scolastique, situe la pensée dans un champ ouvert. Il lui donne un pouvoir, sans l'immobiliser. Grâce au procédé mathématique du passage à la limite – qui est un acte de l'intellect plus que de la raison, soumise, quant à elle, au principe de non-contradiction – le cercle et la droite, par exemple, peuvent coïncider, ou le centre et la circonférence d'un cercle. Appliqué à la philosophie, ce procédé permet de saisir l'Infini approximativement, puisque toute connaissance adéquate en est impossible, dans la coïncidence du Maximum absolu avec le Minimum absolu.

connaissance car elle désencombre l'esprit du simple savoir par accident et lui permet de contempler des essences [1].

Dans le fameux chapitre V du *De Ente*, Jean Pic développe, sous une forte influence dionysienne, les quatre degrés d'élévation de l'âme vers la demeure ténébreuse de Dieu. La toute première approche de Dieu, rattachée à la connaissance sensible, consiste à le reconnaître comme source de toutes les perfections et à l'assimiler à ces mêmes perfections.

> Dieu est tout, et l'est de manière supérieurement éminente et parfaite. Chose impossible s'il ne contenait toute perfection, comme il exclut toute imperfection pertinente aux choses [2].

Cette conception de Dieu fait cependant apparaître très vite ses insuffisances car confondre Dieu avec une somme de perfections, c'est lui imputer l'imperfection de la multiplicité dont aucune perfection sensible n'est exempte. Non seulement Dieu, de par son unité et simplicité, ne peut être représenté comme une somme de réalités, mais il ne peut non plus être l'objet quelconque des qualités qu'on lui prête. Ainsi, Dieu étant une réalité supérieure à l'entendement, il est supérieur aux affirmations ou aux négations posées par ce même entendement. Dieu étant tout, affirmer de lui qu'il est l'être est vrai mais également faux puisque, selon une autre perspective, Dieu est tout aussi bien l'un comme simplicité absolue ou cause unique du créé.

De même, imputer par exemple à Dieu l'intelligence, c'est lui attribuer une perfection toute relative dès lors que cette intelligence est conçue à l'image de celle de l'homme qui produit des connaissances « vagues, incertaines, mobiles et laborieuses ». Ou encore dire de Dieu qu'il est la vie parfaite, revient à considérer cette perfection d'un point de vue fort limité puisque Dieu devient ainsi le prédicat d'une qualité – si parfaite soit-elle –, comme s'il était une nature singulière parmi d'autres.

> Retirons donc à cette vie l'imperfection qui l'entache, mais encore ce qui la singularise comme vie, et faisons de même à la connaissance et à tous les autres attributs dont on tire les noms de Dieu; alors ce qui restera de tous ces attributs sera nécessairement Dieu tel qu'on le conçoit [3].

1. Jean Pic va mobiliser Augustin, Thomas et surtout Denys pour montrer que tous les noms de Dieu ont une imperfection plus ou moins grande. L'auteur s'inscrit ainsi dans une longue tradition catholique sans pour autant oublier son propos initial : celui d'accorder Platon et Aristote, car le Mirandolain a en vue de montrer que « non seulement chez des penseurs divers, comme Platoniciens et Péripatéticiens mais souvent aussi chez un même auteur, on trouve des affirmations et des négations également véridiques touchant la divinité » (*De Ente*, V, p. 155). Jean Pic nous invite donc à élargir le débat et à ne pas se saisir des différentes appellations que Dieu a pu avoir dans certaines doctrines comme prétexte pour les opposer. Car les oppositions ne sont qu'apparentes. Elles désignent toutes un même abîme.

2. *De Ente*, V, p. 155.

3. *Ibidem*, p. 159.

Dieu se situe donc au-delà de la multiplicité. Il ne constitue en aucune manière la somme de réalités multiples puisqu'il précède la diversité du monde et de l'Univers et rassemble cette diversité comme son principe, sinon

> il ne serait pas suprêmement simple et tout ce qu'il comprend n'aurait aucune infinité; il serait au contraire une unité infinie composée d'infinis multiples en nombre, mais finis en perfection, ce qui, à dire ou à penser, est impie du divin[1].

Il faut donc voir la perfection en Dieu sur le mode d'une simplicité infinie qui dépasse l'aptitude même de l'entendement à concevoir la perfection. La vision de l'infini divin, on le constate, se fait à travers des voiles qui s'épaississent à mesure que l'intelligence, comme capacité d'abstraction, s'avance.

Les deux degrés suivants manifestent que Dieu, étant supérieur au concept et donc supérieur aux principes universels, ne peut se réduire ni à l'être, ni à l'un, ni au bien, ni à aucun genre singulier, comme aucun nom ou attribut n'est suffisant pour dire sa vérité et perfection. C'est ce qu'avait déjà fait apparaître la distinction entre l'abstrait et le concret. La blancheur n'est pas blanche et Dieu n'est pas un être.

Au cours de l'ascension progressive de l'intellect, il apparaît que Dieu « est l'être même, simplement l'être, l'être universel, d'une universalité sans prédication, mais de perfection »[2], ou encore « l'être même, l'un même, comme il est le bien même et enfin la vérité même »[3]. Mais une fois atteinte la dernière étape, l'intellect qui approche la sombre retraite de Dieu s'évanouit dans l'obscurité. Ainsi, même l'existence (*esse*) est déniée à Dieu car dire est encore si loin de saisir :

> Nous entrons dans la lumière de l'ignorance et, aveuglés par les ténèbres de la splendeur divine, nous nous écrions avec le prophète : "Seigneur, je me suis évanoui dans ta demeure", affirmant de lui le monde intelligible et ineffable selon lequel il transcende tout ce qu'il est en notre pouvoir de très parfaitement dire ou concevoir de lui, nous plaçons sa superéminence au-delà de l'unité, du bien, de la vérité et de l'être même que nous avons conçus[4].

L'ultime degré de la connaissance de Dieu est la connaissance mystique, de nature fort apparentée à la vision béatifique. C'est une étape de plus franchie dans la négation. Ni perfection particulière selon le mode du créé, ni unité d'une multiplicité de perfections, ni forme d'être participé en Dieu..., l'âme parvient au terme de son ascension à un état de purification qui lui interdit de considérer la Transcendance comme prédicat d'un nom quelconque. C'est la cognition qui s'efface et son pouvoir de nommer au profit de l'amour qui contemple, qui adore, muet, le trop-plein de l'union sacrée.

1. *Ibid.*, p. 157.
2. *Ibidem*, p. 159.
3. *Ibidem*, p. 11.
4. *Ibidem*

Si au terme de l'exercice apophatique Dieu est délesté de tout nom, parce qu'il n'en a aucun, parce qu'il est le principe originel et absolu, et, qu'en tant que tel il conditionne toute nomination, l'homme ne se retrouve pas face à Dieu comme face au vide. Ou du moins ce vide n'est pas seulement négatif car Dieu, tel que le fait surgir la théologie négative picienne, est peut-être sans qualités mais pas sans visage. Car c'est l'excès même d'être, de nom, de profondeur et de perfection qui le fait être sur le mode négatif de l'indétermination. Le Dieu sans nom est tout sauf une réalité inconsistante.

Dans ton approche de l'Être suprême, ôtes les limitations du singulier, dit Jean Pic, à la suite de St Augustin, « et tu verras alors le visage de Dieu par énigme »[1]. Ce visage est celui du Dieu chrétien qui se déploie au plus profond du cœur et dont l'énigme reste à jamais indéchiffrable pour qui redoute de pénétrer dans les arcanes du silence.

L'on sent en tout cas dans la pensée de Jean Pic une oscillation permanente entre un humanisme libéral et triomphant et la fidélité aux vieux maîtres de la théologie. Son attachement tardif pour le célèbre prophète dominicain révèle un peu des tensions que génère l'équilibre instable entre liberté et tradition. Mais la foi de Jean Pic est ardente et jamais chez lui la passion des idées ne se substitue à l'amour du secret divin.

L'infini chez Jean Pic et Nicolas de Cues

Il est difficile de dire quel est le statut exact que Jean Pic donne à l'infini, dans son œuvre, dans la mesure où l'infini est une réalité que le Mirandolain pose de fait, sans la soumettre à la problématique et à la théorisation rigoureuse qu'en a pu faire un Nicolas de Cues.

Chez Jean Pic, nous l'avons vu, l'infini est en corrélation étroite avec sa théologie négative, l'infini figurant l'excès d'être de Dieu, sa dimension incommensurable avec quelque réalité particulière que ce soit. Contrairement donc aux Anciens pour qui l'infini était synonyme d'inachèvement et d'imperfection – l'on sait que chez les Grecs Dieu était fini, c'est-à-dire parfait, toute potentialité étant exclue de sa nature –, ici l'infini constitue en quelque sorte une détermination d'ordre ontologique qui signifie la toute-puissance de Dieu. Cependant, Jean Pic ne semble pas prendre en considération les révolutions scientifiques de son temps qui posent, avec l'infinité de l'Univers, le problème de la cohabitation de celui-ci avec l'infini de Dieu. Sans doute n'a-t-il pas réellement pris conscience du problème philosophique et épistémologique que cette dualité provoque, au sein même de l'infini[2].

1. *Ibidem*, p. 159.

2. Il semble bien que la cosmologie de Jean Pic soit encore tout imprégnée du cosmocentrisme antique, qui convient parfaitement d'ailleurs à la position privilégiée de l'homme. Inutile de faire donc violence à notre auteur en l'entraînant dans la révolution copernicienne dont il ne semble pas prendre acte.

De même, notre auteur apporte au problème de la connaissance de l'infini des réponses qui ne peuvent paraître que partielles ou insuffisantes en comparaison avec la rigoureuse dialectique menée par l'auteur de la *Docte ignorance* autour de cette même question, avec notamment l'intuition géniale de la coïncidence des opposés.

Pour Jean Pic, la connaissance de l'infini est d'ordre contemplatif et c'est au terme d'une ascèse intellectuelle très stricte que l'on peut parvenir à la lumière de Dieu. La vie contemplative, que Jean Pic qualifie de rationnelle, correspond à l'exercice de la pensée philosophique, elle-même soumise à une progression, comme les degrés de la connaissances ont pu le montrer.

> Nous ne serons point unifiés si nous n'enchaînons pas par un pacte moral le sensible, toujours courbé au sol, à la contemplation rationnelle des cieux [1].

Il est intéressant de noter que le chemin qui mène à la connaissance de Dieu est composé d'étapes toutes nécessaires. C'est pour cette raison que Jean Pic n'opère pas de rupture entre vie active et vie contemplative [2], même si, de l'une à l'autre, un degré de l'échelle de Jacob a été franchi :

> Si adonnés à la vie active, nous prenons en charge, avec un jugement droit le soin des choses inférieures, nous serons établis dans la solide assurance des Trônes. Si, délivrés de l'action, nous sommes occupés au loisir de la contemplation (...), nous resplendirons de toutes parts de la lumière des chérubins [3].

Même plus, les différents degrés de l'échelle sont appelés à communiquer entre eux – « tantôt nous descendrons (...) tantôt nous monterons » –, de telle manière que vie active et vie contemplative peuvent se nourrir l'une de l'autre, en vue de l'unité de soi et du monde. Mais, et c'est là où Jean Pic se montre particulièrement proche du Cardinal de Cues, la contemplation rationnelle révèle progressivement ses limites. Ne pouvant connaître qu'en réduisant son objet à ses propres dimensions, elle est comparée à un « enclos ». Seule la connaissance intuitive, qui suppose une connaissance immédiate de son objet et donc une mise en suspens du raisonnement discursif qui avance par effets et par causes, peut mieux convenir à approcher l'infini. Elle est détachement du sensible et du corporel et, en ce sens, elle est en ce monde fugitive comme l'éclair. Dans un texte de l'*Heptaplus*, aux forts relents platoniciens, nous lisons : « Ayant dépouillé ce vêtement sujet à la mort, nous regarderons par la seule clarté du soleil... » [4].

Cette forme de connaissance est une purification de l'intelligence qui, en son ultime étape, s'ouvre sur la nescience, apparentée à la docte ignorance. La nescience recouvre, en effet, un maximum de savoir possible, comme la docte

1. *De Ente*, chap. x, p. 187.
2. Le rapport entre vie active et vie contemplative est un grand thème renaissant qui a beaucoup préoccupé les contemporains de Jean Pic. Il s'agissait de trouver le juste équilibre entre les deux.
3. *Oratio*, p. 15.
4. *HE*, IV, 4, p. 200.

ignorance est le sommet d'une pyramide intellectuelle. Jean Pic affirme, en effet, que « nous n'accédons à une certaine connaissance de lui qu'après l'avoir tout à fait méconnu »[1].

Après avoir pratiqué l'exercice métaphysique – car à aucun moment la raison n'est délestée de ses droits et de ses pouvoirs – Jean Pic est conscient que le rationnel demeure dans un espace trop horizontal. Cette trouée vers la verticalité qu'appelle la transcendance et que réalise la liberté, cette trouée n'est possible donc que par l'aveu de notre « absolue inconnaissance ».

Nous le voyons, l'accès à l'infini par la raison n'en fournit qu'une connaissance indirecte car négative. Ainsi restons-nous dans la pénombre du savoir lorsque nous disons que « Dieu n'est pas seulement (...) ce dont on ne peut rien concevoir de plus grand mais aussi ce qui est infiniment plus grand que toute pensée »[2].

Lorsque Jean Pic affirme dans le dernier chapitre de l'*Heptaplus* traitant de la félicité que « nous connaîtrons Dieu par lui-même et non par nous », avec ce que cela suppose de don gracieux, nous quittons la philosophie pour rentrer résolument dans la théologie mystique. Et c'est justement là que la comparaison entre Jean Pic et Nicolas de Cues s'arrête. La nescience picienne n'est pas tout à fait identique à la docte ignorance. Sans doute le Mirandolain exploite-t-il les possibilités du discours spéculatif dans sa spécificité mais peut-être l'intelligence se soumet-elle trop vite à ce terme ascensionnel qu'est l'aveu des limites. Alors que le Cusain, en rétablissant une sorte de commensurabilité entre les incommensurables (Dieu et l'homme), semble proposer une solution plus optimiste du point de vue des pouvoirs de l'entendement. Le Cardinal, en effet, paraît accorder à la *mens* un mouvement positif à travers son activité dialectique, dans l'appréhension de la déité.

En réalité l'effort du Cusain aspire à maintenir une proportion entre esprit et réalité. D'où son approche de la connaissance, comme art des conjectures, qui va porter la *mens* à un perpétuel dépassement d'elle-même. De connaissance approximative en connaissance approximative, la *mens* est emportée dans un cycle de métamorphoses qui la mènent, en ultime instance, à l'extrême limite de l'intelligence dialectique, là où connaître et voir procèdent d'un seul et même mouvement.

Du point de vue des facultés rationnelles, l'infini en tant que tel est inconnaissable puisqu'il est infiniment éloigné de toute mesure, de toute proportion. Il est donc évident que l'on ne pourra jamais connaître l'infini avec précision comme adéquation de la pensée avec son objet. C'est ce qui fonde d'ailleurs un des paradoxes de l'infini pour l'esprit qui le veut mesurer et comprendre.

1. *De Ente*, V, p. 169.
2. *Ibidem*.

> L'entendement tend vers le vrai comme le polygone vers le cercle, mais il ne peut l'atteindre qu'en prenant conscience de son inaccessibilité[1].

La compréhension que l'on peut en avoir est donc en quelque sorte paradoxale puisqu'à mesure qu'on s'en approche, l'infini s'éloigne. La mesure, qui est au fondement de l'acte de connaissance, est d'ailleurs comprise, chez le Cusain, comme l'acte par lequel l'esprit reconnaît, en même temps que ses pouvoirs infinis, sa profonde impuissance noétique. Aporie de la pensée qui découvre à l'intérieur d'elle-même, dans son activité, la présence d'un Absolu dont elle ne peut dire grand chose.

L'Infini ou maximum absolu (en opposition au maximum relatif que constitue l'Univers) n'est pas pour autant hors d'atteinte car la transcendance de l'Absolu, chez le Cusain, est inséparable de son immanence. L'Infini est présent dans toutes les réalités du monde, au cœur des singularités les plus élémentaires, même méprisables et ce, dans sa totalité.

La pensée, à travers son acte de mesure et de calcul, participe donc à l'Infini. C'est bien parce que la loi divine est présente au cœur des choses que les mesures humaines ne sont pas entièrement arbitraires. La connaissance se faisant par conjectures qui approchent la Vérité de manière approximative et progressive – progression dans l'approximation –, l'on peut dire de la mesure qu'elle est à la fois adéquate (en vertu de sa participation) et inadéquate (car imprécise). La pensée est tout sauf une faculté servile chez le Cusain. Elle manifeste, au contraire, sa puissance créatrice. En effet, par les relations qu'elle découvre entre les choses, elle crée la valeur et accomplit ainsi la ressemblance qui la relie à Dieu dans l'exercice d'une intelligence libre.

La théorie de la coïncidence des opposés, qui est au cœur de la pensée cusaine, est une autre manière d'exprimer la relation entre l'infini et le fini et la possible approche de l'infini divin. L'auteur utilise le procédé mathématique du passage à la limite qui permet aux contraires de se rencontrer, et l'applique, par analogie, à l'infini.

Dieu est l'infini ou le maximum absolu qui, à travers son unité, contient tout sans pour autant se confondre avec aucune réalité singulière. Il est ce à quoi rien ne s'oppose, comme il ne s'oppose à rien. En ce sens, en lui peuvent se confondre maximum et minimum. Le minimum, si éloigné soit-il de l'infini par sa petitesse, ne s'oppose pas au maximum absolu puisque celui-ci transcende toute opposition. De plus, le minimum étant une grandeur maximale dans l'ordre de la petitesse, il s'apparente au maximum absolu qui est aussi une grandeur maximale, quoique cela soit dans l'ordre de la grandeur.

> Le maximum est superlatif exactement comme le minimum. Une quantité absolue n'est donc pas plus maxima que minima, puisqu'en elle le maximum est identique au minimum en ce sens qu'ils coïncident (...) Ce qui est absolument

1. *Docte ignorance, œuvres choisies* par M. de Gandillac, chap. III.

> maximum contient en acte de façon absolue tout ce qui existe en puissance, excluant tellement toute opposition que le minimum même peut coïncider en lui [1].

L'intuition de la coïncidence des opposés est plus qu'audacieuse. Si le minimum en question représente l'esprit humain fini et limité et que le maximum figure la pensée de Dieu, la coïncidence des deux termes a tout l'air de s'apparenter à la fulgurance de l'expérience mystique. Que l'esprit humain passe dans la pensée de Dieu, quasi instantanément, en faisant fi des obstacles liés à la finitude comme de l'opacité de la matière ou les accidents de la connaissance, cela restitue à l'homme la possibilité d'une communion immédiate avec Celui dont l'infinité en fait pourtant l'être le plus inaccessible à l'entendement. La connaissance par coïncidence est donc une connaissance intuitive, désencombrée des limites de la raison discursive, asservie quant à elle au principe de non-contradiction.

Mais cette forme de connaissance reste tout exceptionnelle, la plus courante étant celle de l'esprit s'exerçant comme mesure. La vision fugitive de Dieu, si intense soit-elle, ne peut annuler le paradoxe d'un Infini qui est tout à la fois immanent et silencieux.

Il n'en reste pas moins que l'esprit, de par sa filiation divine, est entièrement tourné vers le divin secret. L'acte intellectuel, que l'on peut dire métamorphique puisque l'effort qui l'accompagne est de nature ascensionnelle, franchit l'une après l'autre les marches de la connaissance et approfondit progressivement l'image de la Création.

Le vaste système de relations établi dans la multiplicité est appelé à s'étendre, à grandir vers l'appréhension de la totalité. Chaque relation nouvelle que dégage l'esprit dans la variété du sensible constitue comme un baptême du feu de l'intelligence, un nouveau pas de franchi dans l'union à la Pensée divine. Quoiqu'imparfait, quoiqu'inachevé, l'effort humain d'enserrer le monde dans un réseau de significations obéissant à une loi unique, permet ainsi la communication de deux mondes qu'en apparence tout sépare.

Il est à noter que la *Docte ignorance* peut laisser l'impression d'une approche trop intellectuelle de l'infini divin. L'auteur lui-même le reconnaîtra et évoluera dans ses ouvrages ultérieurs vers une conception plus mystique, et donc moins gratifiante pour l'intellect, de la divinité, rejoignant en cela Jean Pic. Comme le *De Ente* le montre avec insistance, il est superflu de forcer par le concept ce que l'on pourrait appeler le mystère de l'Infini. La déité est parfaitement insaisissable en elle-même. Les attributs que la raison lui prête en sa pointe la plus fine et la plus abstraite ne saisissent pas une essence, loin s'en faut, mais une ombre de vérité.

1. *Ibid.*, chap. IV.

Dieu peut être saisi cependant dans sa création même, nous dit Jean Pic, à travers le monde qui chante sa louange et l'homme peut alors

> admirer sa puissance génératrice dans l'existence des choses, dans leur vérité vénérer sa sagesse créatrice, dans leur bonté répondre à sa libéralité aimante, dans leur unité apercevoir sa simplicité fondatrice pour ainsi dire unique, qui a uni chaque créature en soi, toutes les créatures entre elles puis à lui, en les appelant à l'amour de soi, des autres, enfin de lui-même[1].

Entre Dieu et les natures créées, il y a certes un abîme et le langage de la prédication montre bien les insuffisances de l'esprit. Mais la transcendance n'en reste donc pas moins accessible dans la nature et dans chaque créature visible.

1. *De Ente*, chap. VIII, p. 181.

DEUXIÈME PARTIE

L'HUMANISME CHRÉTIEN
OU
LA MÉTAMORPHOSE HÉROÏQUE

CHAPITRE PREMIER

L'HUMANISME

HUMANISME ET INDIVIDUALITÉ

Ayant suivi l'humanisme, à la suite de Jean Pic, sur les voies contemplatives de l'intellect dont on découvrait le rôle unificateur, il convient de s'interroger sur le sens du singulier à la Renaissance. L'homme *copula mundi* et creuset de toutes les natures est-il entièrement dépossédé de lui-même ? Qu'advient-il de son moi, de ses particularités, dans le processus de connaissance ? L'homme de la *dignitas hominis* n'est-il qu'une entité abstraite, vide des imperfections de l'égoïté, ou est-il au contraire la préfiguration de ce que deviendra le sujet moderne ?

La notion de subjectivité est des plus ambiguës. De plus, elle a toute une épaisseur historique qu'il n'est pas de notre propos de retracer ici, mais il est généralement admis que c'est avec le cogito cartésien que la notion prend son sens moderne de conscience de soi, avec la séparation que cela suppose entre le sujet et le monde du dehors. Il peut paraître anachronique de revendiquer la notion de subjectivité pour une période comme la Renaissance qui a porté la métaphysique de l'esprit à son acmé. Est-il superflu pour cet esprit de sortir hors de lui-même dans sa quête du sens puisqu'il est tout et que tout est en lui ? L'esprit, souverain dans sa position, quelle place encore pour le sujet si celui-ci est l'expression d'une déchirure, d'une expulsion de l'objet hors du champ immédiat de la connaissance ? A considérer le sujet comme une entité singulière existant par elle-même et en elle-même, la notion de subjectivité est étrangère à la philosophie de la Renaissance[1]. Nulle trace, en effet, d'un moi qui aurait un contenu métaphysique et qui, de ce fait, prétendrait s'ériger en principe ontologique, en fondement de la connaissance. C'est même tout le contraire puisque "le sujet" renaissant se décline

1. Mentionnons toutefois que Charles de Bovelles, pour la première fois, semble faire un usage moderne de la notion, à travers ce qu'il appelle le *subjectum*. Celui-ci désignerait le sujet pensant dans son opposition à l'objectivité.

dans ses actes, ses expériences, ses multiples variations[1]. Il se définit par une tâche, un projet, un cheminement et, en ce sens, il n'est que la catégorie du mouvement qui puisse l'approcher sans le trahir. Montaigne donne à voir admirablement ce que peut être cette subjectivité en acte relative à la multiplicité des expériences du singulier dans le monde. Le sujet se construirait ainsi à travers ses rencontres, ses amours, ses appartenances sociales ou politiques contre l'idée a priori d'un supposé contenu métaphysique de la subjectivité.

Cet esprit, dont nous suivons les glorieuses métamorphoses, peut-il s'accommoder d'être "chosifié" alors qu'il n'a de sens qu'à travers le devenir ? Car n'est-il pas dans ce dévoilement progressif des lois originaires qui gouvernent le monde ? Les germes secrets de la nature ne viennent-ils pas à la lumière grâce à leur fécondation par l'esprit ? Nous sommes donc très loin de ce sujet-substance, sorte de chose pensante existant préalablement à l'exercice de la pensée et dont Kant fera la déconstruction magistrale dans sa Critique.

Et pourtant, l'on peut se demander si ce n'est pas la Renaissance qui a ouvert la voie aux métaphysiques du sujet lesquelles posent une distance entre l'objet et le sujet connaissant. Car là où l'esprit est à son acmé, là aussi commence son déclin. Les révolutions cosmologiques de la Renaissance entraînant très vite dans leur sillage des bouleversements spirituels, l'esprit ne devait plus pour longtemps vivre cette présence immédiate à lui-même et aux choses.

Nous voyons à partir de ces quelques remarques qu'il faut utiliser le terme de subjectivité avec circonspection, sans compter les dérives interprétatives qu'il a pu subir, tendant à l'identifier avec l'égoïté. Or si le moi a quelque consistance à la Renaissance, c'est en tant que lieu de passage et de rencontre, non de repli. Le mouvement d'intériorisation qu'opère le sujet pensant pour se saisir des êtres traduit bien le fait que le retour sur soi est rien moins que mise à distance du dehors ou fascination indue pour sa propre image. Les humanistes ont d'ailleurs posé, dans leur ensemble, la nécessité d'un retour sur soi pour communiquer avec l'univers et le connaître, renouant sans doute en cela avec la tradition néoplatonicienne et augustinienne où il n'est de connaissance sans union intime avec ce que l'on connaît.

De manière générale, force est de constater, lorsqu'on aborde la floraison des productions intellectuelles de ce temps, que le rapport aux vérités de la foi est moins formel qu'au Moyen Age, plus dégagé des contraintes du culte. Le vrai n'est plus retranché dans un domaine réservé aux techniciens de la foi, il ne se révèle plus seulement au sein de ces collectivités anonymes où le singulier est en retrait. Avec l'émergence de l'individu et de la *dignitas hominis* qui réinvestit le sujet de toute une profondeur, l'on assiste à une réappropriation du cœur comme espace de parole et de dialogue. L'homme y découvre, par ailleurs, un abîme, une

1. C'est pourquoi la subjectivité ne saurait non plus avoir le sens d'une pure fonction logique et vide (l'*upokeimenon* des Anciens). Encore une fois, le maître-mot de la philosophie renaissante n'est autre que la vie elle-même en dehors de laquelle le sujet ne saurait avoir de consistance.

mystérieuse immensité qui, s'il est en mal de la nommer, lui apparaît pourtant être son centre le plus réel. Comme si l'homme du Quattrocento ne pouvait se reconnaître que dans l'insondable.

> Ils le voulaient
> tournoyant par-dessus ses nombres infinis
> faisant des signes et telle une horloge
> indiquant l'horaire de leurs tâches journalières
>
> Mais tout à coup il se mit en marche pour de bon
> et les gens de la ville stupéfaite
> effrayés par sa voix
> le laissèrent aller son chemin... [1].

En étant libéré du concept et des catégories logiques, Dieu est en même temps libéré de ses fonctions métaphysiques. Invisible, il s'abîme alors dans le silence, et fait se creuser les sillons de l'intériorité[2] comme seul lieu de présence possible. La vérité, c'est désormais en lui que l'homme la cherche, en lui et dans le monde, non dans la retraite éloignée du moine médiéval qui tourne résolument le dos aux réalités visibles. Magnifique actualité de l'adage de Socrate : les voyages que l'homme entreprend vers les profondeurs inexplorées de son âme sont parmi les

1. Rilke, « Dieu au Moyen Age », *Poésie*, Paris, Seuil, p. 182

2. Il importe de préciser que ce que nous appelons ici intériorité ne préfigure que négativement encore ce que pourra signifier cette notion chez un Söeren Kierkegaard par exemple. Si l'on veut parler d'intériorité au Quattrocento, il faut d'emblée corriger cette notion par l'expérience fondamentale du silence et du vide. La vie intérieure dans son sens moderne a, pour nos renaissants, quelque chose de décapant. Loin de conforter l'esprit dans son leurre de puissance et de maîtrise, elle lui révèle son extraordinaire fragilité. De plus, l'individu, tout entier tendu vers la diversité des formes du monde, est menacé d'éclatement. Telle est la conséquence de sa quête héroïque, une épée de Damoclès dont il ne saurait cependant annuler la menace sans renoncer en même temps à son humanité. S. Toussaint indique un trait typiquement renaissant lorsqu'il relève « le pressentiment qu'ici-bas l'esprit pourrait bien être plus faible que la chair. Ce qui n'est point douter, mais comprendre combien la pensée est fragile quand elle veut être non seulement ouverte au monde (...) mais à la transcendance qu'elle ne saurait contenir (...). La pensée humaniste, c'est la pensée précaire » (*Les formes de l'invisible*, L'Age d'Homme, 1989, p. 53). Il faudrait donc prendre garde, dès lors que l'on parle d'intériorité à la Renaissance, de ne pas la confondre avec la perception d'une réalité positive et rassurante. Au contraire, la réflexivité s'ouvre sur une réalité menaçante qui porte l'homme à s'éprouver comme infiniment pauvre et dénué de consistance. Ce retour sur soi opère comme la clef d'un abîme sans fond qui prépare, à maints égards, le cogito cartésien avec sa mise en demeure du monde. Cependant à la Renaissance, ce n'est pas le doute qui succède au retour sur soi, ce doute qui reste une démarche provisoire dans ce qu'il a de méthodique mais bien plutôt la mélancolie, expérience du manque et du mal être (*cf.* notre deuxième partie, chapitre III, II (1)). Sur ces bases, on comprend que l'humanisme renaissant puisse être considéré comme la négation de ce qu'il est supposé promouvoir. S'il n'est guère de véritable trace d'ego et si la réflexivité s'ouvre sur une intériorité brûlante qui est épreuve du néant de la créature, alors il devient impossible de revendiquer un humanisme triomphant au Quattrocento.

plus beaux et les plus prometteurs, l'intérieur devenant ce lieu où se nouent les extrêmes. Comme si elles ne pouvaient se révéler que l'une par l'autre.

Nous avons vu le rôle de tout premier plan que joue l'âme rationnelle chez Jean Pic. Ordonnée à tout connaître à travers la conscience qu'elle a tout d'abord d'elle-même, l'âme individuelle est au fondement de toute connaissance, de l'univers comme de Dieu. En effet, l'âme est de manière innée présence à elle-même car ainsi a-t-elle été créée; non pas *tabula rasa* mais avec le pouvoir de se saisir de manière immédiate, par simple retour sur soi. Condition d'aillleurs indispensable à la connaissance du monde extérieur.

La connaissance, on le voit, n'est pas de l'ordre du cogito chez Jean Pic, un cogito qui poserait en vis-à-vis la conscience et le monde dans la mesure où le mouvement intérieur d'auto-connaissance de l'âme est indissociable de la saisie des choses. Ainsi le rapport sujet-objet n'est pas frontal ou duel mais plutôt circulaire comme si l'âme contenait en elle-même la raison des choses, raison que son propre mouvement suffirait à lui révéler. F. Roulier affirme avec justesse que « l'âme connaît les autres en partant d'elle et en y faisant retour comme le rayon qui trace la circonférence en pivotant autour de son point d'origine. Constituée dans sa substance par les raisons spécifiques, en se « retournant » sur elle-même elle voit ces raisons » [1].

L'*Heptaplus* explique, par ailleurs, qu'il y a en tout homme et au plus profond de lui-même un désir d'Absolu, « chaque nature a Dieu en quelque manière en soi » [2]. Il est ainsi de la nature de l'âme de se mouvoir dans la hiérarchie des êtres en direction de sa source divine. Il est de sa vocation à travers son mouvement de découvrir le sens caché du monde et de le rapporter à son origine. Dans son mouvement d'intériorisation, l'âme ne s'enferme donc jamais dans ses particularités, même si celles-ci sont le préalable à toute connaissance. Nicolas de Cues, dans le *De Mente*, y insistera particulièrement. La théorie de la connaissance de Nicolas de Cues illustre bien, en effet, le rôle prépondérant que joue l'individuel dans le mouvement de l'esprit, dans l'acte même de penser. On assiste à une incontournable mise en présence de l'esprit avec le sensible, comme principal fournisseur du matériau de la pensée. Loin d'être hétérogènes, l'âme et le corps, l'esprit et le sensible tirent leur vérité l'un de l'autre. « Indubitablement, si Dieu a placé notre pensée dans un corps, c'est pour son bien (...) Elle a besoin d'un corps pour que la force innée qui est en elle puisse se réaliser en acte » [3].

Ainsi le corporel ne surgit pas face à la pensée comme une réalité abrupte et inassimilable, loin s'en faut puisqu'il constitue une « adéquate proportion » avec l'âme, réalisant par là son "identité" [4]. La pensée reste donc avant tout ma pensée

1. F. Roulier, *op. cit.,* p. 414.

2. *HE,* VII, Préface, p. 226.

3. *Dialogue sur la Pensée* in *Individu et Cosmos*, Paris, Éditions de Minuit, 1983, p. 265.

4. Rappelons que, pour Aristote, la forme spécifique étant une sorte de nature commune, c'est la matière ou le corps qui répond au problème de l'individuation. En ce sens, tout corps est approprié à l'âme à laquelle il s'unit. Mais nous reviendrons sur cette question un peu plus loin.

dans le sens où elle s'enracine dans l'individuel de mon corps, de ma perception, de mon imagination, même si son cheminement ultérieur la fait se délester de tout pathos sensible.

L'esprit a besoin d'abord de s'enraciner dans le sensible et d'utiliser les perceptions toutes concrètes émanant des sens pour parvenir à une réalité universelle qui ait quelque consistance. D'où le fameux texte du *De Mente :*

> de même que la vision de ton œil ne saurait être la vision d'aucun autre, fut-elle séparée de ton œil et jointe à l'œil d'un autre, ainsi non plus le discernement qui appartient à la vision d'un autre. De même non plus l'intellection de ce discernement ne saurait être l'intellection du discernement d'une autre vision [1].

En réalité, ce chapitre du *De Mente* s'inscrit dans le vaste débat suscité par Averroës avec sa thèse de l'Intellect unique en Occident latin, thèse anti-individualiste, s'il en est. Sans rentrer dans le détail des débats engendrés par les philosophies de l'Intellect, rappelons qu'Averroës avait affirmé que l'intellect possible ou matériel qui est le propre de l'homme est le même pour tous. L'Intellect agent, forme première attribuée à Dieu, est ce qui conditionne l'exercice de la pensée en se joignant à la *mens* de l'homme mais cet exercice est si peu le fait de l'homme singulier que dire « je pense » dans l'optique d'Averroës est une aberration. Le « Ça pense » en moi serait plus juste dans la mesure où l'homme n'a aucune autonomie intellectuelle. On devine les conséquences perverses que cette thèse exerce sur la doctrine chrétienne dont l'un des principaux fondements est la liberté individuelle de chacun, ou encore sur la conception de la nature même de l'homme. D'où le texte virulent de St. Thomas d'Aquin *Contre Averroës*, moins dirigé contre le philosophe arabe que contre ses propagateurs latins – Siger de Brabant en toute première ligne – qui ont répandu en Occident des idées païennes et dont « l'imprudence continue de résister à la vérité » [2].

L'une des autres thèses d'Averroës contre laquelle s'élève Thomas pour dénaturer violemment la pensée d'Aristote consiste à considérer l'intellect possible comme substance séparée du corps. On se souvient de la fameuse définition du Père du Lycée selon laquelle « l'âme humaine est l'acte d'un corps et l'intellect possible est une de ses parties ou puissances ». Là aussi, concevoir un intellect séparé de l'âme a des conséquences incalculables du point de vue théologique.

Avec Nicolas et dans toute métaphysique dite de l'esprit, nous sommes aux antipodes de la conception d'Averroës puisque la part d'individuel dans la pensée constitue l'ancrage sensible et charnel indispensable à toute connaissance. Non seulement l'intellect n'est pas séparé du corps comme sa face d'ombre, non seulement il existe à titre personnel, mais il s'unit à l'objet de sa connaissance jusqu'à ne plus faire qu'un avec lui. Le savoir se construit ainsi au contact de

1. *Ibid.*, p. 289.
2. *De unitate*, § 1.

l'expérience qui fournit une matière malléable et docile que la conscience individuelle ordonne, instaurant de ce fait un dialogue permanent entre le particulier et l'universel.

> Cet acte de l'intellect n'est pas la contemplation d'une idée pure dans une collection transcendante de modèles éternels, mais l'union concrète de l'un et du multiple, du stable et du mobile dans la relation intellectuelle », résume M. de Gandillac[1].

Il en va de même chez Jean Pic pour qui l'acte de l'intellect est absolument individuel. En aucune manière la nature intellectuelle n'existe à l'état séparé. Sans rien perdre de sa simplicité et de son indivisibilité, elle se communique à chaque être humain qui l'utilise en propre, l'âme, nature intermédiaire entre les réalités supérieures et inférieures, faisant le lien entre les deux. Jean Pic insiste beaucoup, notamment dans l'*Oratio*, sur le fait que l'intelligence est choix et, partant de là, une faculté personnelle qui se manifeste dans les activités singulières de chacun. Mais l'individualité de la pensée est tout le contraire de l'enracinement dans le particulier, car, ordonnée à tout connaître, la raison doit tout devenir.

Parvenu jusque là, le lecteur est en droit de se demander ce qu'est le singulier à la Renaissance, dans la mesure surtout où il apparaît comme la composante principale de l'humanisme. Une définition négative – le singulier ne se confond pas avec la vie de l'ego – ne saurait suffire, d'autant que l'homme de la Renaissance, nous l'avons suffisamment dit, est avant tout un créateur. Quoi de plus légitime, dès lors, que de rechercher un principe positif qui détermine l'individu et ses actes.

La question se pose en des termes dont la simplicité est trompeuse : qu'est-ce que l'individu ? ou, plus précisément : qu'est-ce qui distingue un individu d'un autre ? Quel est le principe qui individue le singulier et par lequel Socrate devient différent de Platon ?

Bien des philosophes se sont heurtés à l'extrême complexité du problème, de Platon à Aristote en passant par Thomas et les nominalistes. Il faut toutefois reconnaître que la Renaissance n'a guère été prolixe sur le sujet. Nous tenterons autant que possible de "capturer", chez notre auteur, les indices d'une quelconque élucidation du problème de l'individuation. Il serait bon aussi de s'interroger sur le silence de nos renaissants, d'essayer de comprendre de quoi il peut bien rendre compte. Peut-être tenons-nous un début de réponse dans le fait que l'individu renaissant, tout tendu vers la finalité de l'Universel, n'a pas de valeur en tant que tel. Toute sa vertu et sa force est au contraire de créer la valeur et, ce faisant, de parvenir à rejoindre la Forme des formes, en entraînant avec lui la nature qui n'attend que d'exprimer la spiritualité qui dort en elle.

Ainsi la question "qu'est-ce que le singulier" glisse généralement au Quattrocento vers la fonction du singulier, son travail dans le monde. L'on ne

1. *La philosophie de Nicolas de Cues*, chap. IV.

connaît l'homme qu'à travers ses opérations. Il apparaît non comme une essence primordiale et détachée du monde mais, au contraire, comme le résultat même de son agir, celui-ci allant jusqu'à déterminer son être. M. de Gandillac souligne que

> C'est dans l'Univers de la multiplicité, là où l'harmonie concrète d'un ordre pensable se substitue à l'Acte-puissance indicible qu'il faut rechercher le sens concret de l'existence individuelle [1].

Le retrait de la subjectivité dans sa dimension personnelle ne diminue en rien la valeur de l'existence individuelle, sauf que celle-ci ne devient véritablement elle-même qu'en rejoignant le principe dans lequel elle trouve son origine et sa perfection. Paradoxe fécond, c'est dans la mesure où il rejoint l'universel que le singulier s'individualise car c'est dans le giron des métamorphoses successives, qui le dépossèdent de son moi, qu'il trouve tout son sens et son propos. Sans doute est-ce là qu'il faut chercher les raisons d'une absence de théorie de l'individuation à la Renaissance. Et s'il faut à tout prix l'affirmer, elle n'existerait qu'à l'état de paradoxe puisqu'elle ne culmine qu'en ce qui semble la nier.

Notre analyse de la fonction de l'art et de l'artiste à la Renaissance illustrera plus clairement l'effacement du sujet en faveur de l'expression d'un modèle dont la perfection absolue relativise cependant toute tentative d'autonomie de l'artiste par rapport à la Création. Nous verrons que l'enjeu théorique du problème sera justement de situer la liberté de l'artiste en fonction de la réalité théologale d'homme-image de Dieu.

En tout cas, l'on se doit déjà d'indiquer que Jean Pic ne pose pas le problème de l'individuation en termes abstraits puisqu'à aucun moment le sujet n'est extrait de l'existence. Nulle tentative, chez notre auteur, de ce que l'on pourrait donc qualifier de conception abstractive du singulier car celui-ci donne la mesure de ce qu'il est à travers son action. L'on peut d'ailleurs se demander, à la suite des nominalistes, s'il est possible de connaître un singulier de manière abstraite, en dehors de son appartenance à une espèce. Duns Scot montre bien la difficulté de définir un individu dans sa singularité ultime, l'esprit étant sans cesse tenté de le rapporter à des ensembles ou natures dont il fait partie.

L'on sait qu'Aristote expliquait l'individuation par l'union de l'âme et du corps. Dans la mesure où la forme spécifique est identique chez tous les membres d'une même espèce, elle ne peut servir à individuer. Ce rôle revient à la matière, non pas la matière informe et indéterminée, certes, mais une matière en quelque sorte qualifiée puisqu'elle a pour fin de s'unir à l'individu. Ainsi le corps qui s'unit à l'âme lui est approprié ; il y a une sorte de convenance réciproque entre les deux. C'est donc la matière qui détermine l'unité numérique, qui est l'unité propre à l'individu (alors que l'unité spécifique est propre à l'espèce).

Le principal problème que pose la solution aristotélicienne est, bien entendu, celui de savoir comment sauvegarder l'immortalité de l'âme individuelle dans de

1. *Ibidem*, chap. III, p. 426.

telles conditions. En effet, si la matière est le principe d'individuation, après la séparation de l'âme et du corps, le principe vital de l'individu ne peut qu'être voué à la perdition. Les néoplatoniciens avaient opté pour l'individuation par la forme afin d'éviter une telle conséquence.

Quant à St Thomas, bien qu'il ait suivi Aristote et son explication de l'individuation par le corps, il s'est vu contraint de démontrer, non sans mal, que l'âme humaine est indépendante de la matière[1], le dogme chrétien imposant ses limites aux spéculations de l'esprit.

Il n'est pas aisé de définir l'individuation chez Jean Pic d'autant que ce problème, comme déjà précisé, ne semble pas l'avoir préoccupé outre mesure. Même si, assez tardivement dans son œuvre, il nous a laissé quelques rapides conclusions sur cette question très débattue. Il semblerait toutefois, à la lumière de ce qu'il a pu apparaître dans la première partie de notre étude, que l'individuation soit à localiser pour le Mirandolain, du côté de l'activité rationnelle. Souvenons-nous du rôle de tout premier plan de l'intellect qui a la possibilité, en connaissant, de tout devenir. Or la rationalité, tout en constituant la différence spécifique de l'humanité, n'en reste pas moins aussi le résultat d'un choix. Jean Pic explique dans l'*Oratio*, avec insistance, qu'il appartient à l'homme et à l'homme seul de choisir de se rallier aux facultés supérieures de l'esprit ou de s'en détourner. Par ailleurs, l'activité rationnelle qui consiste à s'ouvrir à l'universel ne se manifeste pas selon les mêmes proportions chez tout individu. C'est pour cette raison qu'il nous semble plausible de penser que l'individuation, chez Jean Pic, se fait par la forme intellectuelle.

Nous lisons dans l'*Oratio*, toujours dans le même style imagé : « si tu vois un homme livré à son ventre ramper par terre, ce n'est plus un homme que tu vois, c'est une plante (...). Si tu vois quelqu'un (...) asservi aux sens dans l'entraînement des séductions qui le détruisent, ce n'est pas un homme que tu vois, c'est une bête »[2]. Autrement dit, l'abandon des lumières de la raison fait sombrer l'homme dans l'état d'indifférenciation des espèces inférieures, en dépit des

1. Thomas observe qu'il n'est guère possible de mettre sur le même plan matière et forme d'autant que la première n'existe qu'en vue de la seconde, ce qui assure une primauté de l'âme sur le corps. Selon lui, l'âme étant une forme simple, son individuation et sa multiplicité dans l'espèce ne peuvent être envisagées que par le moyen du corps. Mais en aucun cas l'extinction du corps n'entraîne celle de l'âme dans la mesure où l'âme humaine ne dépend pas du corps dans son être. En effet, ce qui communique l'être à l'âme humaine, c'est le principe divin. Empruntant sa solution à Avicenne, Thomas précise que l'individuation de l'âme ne vient pas du corps mais qu'elle est acquise dans le corps, ce qui introduit une distinction capitale. A ce propos, nous lisons dans *L'être et l'essence* : « Bien que l'individuation de l'âme humaine dépende du corps de manière ponctuelle quant à son commencement, parce qu'elle ne peut être individuée que dans le corps dont elle est l'acte, il ne s'ensuit pourtant pas nécessairement que l'individuation disparaisse quand le corps n'est plus là, car, comme elle a un être séparé qui lui a valu d'être individuée en étant produite comme forme de ce corps, cet être demeure toujours individué. C'est pourquoi Avicenne dit que l'individuation des âmes et leur multiplication dépendent du corps quant à leur principe, mais non quant à leur fin » (*L'être et l'essence*, traduction et commentaire par Alain de Libera et Cyrille Michon, Paris, Seuil, 1996).

2. *Oratio*, p. 11.

apparences trompeuses de la forme humaine. C'est bien par l'appropriation de l'âme rationnelle que l'homme devient homme.

En revanche, à la question de savoir ce qui différencie vraiment un homme d'un autre, force nous est de constater que Jean Pic laisse cette question en suspens. Rompu à la lecture de Plotin, Jean Pic a pu peut-être penser que l'individuation se faisait par l'union de l'Intellect à l'âme sensitive, la *Mens* parfaite communiquant son intelligence aux créatures inférieures, sans rien perdre de sa simplicité et de son indivisibilité [1]. A moins qu'à la suite de Saint Augustin, il ait penché du côté d'une individuation par les raisons séminales [2]. En tout cas, ce qui nous paraît sûr, malgré l'incertitude dans laquelle nous laisse Jean Pic, c'est qu'il n'est pas d'individuation possible sans l'intervention divine, tant il est vrai que l'homme, dans ce qu'il a de plus propre, ne se comprend que dans sa relation au divin. Nous verrons dans quel sens entendre cela, à travers la notion de *deificatio*. Par ailleurs, la philosophie picienne de l'image que nous étudierons conjointement à celle de Grégoire de Nysse nous permettra aussi d'approcher un peu mieux l'individualité, ce principe que Bergson considérait comme devoir toujours nous échapper.

Pour terminer sur ce point, il nous faut mentionner que l'une des Conclusions [3] porte sur la notion d'*hecceitas* chez Duns Scot, ce qui est d'ailleurs tout à fait compatible avec le net penchant de Jean Pic pour l'individuation par la forme. Jean Pic y voit « une différence individuelle » qui fait que « chaque individu est un individu ». La doctrine de Scot nous offre des pistes de réflexion remarquables sur ce que peut être l'humanisme picien tel que mis en rapport avec la métamorphose. Bien entendu, il est difficile, dans le cadre de notre étude, d'entrer dans le détail de la théorie scotiste, toute en nuances et en subtiles distinctions. Aussi ne retiendrons-nous que les éléments susceptibles de nous éclairer plus volontiers que d'autres, au risque de simplifier une pensée des plus complexes. Mais, encore une fois, il est de notre seule intention, ici, de frayer une voie, non d'établir une comparaison rigoureuse entre Jean Pic et Scot, d'autant que la filiation du premier avec le second n'est pas des plus évidentes. Le Docteur subtil, de manière plus générale, a même été la cible privilégiée des humanistes.

Rappelons que pour Duns Scot, le principe d'individuation ne réside ni dans la matière qui, étant elle-même indifférenciée ne peut servir à singulariser, ni dans la

1. *Cf. Enn.*, V, 1, 3.

2. *Cf. De Trinitate*, *op. cit.*, livre III, c. VIII, 13, p. 299 : « Le créateur des germes invisibles est bien le créateur même de toutes choses, puisque tous les êtres qui naissent sous nos yeux prennent dans des germes cachés le point de départ de leur croissance et que les développements de leur taille normale, comme la différenciation de leurs formes, leur viennent, pour ainsi dire, des lois de leur origine ». Le principe d'individuation est celui même qu'imposent les raisons séminales, celles-ci étant en quelque sorte des lois qui président la Création. Comme le dit, en effet, Plotin, « le mot "raison" implique que chaque être pâtit ou agit non pas au hasard et selon la rencontre des événements, mais d'une manière nécessaire » (*Enn.*, II, 3, p. 42). Sur les raisons séminales, *cf.* notre développement de la partie I, chap. 1 et 3.

3. Conclusion n° 75 in *Les Conclusions philosophiques*, trad. B. Sheffer, Paris, Éditions Allia, 1999, p. 33.

forme spécifique (*l'humanitas*) qui est commune à tous les hommes, ni même dans leur union. La différence spécifique (la rationalité) propre à l'espèce humaine ne saurait servir non plus à distinguer deux individus l'un de l'autre, même si, comme le montre Scot, il est impossible de considérer l'individu en dehors de son espèce. L'on ne peut comprendre ce qui différencie les singuliers qu'en référence à une nature commune, d'où l'insistance de Scot pour montrer la réalité de l'espèce. Celle-ci est, par ailleurs, totalement distincte des individus qui en font partie.

Allant plus avant dans sa recherche d'un fondement au singulier, Scot constate avec force arguments que, contrairement au genre ou à l'espèce qui sont divisibles en parties, l'individualité est indivisible. Et pourtant, l'on ne saurait se suffire d'une définition négative de l'individu, Scot étant persuadé que c'est bien un principe positif, « un quelque chose de positif », qui distingue la singularité de Platon de celle de Socrate. Que l'on nous pardonne de faire l'économie des périples de la théorie scotiste qui bâtira ses avancées dans le refus de fonder l'individuation sur la différence en tant que détermination négative, sur l'existence, la quantité, la qualité ou encore le lieu ou la matière et retenons son résultat.

Il apparaît, finalement, que la cause positive de l'individuation réside dans la notion d'*hecceitas*[1]. C'est une sorte de forme individuelle qu'il définit comme la « réalité ultime de l'être » (*ultima realitas individui*) et qui a ceci de particulier qu' « elle s'ajoute du dedans de la forme », comme le précise E. Gilson. La forme, on l'a vu, ne pouvant être elle-même la détermination individuante puisqu'elle est commune aux individus d'une même espèce. L'*hecceitas* est donc ce qui, en dernière instance, réalise le passage de la forme spécifique à la singularité de l'individu. Elle est ce qui détermine l'unité numérique propre au singulier.

Ce qu'il importe de retenir dans la théorie de Scot, si peu aisée en soit la conception, c'est que nous ne sommes pas dans le cadre d'une individuation de la forme par la matière ou de la forme par une autre forme car la cause de l'individuation ne réside pas dans un principe extérieur ou dans une chose. Pour Scot, il y a individuation et de la forme et de la matière. Et tout être qui appartient à une réalité commune est susceptible d'être individué. Aussi est-il vain d'attendre d'une qualité ou d'un accident (la blancheur, par exemple) qu'ils soient des agents distinctifs car, eux-mêmes, pour autant qu'ils présentent un aspect commun, peuvent être individués. La blancheur a ainsi un aspect commun et un aspect singulier. D'où la fameuse définition de Scot : « L'entité individuelle n'est ni forme ni matière ni composition en tant que chacune de celles-ci est une « nature ». Elle est la réalité ultime de l'être qui est matière, ou qui est forme, ou qui est composition »[2]. Dans le cas de l'homme, cette nature, c'est l'humanité.

Scot distingue entre nature et concept (universel), la première étant en quelque sorte un universel inachevé dans la mesure où elle se retrouve dans la multiplicité

1. Le terme n'apparaît pas comme tel sous la plume de Scot. Il fait partie d'un vocabulaire d'école.

2. Cité par Gérard Sondag in *Le principe d'individuation*, Paris, Vrin, 1992, Introduction, p. 66.

alors que le second n'a d'existence que dans l'esprit. Mais dire d'un universel qu'il est inachevé ne fait que souligner, ici, son aspect, si l'on peut dire, concret, par opposition à l'universel abstrait.

Pour tenter de mieux approcher cette entité singulière qu'est l'homme, Scot affirme que ce qui distingue cet « homme-ci » de cet « homme-là », c'est, non pas son individualité, mais son humanité, ce qui peut paraître étrange à prime abord puisque l'humanité a quelque chose de l'universel. L'associer à un pronom possessif, c'est réaliser une sorte de coïncidence des contraires. Mais c'est à cela que nous invite la réflexion de Scot sur cet universel très particulier, si l'on peut dire, qu'est l'humanité. Celle-ci ne trouve son véritable accomplissement que dans et par le singulier, de même que le singulier n'est jamais plus proche de lui-même que lorsqu'il est au cœur de cet universel. Tel est l'enseignement qu'il faut tirer de la rencontre de la forme spécifique qui est un certain universel (ici, l'humanité) avec la forme singulière : bien qu'ayant des existences formellement distinctes l'une de l'autre, l'universel se présente comme inséparable du singulier, si bien que chaque homme est à lui seul toute l'humanité, chaque singulier a pour charge de réaliser l'universel.

On le voit, le singulier est posé dans une valeur absolue si bien que l'humanisme, dans ce contexte, ne peut avoir le sens d'un concept général sans que ne soient ébranlés en même temps les fondements de la *dignitas hominis*. Car l'humanisme concerne tout homme, de manière inconditionnelle. Il n'exige aucune carte d'identité définissant l'homme dans ses particularités géographiques, culturelles ou autres avec ce que celles-ci ont d'appauvrissant quand elles déterminent à l'avance actions et pensées en fonction de l'appartenance à un groupe. La métamorphose en laquelle se fonde l'humanisme de Pic de la Mirandole met bien en scène cette rencontre du singulier et de l'universel. En revêtant le plus de formes possibles, l'individu gagne en humanité et ce faisant, se singularise davantage. C'est ce à quoi aspire l'homme-Protée en entreprenant le grand voyage de l'esprit dans le monde des formes. Peut-être est-ce dans cette aptitude de l'homme à abandonner les fausses formes de singularité (l'ego, par exemple) et à rejoindre l'universel qu'il faut chercher, chez notre auteur, la cause positive de l'individuation.

Aux antipodes du dogme, l'humanisme enseigne aussi et avant tout la vertu de détachement. Quel meilleur renoncement à son humanité que d'avoir avec la vie un rapport de propriétaire alors que tout homme, sans exception, n'en est que l'hôte ? L'invité si provisoire... Et cela, Jean Pic l'a bien vu. C'est pourquoi il insiste tant à enraciner l'individu dans le monde invisible. Car c'est seulement dans son vis-à-vis avec l'Innommable que le singulier se saisit vraiment en tant que tel et parachève son humanité. C'est dans sa rencontre du Tout-autre qu'il devient radicalement lui-même, que son humanité lui est révélée.

Nous voyons, à partir de là, la complexité de l'humanisme renaissant, à mi-chemin entre la possession et la dépossession, entre l'intérieur et l'extérieur, entre la vie secrète du cœur et l'exposition sans réserves au dehors. Si Jean Pic pourrait, par exemple, se réclamer de Saint Augustin s'écriant : « Ne va point au-dehors, rentre en toi-même, c'est dans l'homme intérieur qu'habite la vérité », il conçoit simultanément la nécessité d'entreprendre l'aventure de la métamorphose. Il n'y a aucune incompatibilité entre les deux mouvements surtout que le retour sur soi n'est pas enfermement mais propulse l'homme en avant de lui-même. Car le retour aux profondeurs de l'âme fait surgir l'homme face à lui-même comme une énigme. Enigme dont la clef réside dans cette transcendance invisible et impalpable qu'il découvre en son centre comme son fondement. *Le Tableau ou la vision de Dieu* montre bien comment l'homme ne devient lui-même qu'à travers le regard infini de la divinité. Celle-ci lui révèle sa profondeur en même temps que son humanité. « Seigneur, écrit Nicolas de Cues, en des lignes saisissantes, voir pour toi, c'est aimer et de même que ton regard se pose avec attention sur moi sans jamais se détourner, de même ton amour... »[1]. Il y a là de quoi reconnaître que Dieu lui-même opère comme un principe de singularité[2]. Dieu, par son face-à-face avec l'homme, l'humanise, lui révèle sa destinée et l'homme, quant à lui, s'individualise à mesure qu'il répond à l'attente de son Créateur. Et de là, la divinité tire toute sa joie. Le sixième sermon de Maître Eckhart aborde cette question avec exaltation et émerveillement :

> Quels sont ceux qui honorent Dieu ? Ceux qui sont complètement sortis d'eux-mêmes, qui ne cherchent absolument rien qui leur soit propre en aucune chose (...). On doit donner de la joie aux anges et aux saints. O merveille au-delà de toute merveille ! Un homme peut-il en cette vie donner de la joie à ceux qui sont dans la vie éternelle ? Oui, en vérité ! (...). Non seulement les saints et les anges, bien plutôt : Dieu lui-même en éprouve une aussi grande joie que si c'était là sa béatitude, et son être y est attaché, et son agrément et sa satisfaction[3].

Si l'homme se brûle donc au feu des plus inaccessibles métamorphoses, c'est pour se trouver au-delà du simplement humain car, pour utiliser l'expression de Grégoire, l'âme agit comme un miroir. En elle se reflète le soleil ardent de l'image parfaite et l'homme de vertu ne trouvera de repos que dans sa reconquête. Dans ce travail de haute lutte, il est vain de considérer les êtres singuliers comme interchangeables tant il est vrai que l'image est le plus délibéré des choix. Aussi peut-être est-ce dans l'humanisme christologique de la Renaissance qu'apparaît le plus manifestement la vocation personnelle de tout homme. L'on voit avec Nicolas de Cues, par exemple, comment chaque singulier participe à sa manière propre à la

1. *Le Tableau ou la vision de Dieu*, *op. cit.*, p. 37.

2. *Cf.* Nicolas de Cues, *La Chasse de la Sagesse*, chap. XXII. L'auteur affirme de Dieu qu'il est le plus singulier des singuliers. En lui universel et singulier coïncident. La singularité atteint son acmé, si l'on peut dire, lorsqu'elle est force de rassemblement et de restauration (du monde, des créatures...).

3. *Sermons*, présentation et traduction de Jeanne Ancelet-Heustache, Paris, Seuil, 1978, p. 82-83. Eckhart dit plus loin, dans le même sermon : « Qu'est-ce que la vie ? L'être de Dieu est ma vie. Si ma vie est l'être de Dieu, il faut que l'être de Dieu soit mon être et l'être originel de Dieu mon être originel ». Il souligne ainsi la dialectique que nous mentionnions plus haut entre le singulier et l'universel.

pensée de Dieu, comment aussi le singulier signifie de façon unique et irremplaçable la Transcendance et ce, de manière telle, que le divin resterait sans écho dans sa création sans l'intervention active de l'individu.

Conçue à l'image de l'action et de la présence de Dieu dans le monde comme enveloppement et développement, la Pensée se trouve ramenée elle aussi à sa double fonction d'*explicatio* et de *complicatio*: mouvement d'élucidation du monde, de concentration sur la Vie puis de remontée de la multiplicité des choses vers le principe. Contenant en elle la semence divine, la pensée s'enracine dans le sol du sensible pour faire émerger la vérité des choses; elle se répand dans le monde afin que par son entremise les choses participent elles aussi à la Pensée infinie. La vérité, loin d'être copie d'un modèle lointain et inaccessible est, au contraire, présente au cœur du monde comme information divine à laquelle la pensée humaine tente de se conformer par ses conjectures.

Mais, bien évidemment, les singuliers participent à ce mouvement de descente et de remontée de manière plus ou moins imparfaite et manifestent ainsi une inégalité patente.

> Chaque singularité, résume Gandillac, se distingue de toutes les autres par le dosage propre de ses participations, non à des idées pures, mais au double mouvement ascendant et descendant [1].

L'humanisme christologique, de manière générale, laisse donc entrevoir ce que peut être la dimension personnelle et unique de chaque singularité dans sa relation privilégiée à Dieu

> dans la mesure où elle est le signe unique de l'Acte divin et participe du dedans à toutes les autres par l'entremise d'une singularité idéale. Pour être tout à fait elle-même, chaque personne exige la présence d'un Modèle parfait en qui se fondent les mystères de chaque vocation [2].

Humanisme et opérativité

Malgré les nombreux rapports de continuité qu'il est possible de cerner entre le Moyen Age et la Renaissance, s'il est une réalité qui introduit une rupture entre ces deux époques, c'est bien l'expérience nouvelle de l'immanence de l'Infini. Dieu sort en quelque sorte de son exil et devient perceptible partout dans sa Création. La voie contemplative n'est plus la seule voie d'accès au divin puisque celui-ci, quoique conservant sa transcendance, devient présent dans le temps, s'engage dans l'histoire et fait du monde sa demeure. Cette immanence de l'être confère alors une plus grande amplitude au champ de l'activité humaine, l'esprit ayant pour fonction essentielle de débusquer le sens de la Création.

1. *La philosophie de Nicolas de Cues*, *op.cit.*, chap. 6, p. 421.
2. *Ibid.*

La nouvelle valeur qui s'érige donc au cœur de l'humanisme renaissant, c'est l'opérativité qui trouve son fondement dans la pensée, les œuvres de l'esprit étant celles qui révèlent la présence du principe en toute chose et manifestent le lien étroit qui relie la pensée humaine à celle de Dieu. Cependant, nous le verrons plus loin, si l'opérativité est un pouvoir puisqu'elle tisse les fils de l'autonomie du sujet dans le monde, elle est en même temps un contre-pouvoir car elle met l'homme face à ses dépendances.

Néanmoins, quel privilège immense que celui de la pensée humaine qui a la capacité de « voir au visage » l'Invisible. Comment comprendre dans ces conditions la liberté du sujet renaissant autrement que par une volonté de dégagement – de l'ordre, du système, de Dieu même – qui brûle pourtant de s'engager mais sur des bases nouvelles où l'homme, en ses aspirations propres, occupe une place de choix ?

Si l'intellect en son travail le plus tenace recherche l'adhésion au surnaturel, celle-ci n'est jamais servile à la Renaissance car elle est passée par le moment purificateur de la négation, comme l'humanisme dans sa fascination pour l'Être dont il mesure la distance et la différence à travers la proximité, ne bascule jamais dans l'anti-humanisme de manière radicale car en son cœur demeure la valeur du libre-agir.

L'immanence sur fond de scission et de crise

Il faut rappeler que les bouleversements philosophiques de la Renaissance se situent dans un contexte plus général de crise, qui amène l'homme à perdre pour un temps ses repères. La société, tout d'abord, connaît de profondes mutations. Les classes sociales deviennent plus permissives puisque l'individu peut, par son propre mérite, se construire un rang et accéder par l'éclat de ses actions à la plus haute noblesse. Le cas des Médicis est, en ce sens, exemplaire. On sait que l'arrière grand-père du Magnifique avait débuté modestement comme simple usurier, avant de léguer à ses fils ce qui deviendra la fameuse banque Médicis. Sur le plan économique, l'on assiste à ce qu'il convient d'appeler la naissance du capitalisme. Le rapport à l'argent change. Celui-ci devient une valeur qu'il convient, à ce titre, de faire fructifier en placements divers. La papauté, cliente pour un temps de la banque Médicis, était experte en ce domaine. Par ailleurs, l'apparition des réformateurs devait amener le monde catholique à traverser une crise très grave, d'où un regain de violence dans ses moyens de répression : inquisition, bûcher etc.

La philosophie, et ses bouleversements propres, n'est donc qu'un cas particulier des transformations plus vastes que devait connaître la Renaissance. Dans notre chapitre sur le *De Ente*, nous avions vu comment l'émergence de l'infini cosmique avait sonné le glas de l'ancien ordre métaphysique, engendrant des dualismes redoutables pour la pensée. L'esprit qui aspire à une présence immédiate à lui-même et aux choses est alors soumis à bien rude épreuve. L'agir humain se voit conditionné par la conscience aiguë d'une rupture, d'une disjonction entre l'appréhension intellectuelle de l'Absolu et son existence. Un fossé ne cesse de se creuser entre l'être saisi par l'acte de la pensée et son essence. Car, une fois brisé l'équilibre imposé par l'ordre médiéval des transcendantaux, une brèche s'ouvre dans la connaissance qui enlève, en même temps que les limitations du concept, la sécurité qu'il procure. L'individu se trouve alors pris dans des courants contradictoires : l'homme, est confronté à l'enivrante conscience de pouvoir réaliser l'impossible alors même qu'il se retrouve impuissant. Comme s'il ne se libérait que pour découvrir sa servitude. Mais c'est dans le creux de cette déchirure, de cette disjonction, que l'individu se construit car ce moment n'a de négatif que l'apparence. Si la pensée renaissante diffère pour un temps sa réconciliation avec la réalité et demeure dans ce suspens, c'est qu'elle y fait l'épreuve de sa liberté, consciente que dans les contradictions extrêmes qui l'« enchaînent », il y a de quoi trouver sens et destin. Comme l'affirme si bien B. Pinchard :

> L'immédiat et la médiation ne sont pas des moments destinés à passer l'un dans l'autre, mais des postulations simultanées dont la contradiction ne signifie pas l'élimination réciproque ou l'intégration sans reste par le terme ultime. Ils sont plutôt les points fixes entre lesquels le sujet développe la trame de son devenir, en se découvrant comme sujet d'une œuvre et d'un destin [1].

Dans ce contexte, et à la suite de l'analyse hégélienne, B. Pinchard caractérise l'émergence de la preuve ontologique à la Renaissance comme le fait de la « médiation suspensive de la raison ». En effet, celle-ci,

> loin de proposer une identité dogmatique de l'être et de la pensée, marque au contraire le moment du plus grand déchirement [2].

Car, rappelons-le, l'argument ontologique d'Anselme propose un « saut » de l'essence à l'existence de Dieu, validé en quelque sorte par l'idée du maximum concevable. A partir du moment où la pensée peut concevoir « quelque chose de tel que rien de plus grand ne peut être pensé », il devient alors nécessaire de poser l'existence de ce « quelque chose » hors de l'esprit. La résurgence de la preuve ontologique ne serait donc que le symptôme d'une rationalité en crise. Et ce déchirement à la Renaissance, loin de se résoudre dans un équilibre factice, est maintenu par l'ouverture de la pensée au mouvement de la vie.

> Cette scission, ajoute en effet Pinchard, n'est pas dépassée à la Renaissance mais elle se multiplie et devient culture pour l'esprit. Une culture de la différence extrême, voilà ce qui est aigu dans une pensée de la Renaissance. C'est une scission sans résolution, une "suprême opposition" que ne satisfait aucune preuve.

La preuve par concept s'efface donc au profit de l'expérience, de l'ouverture au monde et au singulier. Cette ouverture est mouvement infini qui implique l'inachèvement, d'où le caractère fondamentalement insatisfait que revêt toute action particulière. L'inachèvement des formes artistiques de ce temps, par

1. *Cf. Fine Follie*, *op. cit.*, p. 23.
2. *Ibidem*, p. 20.

exemple, en témoigne fort bien, comme si seul le silence pouvait encore dire l'indicible fond des expériences humaines. Et si l'homme redécouvre sa liberté, liberté d'autant plus aiguisée que le puissant appareil scolastique ne cesse alors de tomber en disgrâce, elle trouve cependant ses limites dans la face mystérieuse de la création[1].

L'esprit est donc contraint de constater que le monde, comme totalité, est insaisissable. Pourtant force est d'affirmer qu'il vit là une aventure absolument saisissante. Son immersion dans un monde en mutation est pour lui cette épreuve de feu qui, une fois traversée, opère comme un baptême purificateur.

La pensée créatrice

Eminent privilège de la nature intellectuelle, l'opérativité s'affirme alors puissamment à travers le développement des sciences et de la technique, sans compter les expériences alchimiques ou magiques tentées sur la nature. Chez Jean Pic elle se manifeste par le pouvoir humain d'actualiser les êtres qui n'existent qu'à l'état d'ébauche ou en puissance. Acte de la pensée, elle s'exerce donc avant tout sur les choses. Celles-ci viennent à l'être et sont rassemblées par et en l'homme-microcosme, centre de correspondances infinies, lieu de passage et d'invention. Elle est aussi pour l'homme capacité de se concevoir et façonner lui-même comme le matériau le plus noble d'une œuvre sans cesse à venir. Comme le dit E. Garin, ce nouveau monde

> malléable à l'infini (...) est celui d'un nouveau courant de pensée prêt à célébrer de toutes les manières non plus le solitaire en contemplation mais l'homme qui, sans cesse exposé aux plus hauts périls, transforme le monde et lui-même[2].

L'opérativité chez Jean Pic est enfin le pouvoir de connaître Dieu, même si cette connaissance passe par la hiérarchie des choses créées et saisit moins l'essence du divin que sa trace, sa présence immanente au monde. Car Dieu parle dans la nature, se révèle à travers la prodigieuse diversité des êtres créés.

1. La prolifération des signes dans l'univers de la Renaissance est, à cet égard, fort révélatrice du sentiment d'inquiétude qui prévalait alors. Les ouvrages qui recensent les monstres ou autres prodiges sont légion. Tous les faits extraordinaires y sont minutieusement répertoriés. Ils ont, de manière générale, valeur de présage, d'avertissement ou même pis, ils expriment à travers une nature-servante de Dieu, le courroux céleste. Il suffit de penser à la truie à double corps apparue en 1496 et immortalisée par une gravure de Dürer. L'auteur de la fameuse *Nef des fous*, Sébastien Brant, n'avait-il pas soutenu que cette truie était le présage que « des hommes à cœur de pourceau » (les Turcs) allaient bientôt envahir l'Europe ? (voir à ce sujet *La Nature et les prodiges*, Jean Céard, Genève, Droz, 1996). Sans doute n'est-ce pas là que l'humanisme resplendit le mieux. Les signes de toutes sortes, astrologiques en particulier, ne furent pas combattus en vain par Pic de la Mirandole puisqu'ils traduisent pour lui une liberté en déroute. Mais peut-être ne faudrait-il pas entièrement perdre de vue cet autre visage de la Renaissance. La complexité de cette période commande de rappeler son aspect le plus sombre, le plus conflictuel. L'héroïsme de la Renaissance se traduira alors comme capacité de résistance à ces ferments de désordre, somme toute assez humiliants pour l'homme.

2. *Moyen Age et Renaissance*, *op. cit.*, p. 34.

Ce dialogue avec le divin par créatures interposées ne permet pas cependant de restaurer l'accord de la Pensée et du Réel. L'*Heptaplus* met bien en évidence la conscience chez Jean Pic d'un abîme, d'une différence insurmontable entre le penser, l'agir de l'homme et le penser, l'agir de Dieu. « (...) Ni les plantes, ni les bêtes, ni l'homme, ni l'ange, n'acquièrent Dieu, qui est le Bien souverain, en Dieu lui-même, mais ils l'acquièrent en eux » [1], nous dit Jean Pic à la fin de l'*Heptaplus*, insistant sur le rôle éminent de la grâce sans laquelle l'homme ne peut s'élever nulle part. Nous trouvons plus exactement chez le Mirandolain une conscience de la proximité dans la différence et cela, dans le plus pur esprit de l'humanisme chrétien, comme l'image est à la fois ce qu'il y a de plus semblable et dissemblable au modèle.

Mais c'est ici que la notion de métamorphose, si centrale chez notre auteur, peut jouer son rôle de phénomène compensatoire de la déchirure. On se souvient, dans l'*Oratio*, du fameux texte qui définit l'homme comme libre-créateur de lui-même, non par la copie d'un modèle mais par la recherche inventive de la forme la plus complète de « l'humaine condition ». La recherche passionnée de l'universel a pour point d'ancrage l'individu sans forme ni essence de laquelle il ne puisse se dégager par un effort volontaire. La voie transformationnelle dans laquelle s'engage l'homme picien, bien qu'elle présente des risques puisque menace le néant des formes dégénérées, est aussi la promesse d'une aube spirituelle où se trouvent réconciliées les réalités les plus contraires, les plus étrangères à une quelconque affinité élective.

La métamorphose à laquelle œuvre le sujet renaissant et que l'on confondrait à tort avec une instabilité de l'être est au contraire, comme le souligne Pierre Magnard, « la condition même pour la pensée de son adéquation à la réalité ». La métamorphose deviendrait ainsi ce nouveau transcendantal qui ne cautionnerait l'ancien ordre métaphysique de la convertibilité de l'Être, de l'Un, du Bien que sous le couvert du passage de chaque principe dans l'autre. A la lecture dialectique des catégories de l'être se substitue donc une lecture métamorphique dont le pivot est la catégorie du mouvement et du devenir. Ainsi les termes logiques ne sont plus considérés dans leur juxtaposition ou leur conditionnement réciproque mais bien dans leur transformation mutuelle. Jouant le rôle d'un "principe" métaphysique, la métamorphose cautionne la quête infinie de l'individu et son attirance pour la diversité des formes.

Pierre Magnard relève cependant que « la métamorphose ne peut être un transcendantal qu'au prix d'une invocation théologique (...), la Transsubstantiation : alors seulement la vérité est sauve dans l'unité de la pensée et de l'être, alors aussi la diversité humaine devient unanimité » [2]. Le support théologique qui voit en Dieu lui-même un être sujet à la métamorphose invite donc à considérer les transformations de l'homme-Protée autrement que sur le simple mode ludique.

1. *HE*, VII, Prologue, p. 227.
2. « Le singulier universel », in *Fine Follie ou la catastrophe humaniste*, *op. cit.*, p. 237.

Face à la pauvreté du concept, à son impuissance à exprimer les variations infinies de l'être, l'homme éprouve sa liberté de choisir sa forme comme la condition de son humanité.

Par ailleurs, la caution théologique porte à interpréter « l'ondoyance » de l'homme comme effort héroïque d'adapter l'image à son créateur. Comme si le point de rencontre entre l'Infini de Dieu et la finitude de la créature ne pouvait se faire qu'au prix pour l'humain d'atteindre au surhumain, c'est-à-dire en repoussant à l'extrême les limites du fini afin de tendre vers l'homme infini[1]. Par la métamorphose, la rencontre des deux infinis deviendrait ainsi possible.

On perçoit mieux l'enjeu de la notion ainsi que ses prétentions à s'élever au rang de principe. On comprend aussi la résurgence du mythe de Prométhée à la Renaissance, après un long sommeil. Ce maître du feu ne devient-il pas le garant de la flamme vive de l'intellect qui jamais ne renonce à la poursuite de sa proie? Prométhée exalte en l'homme les vertus d'action et de contemplation. Symbole des arts, des sciences, en un mot de la civilisation, il libère les hommes de leur servitude envers des dieux capricieux, sans pour autant en faire des révoltés. Tel est le Prométhée d'Eschyle en tout cas. Dans *Prométhée enchaîné*, on y trouve ce dialogue étonnant :

> Prométhée – (...) j'ai délivré les hommes de l'obsession de la mort.
> Le Coryphée – Quel remède as-tu donc découvert à ce mal ?
> Prométhée – J'ai installé en eux les aveugles espoirs.

Ces espoirs, quels sont-ils ? Pour Charles de Bovelles, Prométhée c'est le Sage dont l'intellect, animé par la puissance créatrice du feu, n'a de cesse de pénétrer « dans les demeures éthérées ». Mais l'espoir est aveugle. Peut-être ne voit-il pas que ces demeures, si éthérées soient-elles, sont protégées par une porte au seuil interdit.

Nicolas de Cues : Immanence et opérativité

Dans le système de connaissance du Cusain nous voyons que tout son effort consistera, sur fond de scission, à rétablir une certaine proportion entre le fini et l'infini, à tenter, à l'image de la figure mathématique de l'asymptote, de faire se rejoindre la pensée humaine et celle de Dieu. Les deux notions fondamentales d'immanence et d'opérativité, fondatrices de l'humanisme renaissant, se retrouvent chez Nicolas de Cues à travers les schémas indissociables de l'*ars coïncidentiarum* et d'*explicatio/complicatio*. L'un comme l'autre expriment l'immanence absolue de l'infini dans la moindre des parties du monde et le lien fécond entre la transcendance et la présence entière du principe au divers du phénomène.

1. Dans le sermon 31, Maître Eckhart affirme que « l'âme ne doit jamais s'arrêter avant de devenir dans son opération aussi puissante que Dieu ». Se faisant de plus en plus ressemblante avec ce dont elle est l'image, elle finit par prendre « la couleur de Dieu » (*Sermons*, *op. cit.*, p. 10).

Le mouvement de développement (*explicatio*) de l'Esprit Universel rend compte de la manière dont le sensible procède dans sa multiplicité, tout en demeurant entièrement contenu dans le principe, sur le mode de l'unité. Car les étants jaillissent de l'Un comme le fleuve de sa source, le fruit de sa semence. L'on ne peut les considérer dans leur stricte différence, division ou dispersion sans les couper, dans le même temps, de leur source féconde.

> La distinction des parties, telle qu'elle apparaît dans le corps une fois formé, quand le divers est en quelque sorte "sorti" du germe unique, ou bien risque de tomber au rang de phénomène irrationnel ou bien de se réduire à une fantasmagorie d'images "sans vérité" [1].

Il est vrai que dans le monde du divers les parties ne sont pas toujours perçues dans leur cohérence et s'imposent donc à l'entendement comme disloquées et disharmonieuses. Il n'empêche que l'opérativité qui caractérise l'homme dans son pouvoir créateur consiste à mettre en œuvre l'acte synthétique de l'entendement et à concevoir le divers à la manière dont il est contenu dans la Pensée de Dieu : unifié et harmonieux jusque dans ses plus extrêmes oppositions.

Le mouvement de développement implique que Dieu est partout, entièrement présent dans toutes les créatures, et caractérise le thème de l'immanence totale, si chère à Nicolas de Cues. Dans le même temps, Dieu est enveloppement puisqu'il ramène et rassemble en lui la Création dans sa multiplicité.

Ce double mouvement contraire et pourtant simultané de remontée et de descente met en échec le principe logique de non-contradiction. Il invite plutôt à considérer que les oppositions sont en quelque sorte inhérentes à Dieu, qu'en lui elles cohabitent, non en termes d'exclusion mais de compénétration puisqu'au bout du compte Dieu « transcende toute affirmation et toute négation ». Ainsi les couples d'opposés seraient moins la marque d'une perte que d'une pléthore d'être, de vie, de pensée.

Les paradoxes entre mouvement et repos, courbe et droite etc. font partie intégrante de la vérité pour Nicolas de Cues. C'est pourquoi il considère que les hypothèses contradictoires du *Parménide* sont toutes valables en tant qu'elles révèlent l'essence du Vrai, principe contenant en lui, de manière mystérieuse, toutes les oppositions irréductibles à l'entendement.

L'influence de Plotin sur Nicolas de Cues est manifeste, même si le mouvement de procession de la réalité intelligible chez le premier n'est pas tout à fait dégagé de l'idée de dégradation, d'affaiblissement que génère la multiplicité. Mais il n'est toutefois pas exagéré de dire que la théorie plotinienne de l'Un prépare et permet la coïncidence des opposés cusaine.

Plotin décrit l'Un en effet comme contenant en lui les couples d'opposés, Mouvement/Repos, Acte/Puissance, Unité/Diversité, sur le mode de l'inclusion. Par sa procession qui est explicitation de sa propre essence, l'Un engendre l'être

1. *La philosophie de Nicolas de Cues*, *op. cit.*, chap. v, p. 124.

qui, de l'Intellect à l'Âme jusqu'aux réalités « inférieures », accomplit une sorte de progression en ligne droite.

Par leur conversion, les choses créées remontent à leur principe et, ce faisant, indiquent que la multiplicité n'est pas seulement mauvaise. Participant à l'Un, le multiple ne s'y oppose que provisoirement, le temps de reconnaître sa source spirituelle, en quelque sorte.

L'image du point chez Nicolas de Cues est fort éloquente de la manière dont les contraires peuvent cohabiter. Le point enveloppe tout et contient en puissance ce qui, par développement, deviendra la ligne, la quantité, la durée etc. Paradoxe fécond que celui du point qui, n'ayant aucune étendue, développe pourtant une variété extraordinaire d'extensions et contient déjà en lui l'intelligibilité de ce qui lui semble si éloigné. Le génie de l'esprit est dans sa capacité de discernement et de résistance aux apparences trompeuses. Ainsi chaque individu peut-il développer une part de participation à l'intelligible par la recomposition intellectuelle du monde qui consiste à reconnaître la valeur des choses. A travers quoi l'esprit manifeste sa dimension créatrice qui est principalement actualisation de sa nature d'image. C'est pourquoi l'activité de la pensée est-elle décrite en termes *d'explicatio-complicatio*.

La *Mens Humana*, en tant qu'image de la pensée divine, se caractérise donc par son pouvoir de connaître, de comprendre la vie de l'univers et de la ramener aussitôt à son germe initial. La pensée humaine enveloppe ainsi les réalités du monde mais, comme elle n'est qu'image de l'Enveloppement divin, sa « conversion » a une valeur « conformatrice » qui implique la création de constructions mentales les plus proches du modèle. Si l'enveloppement divin signifie que les choses sont contenues en Dieu dans leur vérité, l'enveloppement de l'esprit humain implique que les choses y sont contenues comme image. Cela ne diminue en rien l'importance du travail de l'entendement, bien au contraire, car :

> dans la mesure où toutes choses participent à la pensée, mais au-dessous du niveau de la Pensée simple, dans cette même mesure elles participent aussi à l'image de Dieu, en tant que la pensée est par soi image de Dieu, et rien de ce qui est inférieur à la pensée ne participe à Dieu sinon par l'entremise de cette pensée [1].

L'opérativité de la pensée consiste ainsi en un acte éminemment créateur. L'acte de conformation ou de configuration est tout, en effet, sauf un acte servile de l'entendement qui se soumettrait au Modèle de la pensée infinie et informatrice. Car, sans l'entremise de la pensée humaine, la nature serait privée de son modèle et, partant de là, elle ne serait même plus image. Elle resterait privée d'intelligibilité.

La pensée qui s'empare de l'Univers met en lumière la présence entière de l'idéal dans chacun de ses signes, au-delà des contradictions internes du divers

1. *Dialogue sur la pensée*, *œuvres choisies* par M. de Gandillac, *op. cit.*, p. 242.

sensible. Elle construit, elle mesure, elle juge, elle évalue, elle compare et fait ressortir à travers son effort synthétique une unité intellectuelle qui, même si elle n'exprime pas une totalité, toujours inépuisable, parvient à réaliser la participation réelle de l'infiniment imparfait à l'infiniment parfait.

Par ailleurs, la pensée révèle par son travail son pouvoir d'assimilation. Car comprendre signifie s'assimiler et, s'assimilant aux choses, la pensée entreprend un extraordinaire périple hors d'elle-même de manière à s'impliquer en « toute sorte de grandeur (...), de multiplicité (...), de temps (...), de mouvement (...), de composition (...), de diversité (...), d'inégalité (...), de disjonction »[1] tout en restant en elle-même, dans son identité et son unité. La force de la pensée est dans un pouvoir en quelque sorte élastique qui, là encore, permet de passer d'une réalité à son contraire, sans pour autant faillir au principe de cohérence. La pensée créatrice suppose donc la compréhension et l'assimilation des choses mais aussi leur reconstruction,

> le Cosmos étant moins une donnée brute que le fruit d'un travail intellectuel, où seules la mesure et le calcul sauvegardent tout ensemble la variété des phénomènes et leur participation parfaite à la totalité[2].

On le voit, l'opérativité qui fonde une des principales valeurs de l'humanisme, loin de pousser l'homme à un repli sur soi, ouvre au contraire des espaces infinis. Non seulement le travail de totalisation de l'Univers entrepris par l'esprit demeure à jamais inachevé mais ce qui inspire et légitime ses opérations, c'est bien la conscience d'une présence infinie dont le feu absorbe tout sur son passage.

Il ne faudrait donc pas exagérer la valeur de certaines expériences tentées à la Renaissance qui peuvent laisser perplexe quant au bon usage de la liberté. Allusion est faite aux pratiques divinatoires de toutes sortes, nimbées pour la plupart de superstitions (prévision de l'avenir en fonction du mouvement des astres, du vol ou du cri des oiseaux, du lancer des dés etc.) et qui vont parfois jusqu'à l'invocation des démons. Ces pratiques ne sont que le fait d'un Moyen Age tardif et finissant. Découvrant la vastitude de sa liberté, il est vrai aussi que le renaissant prend le risque de s'y noyer. Elle échappe cependant à l'aliénation car l'homme de la Renaissance la rattache toujours à sa source transcendante.

Les expériences intellectuelles d'un Pic de la Mirandole peuvent avoir valeur de modèle. Dans l'œuvre de notre auteur, il est ainsi possible de distinguer deux principaux moments que sépare la date de 1590. Avant celle-ci, l'œuvre de Jean Pic est imprégnée par l'effort héroïque de la réconciliation des doctrines, effort généreux certes malgré ses maladresses, producteur aussi d'un idéal réel de tolérance vis-à-vis des différentes spiritualités. On voit ainsi se côtoyer des pensées hétérogènes et archaïques. A partir de 1490, Jean Pic devient plus dubitatif quant à la valeur des sagesses antiques qu'il invoquait avec tant de ferveur et devient

1. *Ibid.*, p. 264.
2. *La philosophie de Nicolas de Cues*, *op. cit.*, p. 131.

même de plus en plus critique (Cf. les *Disputations*) par rapport à certains textes, comme l'hermétisme si en vogue à la Renaissance.

Nous pourrions résumer ces deux moments par un schématisme volontaire d'une part à la découverte un peu naïve d'une immense liberté de l'esprit qui s'essaye à toutes les expériences, d'autre part à sa restriction en faveur d'une foi chrétienne plus dépouillée et ce, sous l'influence certaine du dominicain Savonarole.

Nul doute que la Renaissance, malgré quelques envolées flamboyantes en direction d'un humanisme proprement païen se réclame d'abord d'un humanisme chrétien là où Dieu et l'homme naviguent ensemble sans que nul capitaine ne soit maître exclusif à bord.

C'est la notion d'image qui nous éclairera sur les rapports entre la créature et son créateur, l'opérativité trouvant son point d'orgue dans ses tentatives de ressemblance avec une image alourdie par la « malice de l'homme, qui de son propre gré se priva des biens dont Dieu l'avait enrichi » [1]. Elle nous aidera aussi à mieux comprendre ce que nous avons qualifié de métamorphose héroïque.

1. *HE*, VII, I, p. 232.

CHAPITRE II

HOMO IMAGO DEI

L'HUMANISME CHRÉTIEN

Beaucoup ont cru voir dans l'humanisme de la Renaissance une inspiration païenne, le syncrétisme parfois hétéroclite d'un Pic de la Mirandole semblant de prime abord conforter une telle interprétation et la célébration de la liberté humaine lui donner un caractère d'irrévocabilité. Mais c'est pourtant faire preuve d'une hâte fort préjudiciable à des auteurs qui ont puisé leur inspiration tout aussi bien dans les vieilles philosophies antiques que dans les textes fondateurs de la patristique grecque, qui ont bu tout autant à la source peut-être trouble des oracles delphiques ou de la sagesse égyptienne qu'à celle du plus pur christianisme primitif.

Pour comprendre cette époque dans toute sa richesse et sa complexité, il convient de la prendre dans toutes ses dimensions, même si pour cela s'impose un effort des plus malaisés pour la pensée conceptuelle. Se démettre des catégories rigides de l'entendement et comprendre la culture du Quattrocento comme voyage dans le temps et curiosité infinie de l'esprit ne peut qu'être utile à une perception plus juste de l'univers mental qui est le sien.

Cette démarche est d'autant plus nécessaire que l'humanisme chrétien, si propre à la Renaissance, est le résultat complexe de cette rencontre entre les systèmes anciens qui ont donné une image très haute de l'homme et manifesté une certaine confiance en sa nature – le miracle humain –, et les idées véhiculées par la culture judéo-chrétienne, plus réservées quant aux capacités réelles de l'homme à fonder par lui-même son salut.

Parmi ces penseurs anciens qui ont célébré la grandeur de l'homme, il faut néanmoins préciser que les Pères Grecs se trouvent en toute première place, Grégoire de Nysse faisant même figure de champion de l'humanisme tant certains de ses textes semblent plaider pour la souveraineté de l'homme.

Autant dire qu'humanisme et christianisme, depuis des temps lointains, ont tendu à composer et se rapprocher comme les deux pôles d'un même idéal, la

Renaissance ne faisant finalement que confirmer un mouvement contemporain du christianisme quasiment primitif. C'est bien l'idée que semble exprimer Eugenio Garin en soulignant que « la célébration au XVe siècle de la dignité humaine reprend (...) les tentatives de synthèse caractéristiques des premières phases de la pensée chrétienne ».

Nous verrons comment Jean Pic assume l'héritage des Pères, notamment de Grégoire, combien certaines de ses formules voient même leur aspect provocant atténué par leur "légitimation" dans des textes chrétiens consacrés par la tradition.

Il n'est guère possible de percevoir l'enjeu théorique de l'humanisme chrétien sans poser au préalable les deux termes qui le composent dans leur confrontation. Car l'humanisme chrétien ne se présente pas d'emblée comme une entité harmonieuse mais résulte, au contraire, d'une tension entre deux visions de l'homme, l'une plaçant en lui un optimisme presque jubilatoire et l'autre proclamant son pessimisme relativement à la bonté de sa nature. Certains interprètes ont même vu une contradiction dans l'expression en considérant ses deux termes dans leur stricte antinomie.

L'humanisme chrétien se situerait plutôt entre deux excès, un humanisme que l'on pourrait qualifier de « naturaliste » selon les termes de Julien-Eymard d'Angers et un christianisme à tendance anti-humaniste. Réalité du juste-milieu, l'humanisme chrétien cherche une formule de compromis entre le trop et le trop peu. C'est pourquoi il juxtapose la reconnaissance de la « suffisance relative » de la nature de l'homme et sa dépendance vis-à-vis de Dieu.

Les querelles délicates qui ont opposé les théologiens sur la grâce et la liberté sont issues en grande partie de cette même tension. En effet, pour l'humaniste chrétien, l'homme peut bâtir son salut par l'usage de sa volonté et de sa liberté propres, avec néanmoins le concours de la grâce suffisante. L'autonomie de l'homme dans l'économie du salut est ainsi réelle quoique limitée par l'initiative divine de dispenser sa grâce alors que, pour une doctrine plus rigoriste, grâce nécessaire et grâce suffisante sont toutes deux incontournables pour la restauration de l'homme déchu, ce qui revient à poser une frontière entre liberté de l'homme et toute-puissance de Dieu. La première ne devant pas empiéter sur le territoire sacré de la seconde, Jansénius, par exemple, tendra à réduire à l'extrême les prétentions humaines d'égaler Dieu dans sa liberté.

La tension inhérente à l'humanisme chrétien est admirablement exprimée par Teilhard de Chardin qui voit en lui le principe salvateur d'un monde contemporain en crise :

> En somme, pour épouser la nouvelle courbure prise par le Temps, le Christianisme se voit amené à découvrir au-dessous de Dieu les valeurs du Monde, – cependant que l'Humanisme est conduit à découvrir au-dessus du Monde la place d'un Dieu. Deux mouvements inverses et complémentaires. Ou

plutôt deux faces d'un même événement marquant peut-être pour l'Humanité les débuts d'une ère nouvelle[1].

Le seul humanisme que notre époque semble pouvoir accepter est celui que tente de réaliser l'humanisme chrétien en s'incarnant, en se convertissant aux espérances du monde et en prenant en compte tout l'humain, dans ses contradictions et sa complexité. La Renaissance a tenté de réaliser cet idéal dans un effort héroïque exprimé par la double passion rabelaisienne pour la vie et picienne pour les idées. En réalité, l'on ne sait plus trop si les idées sont l'expression la plus haute de la vie ou si la vie est l'objet d'étude le plus élevé. Recherche d'harmonie, de complétude et d'équilibre entre le sujet religieux et le monde comme espace vital, le Quattrocento cultive avant tout la passion de l'universel.

L'humanisme chrétien est ramassé dans la formule paulinienne bien connue décrivant les amoureux du Christ comme à la fois « dans le monde et hors du monde ». L'humaniste chrétien est bien l'homme de la dualité assumée. Il n'est pas mystique pour ne pas annihiler complètement l'extérieur, l'appartenance au monde comme corps ou au corps comme monde, en faveur d'une vie contemplative mais, en même temps, quoique créé au milieu du monde et quoiqu'y étant intimement mêlé, il ne se confond pas avec lui et demeure dans un vis-à-vis qui est l'espace de sa liberté et de son indépendance.

Charles de Bovelles, quoique enclin semble-t-il à pratiquer un humanisme pur, est éminemment représentatif de cette tentative d'assumer la complexité humaine dans ses tendances contraires. Dans le *Livre du Sage*, il célèbre résolument la ressemblance du petit et du grand monde :

> Le sage est un homme qui mérite d'être célébré comme un petit monde, fils de ce grand monde qu'est l'univers. Seul en effet le sage s'est composé, développé et accompli à l'imitation du grand monde, seul il peut imiter la nature, seul il conserve toutes ses parties en accord et en proportion avec celles de la nature (...). L'esprit de l'insensé, en revanche, toujours vide, vain, oisif et indécis, jamais ne s'élève jusqu'au grand monde, jamais n'est son égal ni son émule, jamais ne s'accomplit dans une science qui a pourtant vocation d'embrasser l'univers[2].

Mais il apparaît très vite aussi que l'homme, malgré sa fonction de miroir de l'univers, demeure dans une formidable indépendance par rapport aux images sensibles. En effet,

> l'homme n'est pas une chose parmi les autres, nous dit Bovelles, la nature l'ayant façonné et créé par surcroît, pour qu'il devienne le spectateur universel, le reflet et le miroir naturel de toutes choses[3].

1. *Être plus*, Paris, Seuil, 1968, p. 130.
2. *Le livre du Sage, op. cit.*, p. 101.
3. *Ibidem*, p. 177.

La tension entre l'intérieur et l'extérieur apparaît de manière plus marquée aux dernières pages du *Livre du Sage*, comme si le livre même était conçu à l'image de la vie, celle-ci étant mieux exercée et plus prompte à se détacher du monde en sa fin qu'en son commencement. Ainsi après avoir vanté les mérites du microcosme et sa vertu à se convertir en grand monde, Bovelles semble faire un retour en arrière, pour exalter alors la supériorité décisive de l'homme sur toutes choses :

> Tu l'emportes sur le monde; fais plus de cas de te connaître que de connaître le monde. C'est pour toi que le monde a été fait: méprise le monde pour être en commerce plus fréquent avec toi, jouir davantage de toi et davantage demeurer en toi [1].

C'est dire que la quête de l'équilibre entre le dedans et le dehors n'est pas simple. Terrible exigence de l'humaniste chrétien d'être à la fois Protée et Janus, tout en gardant l'intégrité de son identité fondamentale d'image. Celle-ci d'ailleurs est complexe puisqu'elle peut se décliner soit sur le mode du microcosme soit sous la forme de la plus proche ressemblance avec le Christ. Cette dualité de l'image s'est d'ailleurs souvent traduite dans l'histoire de la pensée par la tentation de mépriser le monde.

Le théologien Claude Geffré avait tenté d'expliquer la crise religieuse de notre temps par le désintéressement du chrétien pour les choses d'ici-bas, Dieu devenant pour lui l'alibi de son irresponsabilité par rapport au monde. En ce sens, on pourrait avancer que l'humanisme chrétien, dont la Renaissance nous montre un exemple lumineux, plus qu'une lointaine chimère est une exigence de notre époque. Il demeure ainsi d'une étonnante actualité.

Il faut cependant ajouter que, pour Jean Pic, la formule d'humanisme chrétien ne pose aucun problème. Il l'est naturellement si l'on peut dire, chantant simultanément les louanges des mystères des Égyptiens, des Chaldéens, de la Kabbale etc. comme de la doctrine chrétienne, sans pour autant mélanger les spiritualités ou même faire fi des contingences historiques de chacune. Comme déjà souligné, Jean Pic ne cherche pas à se poser en héraut du syncrétisme, conscient en cela du danger de court-circuiter l'histoire. Or celle-ci, à la Renaissance, prend précisément toute son importance.

G. Gusdorf définit fort justement l'humanisme renaissant par le surgissement de la dimension temporelle qui se traduit par la découverte du passé et la traversée de l'épaisseur historique. Alors qu'au Moyen Age le discours s'exerçait souvent sur un autre discours et ainsi de suite, jusqu'à perdre de vue le texte de référence primitif, l'humanisme, au contraire, veut être en contact direct avec le texte d'origine et le délester de la charge encombrante des discours de énième main. « L'expérience décisive apparaît ici orientée vers le passé et ensemble vers l'avenir. En somme on se met à vivre dans le temps », constate Gusdorf, alors que

1. *Ibidem*, p. 311.

« le Moyen Age a vécu dans une sorte de présent éternel ». C'est cela dont rend compte cette « science de la parole » qu'est la philologie. La parole est alors considérée comme lieu privilégié du surgissement d'un sens constitutif de l'être humain. L'humanisme philologique de la Renaissance, que Jean Pic pratique à sa manière, restitue l'homme au vaste mouvement qui n'en finit pas, depuis des temps immémoriaux, d'engendrer l'Humanité.

Peut-être pourrions-nous comparer l'humanisme chrétien de Jean Pic à la coïncidence des opposés cusaine car il n'implique aucune confusion ou identification des termes mais, selon la formule de Gandillac, il fait jaillir « une force unique », vivifiante pour l'homme autant que régénératrice. Il n'est aucun antagonisme à considérer l'être créé par le Dieu de la Genèse dans la continuité des créations humaines, si éloignées soient-elles dans le lieu, l'espace et le temps car toutes elles témoignent de la splendeur de la nature intellectuelle, sommet de la Création, en qui le Verbe s'incarne. En parcourant les diverses formes de production de la nature rationnelle, il n'y a nulle intention de rivaliser avec le divin. L'humanisme chrétien, ce n'est pas l'humain contre Dieu ou Dieu contre l'humain, c'est la découverte de la dignité de l'homme et de sa liberté de pensée et d'action qui le restitue au véritable rang de créature de Dieu.

Et si Jean Pic fouille si consciencieusement parmi les maîtres de l'Antiquité, ce n'est guère pour sombrer dans un paganisme flamboyant comme un apostat moderne, mais pour baliser la voie de l'homme « second Dieu ». Nulle voix, nul écho ne sont de trop pour permettre à l'homme de gravir les échelons de sa divinisation.

Mais puisque nous avons cité dans un même élan Bovelles, Nicolas de Cues et Jean Pic en matière d'humanisme chrétien, il convient néanmoins d'apporter une précision qui a son importance dans la mesure où elle éclaire encore mieux la complexité de la notion qui nous occupe. En effet, il faut distinguer entre l'humanisme aux relents fortement christologiques dont Jean Pic et Nicolas de Cues sont peut-être les exemples les plus typiques et l'humanisme plus proprement philosophique, moins prompt à "glisser" vers le théologique et à revendiquer la dimension eschatologique de la vie humaine. Il semblerait que ce soit le cas de l'humaniste français Charles de Bovelles dans la mesure où l'auteur du *Livre du Sage* nous paraît mettre l'accent sur l'homme en tant que tel, sur ses propres capacités de connaissance, sur la conscience qu'il a de lui-même et du monde qui l'entoure[1].

Sans être anti-chrétienne, loin s'en faut, l'œuvre de Bovelles tente justement d'épuiser la signification philosophique de l'humanité sans faire appel au transcendant pour justifier telle qualité ou grandeur de l'homme, sans mobiliser la réalité du Verbe incarné pour racheter telle faute ou faiblesse. Il part de l'homme et tente d'y rester jusqu'à ce que la raison intellectuelle, dans la limite de ses

1. *Cf.* Emmanuel Faye, *Philosophie et perfection de l'homme de la Renaissance à Descartes*, Paris, Vrin, 1998.

moyens, en ait sondé toute la profondeur. Dans cette perspective, que représente la figure du Sage sinon celle de l'homme ayant atteint une certaine perfection, celle que sa nature évolutive et dynamique lui commande d'atteindre. Celle-ci au départ, tout comme chez Pic de la Mirandole, est un vide dans l'attente de formes à réaliser. C'est l'intellect, qualité spécifique de l'être humain, particulièrement maîtrisée par le Sage, qui prend en main cette opération, permettant alors à l'homme de connaître et de devenir toute chose.

A travers ce vis-à-vis mondain c'est aussi lui-même qu'il est appelé à connaître. Bovelles reprend d'ailleurs à son compte l'Oracle de Delphes qui exprime ici l'incontournable nécessité pour l'homme d'opérer ce mouvement d'introspection, parallèlement aux pérégrinations de l'âme dans le monde des formes. Se connaître soi-même pour l'auteur, c'est réaliser ce qui nous appartient en propre. D'où une définition de la sagesse, dans un premier temps en tout cas, comme un bien de l'humanité. « La sagesse est cette vertu qui établit l'homme, le contient et le fixe en l'homme », dit-il.

Elle n'est pas aptitude à la contemplation ou à l'adoration mystique mais tout d'abord restitution de soi à soi. De fait, chez Bovelles, l'humanité n'est pas sans cesse ramenée, comme en théologie, à son indignité primitive et à la nécessité de se ressourcer à sa nature d'image de Dieu pour recouvrer quelque valeur.

C'est sur les facultés les plus typiquement humaines que l'auteur concentre donc sa réflexion, facultés qui permettent à l'homme de découvrir, par un mouvement de réflexivité intérieure sa valeur d'homme en tant qu'homme. Sans vouloir rentrer dans le détail du *Livre du Sage* qui risquerait de nous écarter de notre sujet, mentionnons cependant qu'il appartient au Sage de développer tout d'abord vertus morales et intellectuelles afin de conquérir sa dignité humaine.

A cet humanisme philosophique de Bovelles, il convient de confronter l'humanisme plus spécifiquement chrétien ou christologique d'un Pic de la Mirandole ou d'un Nicolas de Cues, tous deux entièrement orientés vers une finalité théologique. Dans l'*Oratio*, par exemple, l'homme est d'emblée situé dans le contexte de sa filiation divine, à travers le fameux discours que lui tient le Créateur, même s'il apparaît ensuite que sa liberté lui confère des pouvoirs infinis. Cette liberté, cependant nous l'avons déjà vu, ne rend pas moins la créature responsable de choisir la voie rationnelle qui convient à son être. Or pour Jean Pic, la connaissance rationnelle qui débarrasse des « vains mirages » de la passion, conduit directement à Dieu :

> Si tu vois un philosophe qui discerne toutes choses selon la droite raison, vénère-le : ce n'est pas un animal terrestre, c'est un être céleste, (...) c'est une puissance divine revêtue de chair d'homme [1].

L'intellect qui permet à l'homme de tout connaître et de s'identifier à la diversité des choses a donc pour vertu de le conduire vers l'Universel qui n'est que

1. *Oratio*, p. 11.

l'autre visage de la Pensée infinie. Tout en gardant sa nécessité, la philosophie demeure chez Jean Pic dans le sillage de la « très sainte théologie ». Parmi les degrés de l'échelle conduisant à la connaissance divine, nous trouvons la morale, la dialectique, la poésie, la philosophie mais c'est la théologie qui se réserve le dernier échelon car la philosophie, si elle orne la demeure de l'âme « d'une beauté princière », la théologie en « festonne le sommet », nous dit Jean Pic dans son langage toujours très imagé.

Dans l'*Heptaplus* il apparaît même que cette échelle joue un rôle tout provisoire puisqu'elle ne concerne que le règne de la nature auquel est associée une félicité dite naturelle mais qui reste bien en-deçà de celle surnaturelle. La félicité suprême consiste donc à quitter l'échelle et à rentrer définitivement dans le règne de la grâce qui est union avec Dieu et « retour de chaque chose à son principe »[1].

Chez Nicolas de Cues, la dimension radicalement christologique de son humanisme se détache encore plus nettement de sa philosophie que chez Jean Pic. L'on se souvient des lignes fameuses du sermon « il a convenu que le Christ souffrit » où il est dit que « ta nature d'homme est dans le Christ beaucoup plus intimement que dans ton frère ». Pour le Cardinal, seule l'Incarnation permet à l'Humanité de se réaliser comme telle, seul le Verbe Incarné rend l'Humanité à elle-même, si l'on peut dire, et à son sens, en lui traçant l'horizon de son salut.

Il est vrai pourtant que l'on peut trouver chez le Cardinal les traces d'une christologie moins excessive quand il semble, par exemple, atténuer la faute d'Adam et reconnaître l'efficacité des efforts de l'Humanité dans sa propre ascension vers l'Infini. Il n'en reste pas moins que le pôle christologique domine sa pensée et que si celle-ci hésite parfois à trouver le juste accord entre l'humain et le divin, la théorie de la docte ignorance laisse le dernier mot qui est l'aveu définitif de nos limites. Tout en étant une connaissance positive et le fruit d'un long parcours intellectuel, la docte ignorance à laquelle parvient le sage cusanien est surtout la révélation de l'impuissance de nos moyens naturels.

On réalise à travers ces développements combien, en effet, l'expression d'humanisme chrétien est ambiguë, qu'elle n'a rien d'immédiat et l'on comprend aussi pourquoi certains s'efforcent d'en éviter l'emploi. Il nous semble en tout cas que Jean Pic et Nicolas de Cues en sont des exemples frappants, même si la vision fortement intellectualiste que se fait le Cardinal des Écritures contraste avec celle plus traditionnelle de Jean Pic, à cet endroit.

1. *HE*, p. 225.

L'IMAGE CHEZ GRÉGOIRE ET PIC

L'image agit comme un ressort fondamental de l'humanisme chrétien. Elle est même l'élément constitutif de l'identité première de l'homme, ce qui distingue radicalement l'humanisme chrétien d'un simple humanisme. Loin d'être une qualité surajoutée de l'extérieur, elle est ce qui fonde l'homme dans son humanité autant que la liberté par laquelle l'homme accomplit sa destinée propre.

Champion, même décrié, de l'humanisme chrétien, Jean Pic nouera ensemble les fils de l'image et de la liberté, fidèle en cela à la pensée des Pères, surtout Grégoire de Nysse dont l'influence sur notre auteur n'est pas négligeable.

Telle que se révèle l'image grégorienne dans son extrême complexité puisqu'elle apparaît comme un état ou une nature en mouvement, le Père Grec autorise déjà, en quelque sorte, à définir la nature humaine comme transformationnelle. Dans le dynamisme propre à l'image pourra s'insinuer, en effet, la plus extraordinaire des métamorphoses qui consiste pour l'homme à passer entièrement en Dieu sans rien perdre de son identité propre.

A cette tension de l'image grégorienne fera écho une autre tension chez Jean Pic, celle qui semble exister entre l'homme sans image des métamorphoses successives et l'homme à l'image du créateur [1]. Cette tension ne génère nulle contrariété. Au contraire, l'on verra que la liberté picienne qui menaçait de générer des formes monstrueuses tant elle paraissait faire fi de quelque limitation que ce soit, ne trouve son sens que dans sa relation avec l'image qui en est d'ailleurs l'exaltation plutôt

1. L'expression d'"homme à l'image de Dieu" ne va pas, elle aussi, sans être problématique. L'on peut, en effet, se demander comment l'homme peut être image de Dieu, ou comment Dieu peut avoir une image. C'est le récit de la Création qui nous présente l'homme et la femme faits à l'image et à la ressemblance de Dieu (Gen. I, 26-27). Or cette ressemblance est à entendre dans un sens moral et spirituel et non matérialiste comme ce fut le cas avec les manichéens contre lesquels Saint Augustin s'éleva avec force. C'est cette parenté spirituelle avec Dieu, et voulue par Dieu, qui fait de l'homme un être à part parmi les créatures du monde visible. Mais encore faut-il préciser ce qui en l'homme a été fait « à l'image de Dieu ». Si nombre d'auteurs ont mis en rapport l'image avec la *ratio* ou la nature raisonnable, il en est d'autres qui l'ont faite correspondre avec la *mens* (*cf.* la tradition augustinienne). Bien-sûr, la *ratio* n'est pas exclue de la *mens* mais celle-ci apparaît comme le sommet de la nature humaine dans laquelle vie du cœur et vie de l'intelligence sont unies en vue de la participation à l'Etre divin. La *mens* est ce qui fait tendre l'homme vers Dieu et le lui fait désirer. Et si la ressemblance est projet humain d'union à Dieu, cela n'est possible que par la Volonté éminente du Créateur. Il faut par ailleurs préciser, afin de mieux comprendre l'expression d' "homme à l'image", que l'image n'est pas une chose mais seulement un signe. Elle manifeste les qualités du Modèle sans pour autant se confondre avec Lui. Il convient d'être attentif au préfixe "à". L'homme n'a pas été créé comme image mais seulement "à l'image". La distance reste maintenue entre l'homme et le Créateur par le péché et la vie du corps. Un auteur comme Origène ira jusqu'à considérer que l'expression est impropre dans le cas de l'homme. En effet, selon lui, seul le Verbe incarné est, au sens propre, image de Dieu et ce, à travers sa divinité seule. Il faut, pour que l'image soit parfaite, qu'elle soit invisible, à l'« image du Dieu invisible ». L'homme, pour sa part, ne sera qu'« image de l'image » ou « selon l'image ». Il n'est pas cette image; il y participe à travers l'âme incorporelle et progresse sur la voie de la ressemblance qui, elle, est déification.

que le frein. Il apparaîtra que c'est à travers sa liberté infinie et ses variations multiformes que le sujet réalise le mieux sa condition d'image du Dieu infini. L'universel auquel conduit la liberté devient ainsi, pour le singulier, la principale condition de réalisation de l'image et de la ressemblance avec Dieu.

S'il est vrai qu'à la Renaissance l'image implose complètement pour laisser l'homme seul face à lui-même et à son image « indistincte », il faut bien voir que c'est en raison d'un déplacement de sens de l'image car, en effet, c'est dans son inachèvement et son indépendance mêmes qu'elle dit son appartenance divine.

L'image du caméléon de l'*Oratio* qui a beaucoup intrigué, en glorifiant l'aptitude humaine au changement, ne faisait on le voit, que préparer certaines pages de l'*Heptaplus* où l'homme, en dehors de ses racines célestes, paraît perdre toutes ses fondations. Le caméléon semble donc être comme la légitimation de la plus haute métamorphose, et non la complaisance à rejoindre des formes indignes de la nature rationnelle. Il fonctionne comme un appel à la générosité, aussi comme une exhortation à abandonner cette forme de vanité qui considère l'essence humaine comme la seule valable.

Dieu, forme des formes, n'ayant aucune forme parce qu'il les possède toutes (cf. chap. théologie négative) est partout présent parmi ses créatures, toutes les formes de la nature étant habitées par sa circularité vivifiante. Face à l'abandon divin d'une forme ou d'un visage, l'homme doit aussi céder de l'orgueil de sa propre forme pour rejoindre l'héroïque et ultime altération de son être, celle par laquelle enfin il voit et prend la main de Dieu.

Le détour par Grégoire de Nysse apportera un éclairage, que nous jugeons utile, sur un auteur dont la fidélité à la foi chrétienne fut exagérément mise en doute. Les croisements de pensée entre le Père Grec et le prince de la concorde sont suffisamment nombreux pour être soulignés, autour notamment des notions d'image, de liberté, et de purification. Cette mise en présence montrera l'étonnante modernité de Grégoire comme elle atténuera le soupçon du prétendu détournement par Jean Pic du dogme chrétien.

Il serait utile avant d'aller plus loin dans l'analyse de l'image chez notre humaniste de revenir aux précieuses réflexions platoniciennes sur le sujet, qui ont marqué d'ailleurs plus d'un spirituel chrétien. En effet, la dialectique de Platon sur l'archétype et l'image interroge toujours la pensée chrétienne, celle-ci soulevant des problèmes philosophiques de même nature, même si la perspective du Père de l'Académie demeure extrêmement idéaliste.

La notion d'image chez Platon obéit à une dynamique complexe car, selon qu'elle est considérée du seul point de vue des réalités sensibles ou de la dialectique verticale qui mène à l'ordre intelligible, elle est soit dépréciée, soit au contraire valorisée.

Le monde sensible représenté dans l'allégorie de la caverne est comme un mur sur lequel se profilent apparences, ombres, mensonges et opinions. A ce niveau les images jouent comme un reflet de la réalité originaire dont elles sont issues mais si lointain qu'elles n'en sont plus que la déformation. Les images de la caverne sont, en ce sens, ce qu'il y a de plus éloigné de la réalité, s'il est vrai qu'entre celle-ci et le monde idéal existe une connivence secrète, un lien vital, comme le veut Platon. L'image seulement sensible représente, si l'on peut dire, l'obscurantisme de l'esprit qui s'arrête à ce qu'il voit et dont la vision se confond avec la seule fonction physique de l'œil.

Mais l'image joue aussi un rôle positif, nécessaire même, pour l'esprit qui cherche l'ascension vers les réalités invisibles. Elle joue comme un support réel et efficace grâce auquel la raison parvient à franchir les étapes de sa remontée. Car les choses étant des copies ou des images du paradigme, il s'institue une relation de ressemblance entre le modèle et l'exemplaire. Pour la raison discursive, il est alors indispensable d'utiliser l'image comme moyen d'approcher la lumière des formes éternelles puisqu'elle lui est semblable en quelque manière et participe quelque peu à son éclat.

Le mythe du Phèdre montre à merveille le lien de ressemblance entre les deux mondes quand l'âme créée se souvient des dieux dont elle avait suivi l'escorte avant de prendre son vêtement corporel. Le moteur de cette réminiscence, ce sont les êtres qui fonctionnent comme une image sacrée de la divinité et contiennent une beauté prémonitoire de l'invisible. D'où le délire d'amour qui s'empare de l'âme et lui fait désirer la remontée vers les idées. Mais cet amour est chose trop élevée pour que n'importe quel objet en soit digne. Il faut prendre garde, nous dit Platon, de confondre l'amour passionnel qui cherche à assouvir le désir du corps, et l'autre amour, l'amour sans nom parce qu'il contient tous les noms de la vertu, parce qu'il élève et unit à la Beauté, parce qu'enfin il est le nom qui sied le mieux à la divinité.

Inutile de reprendre étape par étape le processus bien connu chez Platon de l'élévation de la beauté des corps sensibles aux formes intelligibles. Ce qu'il nous importe surtout de mettre en relief, c'est ce thème d'avant-garde chrétienne, si l'on peut dire, de l'image qui tend à se rapprocher, par imitation, du modèle.

La beauté que l'amant rencontre dans le monde et que lui révèle l'amour est un succédané de la beauté parfaite, de l'idée même de beauté, que les âmes avaient contemplée avant leur chute. Cette beauté-image agit un peu comme une icône. Elle dévoile un ailleurs, autre chose qu'elle même. Considérée en elle-même, cette beauté serait idole car, prise dans les rets du sensible, elle reste imparfaite. Mais dans le même temps, en tant qu'avatar du modèle de beauté, elle est un pont, un passage; elle exprime, fait signe et propose une relation. Dans son délire amoureux, l'âme se souvient, découvre sa parenté et comprend qu'elle doit imiter le dieu que naguère elle avait contemplé. L'image doit essentiellement rester ouverte pour parvenir à sa fonction de transition. Qu'elle se ferme sur elle-même et le désir devient alors esclave de la passion, « rage », « dérèglement », « laideur ». C'est toute une théologie du désir que nous rencontrons là, un désir jamais « apaisé ni par la vue, ni par le toucher d'un corps quel qu'il soit » car ce qu'il désire, c'est « la splendeur de la majesté divine qui se reflète dans les corps »[1].

Les Renaissants ne s'y sont pas trompés – notamment Marsile Ficin – en reconnaissant chez Platon des intuitions pré-chrétiennes très fortes, pour reprendre une expression de Simone Weil. Ainsi Ficin se faisait-il un devoir de revenir à la pensée du philosophe grec, en ayant conscience par ce retour au « divin Platon » de se soumettre à la Providence[2]. On voit en effet l'étroite convergence des thèmes platoniciens et chrétiens de la parenté, du souvenir, de l'amour de Dieu en lien avec l'amour de l'autre, l'élan d'assimilation au monde intelligible par l'imitation de ses formes. Ficin nous dit dans son commentaire que :

> Les amants ignorent ce qu'ils désirent ou ce qu'ils cherchent, car ils ne savent pas ce qu'est Dieu, dont la saveur cachée a répandu dans ses œuvres un parfum très doux. C'est ce parfum qui chaque jour nous excite (...). De là vient également le fait que les amants redoutent en quelque sorte ou vénèrent la présence de l'aimé (...) car ce qui les effraie, les brise et les possède n'est pas humain (...). Cet éclat de la divinité qui brille dans les belles choses contraint les amants à les admirer, à la craindre et à la vénérer comme une image de Dieu[3].

Donc l'amour qu'éveille l'amant rend l'aimé de plus en plus semblable au divin. Les choses du monde, par imitation, en vertu de leur statut d'image, peuvent ainsi devenir ressemblantes à la Forme éternelle.

C'est le *Parménide* qui posera le difficile problème de la participation aux formes. Contentons-nous de le mentionner. La question qui se pose, pour Parménide, est de savoir comment le semblable peut ne pas être semblable au semblable. Autrement dit, comment comprendre que les choses qui ne sont pas les formes – différence de nature – puissent leur devenir semblables. Ou encore, comment comprendre la relation entre le sensible et l'intelligible s'il faut admettre entre eux un lien originel ? Socrate répond que « les formes existent dans la nature comme des modèles; les autres choses leur ressemblent et en sont des imitations, et cette participation des choses aux formes n'est pas autre chose que la ressemblance des unes aux autre » (132 d). Cela étant posé, l'on constate cependant que la question de la nature de la participation reste en suspens.

Le couple image-ressemblance qui est au fondement de la doctrine chrétienne ne va pas lui aussi sans poser le redoutable problème de la participation. En effet, la participation, est-ce l'égalité de l'image avec le Créateur? Y a-t-il par la participation perte pour le Dieu qui communique son être? Quel rapport faut-il voir entre le participant et le participé, rapport d'essence ou d'accident? Quelles sont les conséquences de la participation pour l'image etc.

1. Marsile Ficin, *Commentaire sur le Banquet de Platon*, Discours II, « Des Passions des amants », texte présenté et traduit par Raymond Marcel, Paris, Les Belles Lettres, 1956.

2. Même si ce retour, faut-il le préciser, n'est pas une restitution de la pensée platonicienne mais sa recréation par la mise en présence féconde du paganisme et de la doctrine chrétienne.

3. *Ibidem*.

Quoiqu'il en soit, la convergence thématique du platonisme et du christianisme a ses limites, le monde des idées étant trop abstrait sinon vide de contenu pour être conciliable avec une religion qui a favorisé le règne de la personne jusqu'à faire de Dieu un être de chair et de sang. Le sensible non plus ne fonctionne pas de la même manière dans la mesure où le christianisme introduit une glorification de la Création entière, exaltée plus encore par l'incarnation de l'Homme-Dieu.

Si Platon admet que l'âme est à l'image des idées, le corps est bien loin de participer à ce jeu de ressemblance. Il est vrai qu'il a existé un mouvement chrétien qui ne concevait pas, lui non plus, que le corps soit intégré dans l'économie de l'image [1] mais son influence fut limitée et il demeure relatif à une époque aujourd'hui révolue. Car son principal objectif était, en effet, de réagir aux anthropomorphistes ou humaniformiens pour qui l'homme avait été fait à l'image de Dieu, corps compris.

Là où le platonisme découvre donc un abîme entre le visible et l'invisible malgré les fonctions que peuvent avoir les objets sensibles dans la cognition, l'humanisme chrétien s'efforce de le combler. La dialectique entre microcosme et image ou image du monde-image de Dieu témoigne de cet effort. En effet, comment concevoir l'un sans l'autre s'il est vrai que le microcosme (cf. première partie) est avant tout relation, lieu de convergence de toutes les créatures, lieu de rassemblement. Le microcosme accuse donc son privilège, son rôle de médiation, en vertu de sa participation à la raison divine.

L'homme "à l'image" a ici un réel pouvoir de domination sur les créatures qu'il a pour charge d'intégrer à un ordre surnaturel. Le microcosme n'exprime donc pas seulement le rapport au monde. S'il désigne la ressemblance de l'homme avec l'Univers, il est aussi et avant tout une expérience spirituelle. Partant de là, l'antinomie entre l'image du monde et l'image de Dieu tombe d'elle-même. Il reste une tension peut-être, une dynamique complexe en tout cas, mais il n'y a nul paradoxe à ce que l'homme soit, à la suite du Verbe incarné, le médiateur entre la Création et le divin.

La pureté

La dialectique platonicienne de l'image a influencé la théologie de Grégoire de Nysse dont tout le langage témoigne d'une filiation avec le Père de l'Académie, même si les thèmes platoniciens sont transposés dans l'économie de la Révélation. Une des notions qui traduit de manière évidente cet emprunt, jusqu'au choix même des images, est celle de purification. L'on sait que chez Platon l'âme doit se débarrasser du bourbier du sensible afin de voir la lumière intelligible. Grégoire lui fait écho dans une comparaison semblable lorsqu'il dit dans les *Béatitudes*, par exemple, que la beauté de Dieu est voilée par la boue qui s'est appliquée sur le

1. *Cf.* Robert Javelet, *Image et Ressemblance*, Éditions Letouzey et Ané, 1967.

cœur. Mais chez Grégoire la purification fait de l'âme un véritable miroir à travers lequel l'image de Dieu se reflète. Presque toujours lorsque Grégoire évoque le miroir de l'âme, c'est l'homme à l'image de Dieu qui lui est associé et le surgissement en lui de cette réalité qui infiniment le dépasse. Car il existe un lien inextinguible entre l'image, la purification et la présence même de Dieu, de telle manière qu'il serait presque artificiel d'identifier un rapport d'antécédence entre les trois termes, si l'image n'était primitive pour Grégoire. En effet, l'image est ce qui constitue l'homme avant même qu'il n'ait tenté le moindre effort en propre. Avant même que l'homme ne tende sa volonté, son intelligence et son cœur vers Dieu, il possède déjà cette empreinte qui le rend semblable à ce qu'il cherche. En quoi se fonde d'ailleurs l'exclamation pascalienne : « tu ne me chercherais pas si tu ne m'avais trouvé ». L'image de Dieu en l'homme fait donc partie de sa nature.

Même plus, elle est sa seule vraie nature, la condition animale étant, pour Grégoire, ultérieure, surajoutée et provisoire[1].

Il faut préciser, par ailleurs, que l'image souffre d'une certaine dualité puisqu'elle est, d'une part, déposée dans une nature créée, faible et limitée, alors qu'elle confère à l'homme, dans le même temps, de grands pouvoirs. Appartenant à deux mondes que tout pourrait opposer sans la présence active de l'esprit, l'image oscille sans cesse entre l'oubli et la mémoire, l'oubli de la filiation céleste et la mémoire opérante de celui qui transforme son âme en miroir immaculé.

Les attributs que Grégoire impute à l'image et, qu'à la suite d'Urs von Balthazar nous pouvons résumer en deux essentiellement, sont la pureté et la liberté. Ces qualités mettent bien en évidence l'ambiguïté de cette notion, la première laissant entendre que l'image est un état, une perfection donnée et la deuxième supposant, au contraire, une évolution, un devenir, un progrès. Les Pères de l'Église avaient tenté de résoudre ce dilemme par la distinction entre image et ressemblance.

La première serait une réalité ontologique, donnée, et la deuxième une réalité acquise au prix d'efforts personnels[2]. Mais Grégoire récuse cette distinction car,

1. Dans le *Discours Catéchétique*, Grégoire écrit à ce propos : « De même que quelqu'un qui aurait sur lui une tunique déchirée se dépouillerait de ce vêtement et le jetterait au rebut pour ne plus en voir sur lui la honte, ainsi nous aussi, ayant dépouillé cette tunique morte et laide, faite de peau de bête, dont nous avons été revêtus – j'entends par ces peaux la forme de la nature animale dont nous avons été enveloppés par suite de notre commerce avec la vie sensible – nous rejetons avec elle tout ce qui nous avait été surajouté par suite de cette peau animale. Et ces choses surajoutées à notre vraie nature ce sont l'union des corps », (cité par J. Daniélou in *Platonisme et théologie mystique*, Paris, 1944, p. 61).

2. Sans vouloir rentrer dans l'imbroglio des distinctions qui ont pu recouvrir le couple image-ressemblance dans l'histoire de la pensée religieuse, il importe de préciser néanmoins la valeur de cette distinction. Une majorité d'auteurs du Moyen Age, en voyant dans l'image le sceau de Dieu sur sa créature, semblent l'identifier avec la nature, alors que la ressemblance est du côté de la volonté, de l'honneur et de la vertu. L'on voit l'enjeu de la distinction. Si l'image divine appartient à la nature humaine, par conséquent le péché ne peut la détruire mais seulement la déformer. C'est ce qu'affirme Saint Augustin, par exemple, dans le *De Genesi ad Litteram* ou encore dans le *Trinitate*, en parachevant sa conception par le rapprochement de la structure trinitaire de l'âme avec la Trinité divine. Nombre d'auteurs du XIIe siècle ont repris à leur compte cette conception qui identifie,

dans la mesure où il définit l'image à la fois comme dynamisme et comme réalité inhérente à l'homme, la contradiction se dissout d'elle-même. Par ailleurs, comme déjà vu, l'âme ayant une empreinte divine en elle, la ressemblance appartient déjà au domaine ontologique. Il est donc quasi indifférent, dans l'optique de Grégoire, de parler d'image ou de ressemblance.

Revenons quelque peu sur la notion si importante de miroir de l'âme et son corollaire – la pureté – qui, comme nous le verrons, a des incidences très fortes chez Pic de la Mirandole. Grégoire insiste sur l'inaccessibilité et la transcendance d'un Dieu nimbé de ténèbres. L'unique moyen de le voir et de le connaître s'effectue par un retour sur soi et une concentration particulière sur l'âme comme image. Car l'image est l'unique indice de parenté entre Dieu et l'âme. La contemplation du divin n'est possible qu'à travers elle. Cependant, voilée par la laideur du péché, la « rouille » de l'orgueil, le tumulte des vanités, l'image ne peut révéler sa filiation qu'après un long travail de restauration, de réhabilitation. Pour utiliser un vocabulaire kierkegaardien, nous pourrions ainsi dire que l'image-miroir n'est pas un présent sans cesse actuel mais une « immédiateté devenue ». « Immédiateté » du fait de la réalité ontologique de l'image – elle est en effet constitutive de la nature humaine –, et « devenue » en raison des efforts qu'elle appelle.

La passivité que risque d'induire la notion de miroir est donc très éloignée de la pensée de notre auteur. En aucun cas il ne s'agit de contempler l'image reflétée par le miroir comme un spectacle. Bien au contraire, le miroir est un miroir actif qui

d'ailleurs, l'image à la nature et la ressemblance à la trinité. Il est aussi des auteurs qui ont revendiqué la distinction entre l'image et la ressemblance en situant dans la première la rationalité et dans la seconde la recherche de la justice divine (*cf.* Rupert), l'une étant une réalité ontologique et l'autre le fruit du mérite, mais aussi de la grâce. Comme le dit Hugues de Saint-Victor, « l'homme fut fait à l'image et ressemblance de Dieu, parce que dans l'âme – qui est la partie la meilleure de l'homme ou plutôt qui était l'homme lui-même – furent l'image et la ressemblance de Dieu. L'image selon la raison, la ressemblance selon la dilection ; l'image selon la connaissance de la vérité, la ressemblance selon l'amour de la vérité » (cité par R. Javelet, *op. cit.*, p. 218, dans le chapitre sur l'image et la ressemblance. L'on ne saurait trop recommander l'ouvrage de cet auteur pour la formation historique du thème). Le rapport qui existe, ici, entre l'image et la ressemblance est le même qu'entre raison et spiritualité. Autre précision importante : la vertu dont il est question dans la ressemblance relève non seulement de la volonté mais aussi et surtout de la notion platonicienne de participation qui suppose une action efficace du modèle sur les images. L'on doit aussi mentionner l'importante dialectique entre l'image et la liberté : l'école cistercienne situe l'image dans le libre arbitre et la ressemblance dans deux autres formes de liberté, la liberté du conseil et la liberté du complaire. Ces deux dernières libertés peuvent être diminuées ou perdues, contrairement à la première qui est inséparable de l'image. En procédant ainsi, Bernard sauvegarde la réalité de l'image pour le cas où l'homme opterait pour la dissemblance. Par la distinction entre l'image et la ressemblance, l'accent est donc généralement mis sur la "collaboration" entre Dieu et l'homme, Dieu faisant don de l'image qui, elle, conditionne la possibilité de l'union au Créateur par un choix libre. La ressemblance reste de l'ordre du possible car elle est enclenchée par le libre arbitre mais elle requiert aussi le secours divin. En résumé, distinguer l'image et la ressemblance revient à distinguer la nature et la grâce, et à montrer que l'homme à l'image de Dieu n'est pas une nature immuable mais qu'il est engagé dans une histoire, qu'il a une destinée spirituelle.

suppose des efforts de la vie intérieure en vue de la purification. Car ce n'est qu'une fois lavée de ses tâches que l'âme devient miroir et qu'alors Dieu peut se refléter en elle et manifester sa présence.

> L'âme qui s'est bien préparée à son rôle et a rejeté toute souillure matérielle, a reçu comme une empreinte en elle, toute pure, la figure de l'incorruptible beauté. C'est donc le miroir libre et animé qui prononce ces mots : "Puisque de toute ma surface je regarde vers le visage de mon bien-aimé, la beauté de sa forme apparaît tout entière en moi" [1].

J. Daniélou met cependant en garde contre la tentation de croire que la divinité est intrinsèque à l'âme. Mal interprété, le travail de purification peut en effet laisser penser que Dieu est enfoui sous la boue accumulée sur l'âme et, qu'une fois cette boue ôtée, Dieu apparaîtrait comme par miracle. D'où la remarque de Balthazar selon laquelle

> la restauration (de l'image) est moins une œuvre de découverte qui, une fois achevée, rendrait inutiles les instruments de travail, que l'effort du travail lui-même [2].

Le miroir de l'âme joue de manière plus complexe chez Grégoire et c'est l'activité intérieure qui est plutôt le temps fort de son processus de pensée car elle suggère ce mouvement de liberté, cette initiative de se tourner vers Dieu, sans laquelle, d'ailleurs, il ne se manifesterait pas. Ainsi la purification signifierait plus la présence même de Dieu que la condition de son surgissement. C'est la volonté de chercher et de voir qui amène la pureté laquelle est déjà présence. En un mot, la ressemblance n'est pas enfouie en l'âme puisque le miroir n'est rien en lui-même. Seul le désir de se tourner vers Dieu fonde et justifie le thème du miroir de l'âme.

La liberté

La deuxième caractéristique de l'image chez Grégoire est la liberté qui l'oriente vers un dynamisme et une marche continus. Cette ouverture de l'image résulte du fait que l'archétype divin n'est pas coupé du monde créé. Il a au contraire déposé tous ses biens en l'homme. Celui-ci, les ayant à sa portée, peut participer quand il le désire à la divinité, comme la pureté, véritable chemin vers la connaissance de Dieu, le laissait déjà entrevoir.

> A la nature humaine ainsi créée Dieu donne part à tout bien. Car si la Divinité est plénitude de tous les biens, et si l'homme est à son image, c'est bien dans cette plénitude que l'image trouvera sa ressemblance avec le modèle. Il y a donc en nous toute sorte de bien, ainsi que toute vertu, toute sagesse, et tout ce que l'on peut concevoir de mieux [3].

1. Grégoire de Nysse, *Le Cantique des cantiques*, Paris, Migne, 1992, p. 295.
2. *La philosophie de l'image*, *op. cit.*, p. 97.
3. *La Création de l'homme*, Paris, Desclée de Brouwer, 1982, chap. 16, p. 97.

Cette participation issue d'un choix du libre-arbitre aboutit chez Grégoire à une identité formelle entre l'âme et Dieu. Nulle fusion puisque la distance demeure insurmontable mais lorsque l'âme découvre sa source l'on assiste comme à une unité, une plénitude de tout l'être, résultant d'un équilibre extraordinaire entre l'illimité et le limité, l'Infini et le fini.

La liberté est au centre de l'anthropologie de Grégoire, comme sa source de lumière, car c'est à travers son libre arbitre que l'homme manifeste sa parenté et sa ressemblance avec Dieu.

> En ce qui concerne l'âme, sa royale élévation apparaît bien dans son indépendance et son autonomie : c'est son propre vouloir, comme celui d'un empereur, qui organise son administration intérieure [1].

Grégoire justifie d'ailleurs le fait que Dieu ait doté l'homme d'une nature animale ou de ces « tuniques de peau » par sa volonté de ne pas porter atteinte à la liberté. C'eût été anéantir l'image divine en l'homme. Les tuniques de peau qui traduisent la condition mortelle et la nature sensible de l'homme manifestent en réalité la bonté de Dieu. Car, en effet, selon Grégoire, la dualité de la nature humaine (divine et animale) est ce qui permet à l'homme, après s'être fourvoyé dans le péché, de choisir à nouveau la vertu contre le vice. La nature sensible comporte ainsi un aspect positif : par elle, l'homme fait l'expérience du péché, de l'amertume et de la tristesse qui en peuvent découler. Il ressent alors une sorte de nostalgie pour son état primitif de pureté et se sent embrasé du désir de le reconquérir, de son plein gré. Grégoire explique que « ce sont les choses mêmes que l'on voit en Dieu qui resplendissaient aussi dans l'homme : il reproduisait la beauté de l'archétype par l'*apathéia*, la béatitude, l'incorruptibilité. Mais l'homme ayant préféré le plaisir charnel à la vie spirituelle, Dieu (ne voulant pas le ramener de force au bien, ce qui eût été détruire la liberté et donc l'image divine elle-même) utilisa cette disposition au moyen des tuniques de peau » [2]. Les tuniques impliquent donc une vulnérabilité qui est aussi et surtout le fait du libre arbitre.

Confrontation avec Jean Pic

Les thèmes de purification de l'âme et de liberté, chez Grégoire, s'entrecroisent avec la pensée de Jean Pic et apportent un éclairage utile sur la notion mirandolienne d'image.

La question de l'image chez Jean Pic se complique et s'enrichit par la théologie et l'anthropologie négative qui la sous-tendent, dans la mesure où nous

1. *Ibidem*, chap. 4, p. 45.

2. *Le traité sur les morts*, cité par J. Daniélou, *op. cit.*, p. 64. Nous retrouvons la même idée chez J. S. Erigène, lecteur et traducteur de Grégoire de Nysse. Ainsi pouvons-nous lire dans le livre II du *Periphyseon* : « Dieu a agi ainsi par une sorte de pédagogie ineffable et de miséricorde incompréhensible, afin que l'homme qui, par le libre arbitre de sa volonté, avait refusé de se maintenir dans la dignité de sa nature, puisse, une fois instruit par ses peines, rechercher la grâce de son Créateur (...) » (540C-540D, p. 304).

sommes dans la perspective d'un "sans image" à l'endroit de Dieu comme de l'homme. Il était apparu en effet que Dieu, Forme universelle ou Forme des formes, ne pouvait s'accommoder dans sa réalité infinie d'aucun nom, d'aucune attribution. Par conséquent, l'image que renvoie un tel Dieu ne pouvant qu'être brouillée, trouble et sans contours, l'on ne peut que se demander comment il est possible pour l'homme de se conformer à un tel modèle. L'effort humain qui tend à réaliser l'image d'une nature créée à la ressemblance du Créateur semble devoir s'ouvrir sur le vide et l'impuissance du cœur : l'homme a beau chercher à voir dans le miroir de son âme, il ne rencontre que néant et absence. La toute-puissance de Dieu au XVIe siècle se manifeste ainsi à travers un excès divin, synonyme, paradoxalement, de retrait.

Au Dieu sans image correspond chez le Mirandolain un homme sans image, aspect fondamental de son anthropologie. L'homme sans image est celui qui se déleste d'une supposée essence et s'engage résolument dans le monde des formes, pour éprouver l'infini de ses possibilités. Engagé dans le devenir et la mouvance des choses, là aussi, l'on ne peut que s'interroger sur ce qu'il advient du thème de la ressemblance. Les métamorphoses successives ne risquent-elles pas de transformer l'indétermination primitive de l'homme en fatalité absurde si celui-ci s'installe au bout du compte dans une nature indistincte ?

Qu'en est-il donc de la réalisation de l'image si d'une part l'homme risque de dissoudre son être dans une transformation sans fin et si d'autre part le Modèle divin auquel il s'agit de ressembler est impalpable ? Dans quelle mesure peut-on affirmer que l'homme à l'image indistincte peut et doit être à l'image de Dieu sans faillir au principe de non-contradiction ?

En réalité, il s'agit d'un faux dilemme. Un faux dilemme dès lors que l'on pose deux paramètres essentiels :

D'une part l'image indistincte que pose l'*Oratio* n'est pas une finalité en soi. Elle est au contraire le point de départ qui fonde sans doute la dignité de l'homme mais ne le dispense pas de réaliser sa ressemblance avec Dieu.

D'autre part l'image ne trouve son sens que dans et par la liberté, ce qui fait de l'image un pouvoir et justifie l'être en devenir. C'est une image paradoxale qui réalise sa ressemblance par la créativité.

Ce qu'il s'agit de voir, c'est que la qualité d'image indistincte ne contrarie en rien le fait d'être à l'image. Bien au contraire, elle n'en permet que mieux la réalisation si l'on considère l'absence de nature déterminée pour l'homme, et le dynamisme qui en résulte, comme un moment purificateur. C'est le sens que peuvent prendre les métamorphoses qui font sortir l'homme de lui-même, dans un sens proprement eckhartien si l'on peut dire, non pour qu'il se perde et mette en danger son intégrité mais bien pour retrouver l'unité supérieure de son être. C'est en renonçant à son égoïté et à l'encombrement des images du dehors qu'il retrouve l'image qui lui appartient en propre. « L'homme n'a pas d'images en propre, mais il en a beaucoup d'étrangères et d'adventices », lit-on dans l'*Oratio*[1].

Quelle est la signification de la recherche de pureté chez Grégoire sinon ce désencombrement des ronces du cœur que sont les images du monde ? Arrachées, brûlées, le cœur se libère et respire ; Dieu, pourtant si inaccessible chez le Père Grec, se fait présence lumineuse.

Tel est peut-être le sens ultime des métamorphoses de l'esprit : la recherche de l'état de pureté nécessaire au surgissement de la divinité. Peut-être la créature peut-elle se prendre au jeu des transformations, et s'en réjouir, et s'en contenter, mais en réalité elles ne sont que passage, que pont ou échelle de Jacob.

Nous trouvons dans l'*Oratio* une insistance particulière sur le thème de la pureté qui nous révèle que son croisement avec la pensée de Grégoire n'est pas fortuite. En réalité, la purification chez Jean Pic constitue le premier degré d'élévation à la connaissance de Dieu, précédant l'union mystique. Dans son langage symbolique inspiré ici de la *Hiérarchie céleste* de Denys, la purification est représentée par les Trônes dont l'assise solide dit tous les bienfaits de l'activité morale, alors que les Chérubins et Séraphins sont associés à l'illumination et l'union avec Dieu, qui sont les deux degrés suivants de la progression spirituelle. Le Trône qui « se dresse dans la fermeté de la justice », le Chérubin qui « resplendit de l'éclat de l'intelligence » et le Séraphin qui « brûle du feu de la charité » constituent une triade angélique « occupant la première place à la cour de la divinité suréminente »[2]. Mais pour ce qui est du thème de la pureté nous lisons dans l'*Oratio* :

> Nous purifierons notre âme en la lavant des souillures de l'ignorance ; (...) lavons-les (les mains impures de l'âme) dans la philosophie morale comme dans un fleuve de vie, pour n'être pas rejetés au bas de l'échelle comme profanes et souillés[3].

Et plus loin dans un discours fort imagé où l'auteur décline une métaphore lyrique, nous trouvons une insistance particulière sur

> le devoir de purifier les souillures de nos yeux (...), de diriger droit leur regard vers le bien par la dialectique comme par un cordeau boréal (...) afin que nous puissions supporter sans fléchir, comme des aigles dans le ciel, les rayons fulgurants du soleil de midi (...), ce lieu où il n'y a pas de place pour les esprits impurs[4].

L'anthropologie négative de Jean Pic prépare donc le terrain de l'image plus qu'elle ne le mine dès lors qu'on la considère comme étape purificatoire. De plus, la tension entre la réalité positive de l'image et celle de l'homme sans image que promeut Jean Pic s'évanouit quand le sens de l'image s'enracine dans la liberté : étant ouverte et le modèle infini, l'image s'accommode de plus d'un dilemme.

1. *Oratio*, p. 11.
2. *Oratio*, p. 15.
3. *Ibidem*, p. 19-21.
4. *Ibidem*, p. 35.

La liberté est donc cet autre fondement essentiel de l'anthropologie picienne et sa relation avec l'image fait surgir, là aussi, la proximité de la pensée grégorienne. Dans l'*Oratio* nous l'avions vu se déployer comme force créatrice dans toute son amplitude alors que l'*Heptaplus*, même s'il demeure allusif, insiste sur la nécessité de la grâce sanctifiante sans laquelle l'homme demeure cloué au pilori de son impuissance.

En quel termes poser chez Jean Pic le rapport entre l'image et la liberté sans forcer ou simplifier une pensée complexe? S'il est banal de dire que la liberté infinie, qualifiée de prométhéenne par certains, trouve sa limitation chez Jean Pic dans la réalité de l'image, il nous semble plus juste d'affirmer que l'homme, à travers sa pensée créatrice et sa liberté d'invention de lui-même, témoigne de sa filiation divine. Jean Pic ne peut qu'acquiescer à la formule grégorienne selon laquelle « la nais-sance spirituelle est le résultat d'un choix libre. Nous nous créons nous-mêmes tels que nous voulons être ». Cela est si vrai que même le choix du mal révèle, quoique de manière inversée, la réalité de l'image. Pouvoir ou vouloir se tromper, cela aussi c'est être libre, c'est être en quelque sorte de connivence avec le tout-puissant que de laisser sa propre marque, bonne ou mauvaise, sur les choses.

Si l'on précise cela, c'est afin de ne pas "diminuer" la liberté picienne et de ne pas épuiser trop vite tout son sens dans et par l'image. Car, avant de découvrir le germe divin qui est en elle, elle s'éprouve toute nue comme une force, un pouvoir, pas encore comme la marque brûlante de l'Infini.

L'homme face à sa liberté ne peut être tout d'abord que craintif, se demandant comment maîtriser un tel pouvoir. Il ne sait pas encore que ce langage qu'il doit apprendre est celui de Dieu, comme il n'entend pas ce discours effrayant que lui tient le Créateur : « Je ne t'ai donné ni place déterminée, ni visage propre, ni don particulier ô Adam… ». En réalité il a donné bien plus que cela, il a donné la force de faire et de défaire le monde, de le recréer aussi et donc la capacité d'égaler l'inégalable. En cela se fonde l'extraordinaire libéralité mais aussi vulnérabilité de Dieu lui-même. Car même les dieux peuvent être trahis[1].

Ces quelques réflexions s'éclairent si on les centre autour de la vaste notion de nature. L'on peut en effet se demander quelles sont les conséquences de l'image et de la liberté sur la nature. Y a-t-il rapport d'antériorité entre les termes par rapport au concept de nature ou au contraire en sont-ils une détermination primitive? Qu'est-ce que la nature elle-même, une essence, un idéal ou un état plus ou moins malheureux car opposé à la surnature? L'image est-elle une émanation de la nature, et si oui, de quelle nature?

1. Dieu établit une filiation avec l'homme en lui faisant don de l'image. Si l'homme choisit de s'éloigner de l'image, qui est sa vraie nature, Dieu "prend le risque" de voir son don refusé et l'image couverte de boue. La trahison passe ainsi par le péché ou par l'oubli. Maître Eckhart écrit magnifiquement que l'homme a en son pouvoir de « donner de la joie » à l'Eternel. Sans doute, aussi, a-t-il le pouvoir inverse, sa liberté lui permettant de dresser sa volonté contre celle du Créateur. Le mystère du Christ en croix exprime puissamment l'idée de la "fragilité" de Dieu.

Il est difficile d'établir une théologie de l'image chez Jean Pic puisqu'il n'en fait pas un exposé systématique. Nous disposons néanmoins d'indices précieux qui nous laissent croire que l'image n'est pas contenue dans la nature comme une qualité incontournable. Elle est plutôt de l'ordre du délibéré, effort de la volonté, couronné par le don de la grâce. L'homme est donc image comme effort. En effet, en elle-même l'image n'est rien. Elle ne se manifeste qu'à travers les actes libres de chaque homme.

Il est par ailleurs impossible de donner un contenu au concept de nature, chez Jean Pic, puisqu'elle n'est guère concevable hors le dynamisme que lui confère la liberté. Elle serait plus proche d'une anti-nature car sans cesse versatile et soumise au changement. Pour Jean Pic, c'est l'homme qui crée sa nature. La nature procède d'un choix, d'une liberté, et c'est sans doute cela l'élément le plus original de la pensée du Mirandolain. Avant d'avoir créé l'homme à son image, Dieu l'a créé libre, rendant tributaire la possibilité de ressemblance d'un acte délibéré. Car qu'est-ce que cette image, en effet, sinon celle qui dort au fond de la "nature" humaine, reste du domaine du possible et ne se découvre pas ?

Si tout homme a les moyens de réaliser sa filiation, seul celui qui les met en œuvre mérite sa qualité d'image.

Nous ne pensons pas que la conception picienne de l'image soit en contradiction avec la doctrine traditionnelle mais comme souvent, chez notre humaniste, n'ont de valeur que les fruits de la conquête, du travail, de la lutte, du mérite.

Grégoire avance une idée très proche lorsqu'il dit que l'âme n'est pas, par nature, semblable au divin et qu'elle ne contient pas en elle ses vertus. C'est par sa liberté que la créature reflète là aussi sa filiation, comme par sa décision autonome de réaliser la ressemblance divine et de se façonner selon les exigences de sa propre nature.

En se tournant vers la pureté du miroir de l'âme elle reçoit néanmoins la grâce nécessaire pour connaître et aimer Dieu. La liberté et la grâce cohabitent pour la conscience chrétienne dans un mystère lumineux. Mais il faut néanmoins préciser que la notion de nature chez Grégoire de Nysse, et les Pères Grecs en général, a un sens différent, voire opposé à celui que lui prête la modernité. Grégoire indique explicitement que la vraie nature de l'homme est primitive, qu'elle est au commencement et se confond par là avec l'image de Dieu. La nature, c'est ce qui est pur et le plus apparenté au divin. De ce fait, la pesanteur du sensible est surajoutée à la nature, elle n'en fait pas intrinsèquement partie. Endre von Ivanka relève très justement que

> est considéré comme "nature" de l'esprit humain, non ce qui apparaît de façon factuelle et universelle dans l'existence concrète, terrestre, mais la réalité suprême, celle qu'il n'est pas capable d'atteindre par ses forces réelles, mais seulement selon sa destination surnaturelle, avec l'aide de la grâce [1].

1. *Plato Christianus, La réception critique du platonisme chez les Pères de l'Église*, Paris, PUF, 1990.

La nature est alors comme un idéal qu'il faut reconquérir anneau par anneau sur la vaste chaîne qui la lie à l'ordre surnaturel, pour que l'homme redevienne conforme à son état primitif.

L'on peut se demander si chez Jean Pic le concept de nature ne revêt pas un sens quelque peu similaire. La nature, on l'a vu, n'est pas de l'ordre du contenu ou de l'essence pour notre humaniste; elle désigne plutôt les aptitudes propres à l'homme. En effet, la nature n'est pas ce qu'il possède en propre mais ce que lui seul peut réaliser. Comprise ainsi, la nature semble devoir rejoindre, aussi, non le donné factuel que l'on entend communément sous ce terme, mais cette réalité idéale qui correspond aux plus hautes aspirations de l'humanité. La nature picienne, comme chez les Pères Grecs, serait cette réalité immaculée du commencement, malmenée par les diverses turbulences consécutives aux décisions du libre-arbitre. Elle est ce point d'origine auquel l'homme n'a de cesse de tendre. Elle est l'homme accompli, au visage achevé et à l'image claire. Il y a plusieurs occurrences dans la Préface de l'*Heptaplus* (VII) qui invitent à interpréter le concept en cette direction. Car si la nature n'est pas une essence, quelle est-elle si l'auteur juge bon de l'appliquer à l'homme avec tant d'insistance ? Ainsi pouvons-nous lire :

> Il y a une félicité à laquelle nous pouvons *parvenir par nature* (...). *L'homme en tant que nature* répand la félicité naturelle aux autres (...). La raison de la félicité se diversifie suivant *la capacité des natures* (...). L'homme seul et l'ange *sont faits pour* jouir de cette félicité (...). Refuser les biens de Dieu, c'est violenter *la nature* [1].

La nature apparaît donc comme un moteur, puisqu'elle est à l'origine du dynamisme de l'image. L'auteur le dit bien, elle définit une “capacité”, une aptitude, un mouvement. Non seulement elle ne s'oppose pas à ce qui fonde la *dignitas hominis* mais elle permet au contraire le déploiement de la liberté.

Quoiqu'il en soit, les deux ordres naturel et surnaturel sont soigneusement distingués. Nulle confusion abusive comme certains ont voulu le croire entre ce qui relève de l'activité proprement humaine et ce qui reste le privilège de Dieu. L'image est certes comprise comme un pouvoir laissant à la liberté toute son autonomie et ce d'autant plus que c'est l'activité du libre arbitre qui manifeste l'appartenance au règne divin. Mais il n'en reste pas moins que la liberté seule ne peut, par ses propres moyens, faire le saut final par lequel se trouve renouvelée l'union de la créature avec son Créateur. En effet, il faut admettre ce paradoxe fécond sous le mode du mystère, celui qui rassemble la liberté et la grâce, l'autonomie et la dépendance, la force d'auto-création qui fait de l'homme presque l'égal de Dieu et son extrême impuissance. Là encore la docte ignorance du Cusain qui trouve dans la coïncidence des opposés une des plus hautes formes de connaissance nous semble être d'un grand secours.

1. Il est à signaler que les italiques sont de l'auteur.

Mais interrogeons quelque peu les textes du Mirandolain pour entendre sa voix sur le chapitre d'une théologie dont l'orthodoxie fut tant décriée. Dans la préface du dernier chapitre de l'*Heptaplus*, nous trouvons de nombreuses occurrences qui confirment la déréliction de l'homme. Celui-ci se fourvoie à épuiser ce qu'il croit être la félicité dans l'ordre naturel. Prenant à témoin les philosophes dont l'effort est de raisonner sur la nature, Jean Pic nous dit que

> attendu que les choses qui sont au-dessous de l'homme ne dérogent jamais de la fin instituée par la nature, tandis que l'homme le fait presque toujours, l'humaine condition semblera la plus misérable de toutes, si elle ne se vante d'un autre privilège[1].

La nature humaine ne peut se délier de sa fin surnaturelle impunément. Le bonheur suprême étant pour l'âme de rejoindre le principe et de participer pleinement à ses biens, elle doit rassembler ses forces en vue de ce retour. Cependant les forces naturelles sont insuffisantes à pratiquer les voies de Dieu. Non seulement faut-il une initiative divine, un don qui vienne pallier les insuffisances de la nature, mais encore faut-il pour l'homme le recueillir et recevoir.

Ce don ou cette grâce, Jean Pic exprime sa nécessité sans ambiguïté aucune. Aussi lit-on dans la Préface toujours :

> "Il y a une félicité à laquelle nous pouvons parvenir par nature, et une autre que nous acquérons par grâce". Et plus loin : "Cruels contre nos âmes, ingrats à l'endroit de Dieu le Créateur, ne rejetons pas, je vous en prie, les dons divins". Ou encore : "Ce rayon, cette vertu divine, cette influence, nous l'appelons la grâce, pour autant qu'elle rend l'homme et l'ange agréables à Dieu".

C'est en réalité la collaboration intime de la nature et de la grâce qui permet de réaliser la félicité surnaturelle car le don n'est rien sans la libre-volonté de s'y ouvrir et d'y consentir. « La nature est l'ébauche et le dégrossissement de la grâce »[2], nous dit Jean Pic. Cependant la grâce n'est en rien dans la continuité de l'activité naturelle de l'intelligence. Elle introduit une rupture qui est bien la marque des limitations de la nature, malgré l'importance de celle-ci dans la réceptivité du don. Ce n'est guère par un effort continu de la nature intellectuelle, comme chez Platon par exemple, que la transcendance est ramenée au créé. C'est une fois accompli le travail préparatoire de la connaissance philosophique que l'intelligence peut s'ouvrir à la Révélation et concentrer alors ses efforts autour de la personne du Christ.

Pour terminer ce chapitre sur l'image, interrogeons-nous donc sur son lien avec ce que nous appelons la métamorphose héroïque, sur l'absolue connivence de l'image mobile des transformations progressives avec l'image divine, immuable dans sa perfection. En quoi le fait d'être créé à l'image invite-t-il à considérer la forme humaine dans un achèvement tout relatif, sentiment conforté

1. *HE*, p. 228.
2. *Ibid.*, p. 232.

par la présence divine dans toutes les formes de la nature? En quoi aussi la métamorphose modifie-t-elle l'image que l'homme a de lui-même, avec ce que cela suppose de fascination indue pour la forme humaine en tant que telle. L'on connaît l'ouvrage virulent de Bruno, la *Cabale du cheval Pégase*, qui confère à l'âne une sagesse et une précision de jugement dont l'homme est tristement démuni. L'auteur repousse très loin les frontières entre les formes, de manière à destituer l'homme de sa place prééminente et à le mettre même à l'école des bêtes pour gagner en vertus. Leçon d'humilité, critique sévère d'un anthropomorphisme abusif ou ironie mordante vis-à-vis de l'orgueil démesuré de l'homme, il est difficile de situer exactement les intentions de Bruno. En tout cas, sa *Cabale* a le mérite de bouleverser entièrement toute hiérarchie entre les êtres et de poser sans détours la légitime question de la prééminence de la forme humaine.

Nous l'avons déjà vu, il existe deux manières antagonistes de considérer l'image : l'une considère la nature humaine au sens ancien du terme et invite l'homme à sortir de lui-même afin de retrouver un état originaire de perfection, et l'autre émanent d'une fascination négative que l'homme a pour lui-même. Dans ce second aspect, l'image, on s'en doute, érige des clôtures autour de l'égoïté qui se considère prétendument comme centre du monde, au détriment des "droits" de Dieu sur sa Création. Faire de l'âne une créature docte rappelle peut-être combien les aventures de l'esprit s'accommodent peu de l'enflure d'une égoïté qui tire vanité d'une supériorité indue. La métamorphose à laquelle pousse la situation d'image créée de nature divine déracine le moi de ses attachements mondains. Réaliser en soi l'image divine, c'est se purifier avant tout des images trompeuses et des miroirs flatteurs qui enjolivent la difformité de l'intérieur. Car ce qui se donne pour forme parfaite n'est peut-être que le maquillage de l'informe et du monstrueux. En cela, la forme humaine a tout intérêt à quitter la terre ferme de ses habitudes et de conquérir, par ses voyages intérieurs, ce qui n'existe encore qu'à l'état d'ébauche ou de rêve surhumain. Bien au-delà des transformations fantaisistes qui font passer au gré de l'imagination d'une forme à une autre au détriment de la nature humaine comprise comme idéal (que l'on pense aux monstres et autres prodiges soigneusement répertoriés à la Renaissance ou à certaines expériences de croisement contre-nature réalisées par Léonard de Vinci, par exemple), la métamorphose qui est notre propos est l'authentique aventure spirituelle qui conduit dans les contrées les plus dépaysantes et pourtant familières du cœur. Son moteur, c'est ce que nous trouvons dans le *Cantique des Cantiques* de Grégoire, dans cet

> "Encouragement à avoir soif, à boire et à s'élancer vers lui", c'est le Verbe qui "s'adressant à l'âme vise à stimuler, à provoquer le désir de biens plus grands" et l'exhorte sans cesse à "progresser en s'élançant de ces montagnes vers d'autres et en se levant par l'action de la connaissance" [1].

1. *Homélie*, 8, p. 181.

Ce Dieu qui est lui-même Formes des formes, infini, sans nom ni image qui lui puisse convenir, montre indirectement à l'homme la voie à suivre : échapper à lui-même pour s'élever à l'union mystique avec la forme éternelle.

Échapper à soi, c'est refuser ses insuffisances; c'est refuser aussi sa forme propre si elle empêche de « s'élancer de ces montagnes vers d'autres », et si elle implique, dans son orgueil, le rejet de la pluralité des formes par laquelle pourtant se décline aussi l'esprit; c'est refuser enfin l'être achevé qui s'oppose à l'être du passage et du devenir. En ce sens, l'homme polymorphe et transformationnel est, au sens cusanien du terme, l'homme conjectural animé du seul désir de servir de passage en engageant sa liberté dans la recherche de la forme la moins imparfaite et la plus jubilatoire, à l'image de cette image indistincte de par son excès d'être.

Car enfin l'être par excellence de la métamorphose, c'est Dieu lui-même. C'est Dieu en qui cohabitent, contre toute raison, nature et surnature, c'est Dieu qui par l'incompréhensible transsubstantiation donne à "voir" la plus miraculeuse des métamorphoses.

On comprend, comme le dit si justement Agnès Minazzoli que, dans cette perspective,

> Le polymorphisme soit générosité (...). Formes des formes, Dieu ne saurait se reconnaître à un seul visage. Il les a tous, il n'y tient pas, les comprend tous, n'en prend aucun. S'il était propriétaire, Dieu ne serait pas Dieu, et si l'homme veut être l'homme libre qu'il renonce à ses possessions et se délivre du sens propre, pour voir en ces figures multiples les formes éphémères d'un Dieu qu'il dit sien, quand Dieu n'appartient à personne : l'amour ne se garde pas pour soi mais se donne. Il est dépossession [1].

En ultime instance, la métamorphose ne serait-elle pas cet amour qui est dépossession ? Et l'homme protéiforme le résultat d'une quête de fondement autre qu'en soi ? Nous trouvons là un paradoxe propre à l'humanisme de Jean Pic. N'insiste-t-il pas pour décrire l'homme comme centre de résonances multiples, écho de l'univers en qui les choses égarées trouvent leur sens, pour l'arracher ensuite à lui-même au gré de bien des changements, en lui faisant perdre sa place de premier choix dans la chaîne des êtres créés ? Comme s'il prenait subitement conscience qu'il n'est d'autre aventure vraiment digne de l'homme que celle où l'engage sa liberté. Alors les représentations traditionnelles du microcosme humain gagnent en relativité en faveur de la conquête hors de l'homme de ce qui le surpasse infiniment en perfection.

Mais cette sortie de soi est-elle perte pour l'homme ou retrouvailles ? L'humanisme dont semble dériver l'anti-humanisme pêche-t-il par oubli de sa vocation première ou ne réalise-t-il pleinement ses exigences que dans la figure du dehors ?

L'enseignement de la coïncidence des opposés indique que rien n'est plus apparenté au dehors que le dedans. C'est Saint Paul découvrant en son centre le plus intime l'infiniment éloigné. Sortir hors de soi pour mieux se retrouver, tel doit

1. *L'homme sans image*, Paris, PUF, 1996, p. 126-127.

être le mot final de l'expérience transformationnelle dont l'étoile luisante dans le ciel obscur de l'indéterminé reste l'image divine. L'héroïsme se confond alors avec l'angoisse domptée face à l'inconnu du jour à venir, il se confond avec la révolte qui surgit encore de ces abîmes sans fond, face cachée de l'espérance, tant il est vrai que la résignation est la pire des défaites. L'héroïsme de l'homme-à l'image, c'est aussi celui de tous ces Abrahams qui défient même l'absurde car la foi ne tolère aucun retard, aucune explication. La vie religieuse, spécifiquement chrétienne, appelle les fils d'Adam à se consumer au feu brûlant des contradictions ; elle est faite de ruptures, de nuits ; elle est aussi la vie métamorphique par excellence.

L'ART RENAISSANT : CRÉATION OU IMAGE ?

La fonction de l'art

Il ne peut qu'être utile ici d'ouvrir quelques pistes de réflexion sur l'art renaissant. Dans la mesure où celui-ci se développe de pair avec la pensée, il obéit aux mêmes objectifs et aux mêmes fins. En effet, mêlé intimement aux visées spéculatives de l'intellect, l'art ne se propose pas moins que d'avoir pour objet la vérité. Aussi est-il autant voie de connaissance – et à la Renaissance les instruments de cette connaissance par l'art se sont développées de manière considérable – que programme esthétique. Nous sommes au cœur de la spiritualité platonicienne pour laquelle le surgissement du Beau induit nécessairement une révélation du Vrai [1]. Avec cependant cette différence que l'idée devient acte car le geste artistique cherche à capturer dans la matière la forme invisible. La connaissance philosophique indique Cassirer dans *Individu et Cosmos* « doit se transposer en acte et y recevoir sa confirmation (...). Ici intervient l'opération de l'artiste qui réalise l'exigence que la spéculation permet seulement de poser » [2]. L'art, comme la pensée, prend en chasse l'absolu à la manière du chasseur dans le

1. E. Panofsky montre, dans *Idea*, l'évolution progressive de la théorie de l'Idée à la Renaissance. Si l'art de la haute Renaissance est tout impregné encore de la métaphysique platonicienne (et plotinienne) du Beau selon laquelle l'Idée émane de l'esprit divin et a donc valeur d'archétype, la Renaissance tardive tendra à inverser le mouvement, considérant l'Idée comme un produit dérivé de l'expérience : « Le concept d'idée prend désormais un sens naturaliste, et ce renversement présuppose et manifeste une méconnaissance complète de la théorie platonicienne des Idées (...); elle introduit aussi un second mouvement qui s'opère dans un sens fonctionnaliste : étant donné que l'idée ne préexiste plus à l'expérience et n'existe plus *a priori* dans l'esprit de l'artiste (...), il apparaît d'une part qu'elle n'est plus le doublet ni l'archétype mais bien le dérivé de la réalité sensible, et d'autre part qu'elle ne se présente plus comme un contenu qui serait donné ou comme un objet qui serait transcendant à la connaissance humaine, mais au contraire comme le produit de celle-ci » (*Idea*, Paris, Gallimard, 1989, p. 81). Pour notre part, nous limitons notre réflexion à la période « platonicienne » de l'art renaissant.

2. *Individu et Cosmos*, *op. cit.*, p. 70.

mythe d'Actéon. Car le principal souci du créateur, qui, comme l'humaniste ou l'alchimiste sait le monde de la matière habité par le souffle de l'esprit[1], est de frayer la voie à l'invisible en effaçant les traces du chaos et de l'informe. La recherche artistique s'apparente donc à la connaissance philosophique en ce qu'elle veut connaître le monde, le déchiffrer.

Les recherches logico-mathématiques sur la perspective en sont un témoin étonnant. La perspective en effet se pose, en sus de ses visées esthétiques, comme instrument de connaissance et se développe par conséquent comme un système métaphysique autonome, obéissant à des lois précises et complexes s'appliquant à l'espace pictural. Les traités de perspective affluent à la Renaissance, que ce soit avec Alberti, Piero della Francesca, Vinci, Dürer, Pèlerin Viator et bien d'autres. Développant des codes mathématiques visant à domestiquer l'espace, comme la localisation du sommet de la pyramide visuelle ou point de fuite, cette technique picturale s'investit désormais comme science, avec l'ambition de traverser l'apparence des choses. L'espace tridimensionnel donne à l'image une profondeur qui atteste d'une authentique quête métaphysique. Le regard de l'artiste s'intériorise, se fait plus abstrait et cherche à forcer le secret des images en repoussant à l'extrême la limite qu'impose le sensible. La vérité se cache derrière les choses dont l'homme tente, par un retour sur soi, de capturer l'essence insaisissable. Avec Alberti, la science de la perspective fera un bond en avant. L'auteur du *De Pictura* situera le point de fuite dans l'œil même du spectateur, provoquant ainsi un renversement complet de représentation. Comme si désormais le regard de l'artiste, véritable œil de Dieu, devenait dépositaire de la valeur et de la vérité des images sensibles.

Une autre des notions clefs de la perspective est la proportion dans la mesure où la beauté surgit de l'ordre et de l'harmonie cachés dans la diversité de la création. Mais ce concept esthétique n'a rien d'immédiat. Il résulte en effet de calculs et de lois scientifiques émanant d'une croyance en l'objectivité des formes du beau et qui en font un véritable principe de connaissance. La proportion semble être, à ce titre, à la croisée de préoccupations multiples. Issue d'une activité intellectuelle dont le principal outil est la mesure, l'on voit bien le lien qui peut la relier avec la pensée philosophique telle que définie par le Cusain, outre bien sûr sa valeur esthétique. Cassirer en a justement souligné l'importance pour la Renaissance humaniste :

> Dans le concept de proportion se compénètrent désormais le courant de la spéculation philosophique, le courant technique, mathématique et les tendances

1. Se référer à notre développement de la première partie sur la métaphysique de l'esprit. Un auteur comme Giordano Bruno ira jusqu'à définir la matière (hylé ou matière première) comme virtualité infinie, pure disponibilité. La rencontre de la matière avec les formes se fait, pour lui, non par adjonction mais par séparation, dans la mesure où la matière contient toutes les formes en elle. La nature est ainsi habitée par une puissance active, et c'est de son sein que l'être sensible surgit.

> artistiques de l'époque (...). C'est à la faveur de cette compénétration que le problème de la forme devient un problème central de la culture de la Renaissance[1].

Cette question est essentielle en effet dans la mesure où l'humaniste ne conçoit de perfection possible sans travail sur sa propre forme. L'artiste renaissant manifeste cette aspiration, même plus, il la réalise puisqu'à travers le façonnement d'une forme extérieure qui prend le visage de son œuvre, c'est sa propre forme qu'il modifie et façonne. Le tableau ou la sculpture deviennent ainsi les témoins vivants d'un destin que l'artiste met en œuvre et réalise.

Les captifs de Michel-Ange peuvent dans cette perspective revêtir de multiples significations symboliques. On peut considérer que l'artiste fait violence à la matière lorsqu'il tente avec véhémence d'y retenir l'invisible. Ainsi les contorsions des esclaves exprimeraient toute la douleur de l'esprit à se retrouver prisonnier de la pierre et ses efforts à briser le lien sensible. A moins qu'ils ne représentent l'artiste lui-même las des entraves du corps qui l'empêchent de rejoindre définitivement l'Absolu que tout son être réclame.

Le rôle de l'artiste

Après ces quelques considérations sur la fonction de l'art renaissant qui ne sont, nous en sommes bien conscients, que des suggestions d'approche, il serait bon de se pencher quelque peu sur la place qu'occupe l'artiste dans le processus de création. Cette interrogation nous semble intéressante à plus d'un titre dans la mesure où, non seulement elle situe mieux le sens et la portée de l'opérativité esthétique, mais elle éclaire aussi la plus haute et la plus mystérieuse des fonctions de l'homme : celle d'image.

La question qui se pose – déjà évoquée antérieurement mais dans un contexte différent – est de savoir comment concilier la créativité humaine, qui suppose la souveraineté de l'artiste et sa capacité de faire surgir des formes nouvelles, avec la conception de l'homme-image qui est au fondement de la religion judéo-chrétienne. Car être créé à l'image et à la ressemblance divine situe le lien de l'homme à Dieu dans la reproduction, l'imitation de formes existantes ou encore dans la conformation à des idées selon la terminologie cusaine, en aucun cas dans la création au sens propre comme émergence du néant d'une forme inédite.

Dans ce contexte, l'on peut se demander si parler de création humaine a un sens et lequel. Quel est le sens de l'invention humaine dès lors qu'elle est rattachée à un modèle et une finalité transcendantes dont le principe n'est pas issu du créateur lui-même? Pour reprendre une expression de l'excellent article d'A. Minazzoli sur le sujet[2], il s'agit ici d'une forme d'art qui se développe sans

1. *Ibidem*, p. 70.

2. *Cf.* « L'art sans l'artiste », in *Symboles de la Renaissance*, t. III, Paris, Presse de l'École Normale Supérieure, 1990.

l'artiste, celui-ci faisant figure de canal, de voie de passage, d'instrument. C'est pourquoi évoquer la créativité humaine peut sembler abusif sans la mobilisation des corrections nécessaires. Car l'homme n'est créateur que dans une certaine mesure. Il est, pouvons-nous dire, un créateur relatif alors que le démiurge de la genèse est un créateur absolu. Il n'est donc guère possible dans le contexte renaissant, largement dominé par la culture chrétienne, d'évoquer l'art humain sans le rattacher à celui de Dieu. Comme il est impossible de parler d'art au sens moderne du terme comme émergence d'une subjectivité unique dont la parole est absolument originale et qui serait même entourée d'une aura de sacralité du seul fait de son appartenance à un ego.

Mais penchons-nous d'un peu plus près sur cet « art sans l'artiste » ou sur cet art aux finalités *supra*-humaines. Précisons d'emblée qu'il ne faudrait surtout pas croire, sous prétexte d'absence de subjectivité dans la création, que les différents gestes artistiques sont interchangeables. Nous avons suffisamment vu chez Nicolas de Cues, précédemment, combien chaque être participe de manière différente et à des degrés divers à l'infini, selon la complexité de sa singularité propre. En ce sens, le geste artistique, quoique n'émanant pas ou n'exprimant pas une subjectivité, prend appui sur un individu unique. Et c'est de lui seul que dépendent la réalisation et l'achèvement de l'œuvre qui, nous le verrons, ne va pas sans une certaine inventivité. La créativité humaine, quoique comprise dans un sens restrictif, est donc une réalité, même plus une nécessité dont la dignité n'est pas moindre que celle de la pensée puisqu'elle est elle-même activité de la *mens mesurans*.

Il faut néanmoins souligner qu'Art divin et art humain sont séparés par une différence de nature. En effet, les deux actes créateurs sont fondamentalement éloignés en cela que Dieu, contrairement à l'homme, ne sort pas de lui-même lors de sa création, il n'épuise pas sa substance dans son œuvre quoique celle-ci toute entière parle de lui. Il tient de l'évidence aussi que les formes issues de la Pensée infinie sont absolument uniques et originales alors que l'homme ne crée ou n'invente qu'en accaparant des formes déjà là.

Ce sur quoi il nous paraît plus important d'insister, ce sont les similitudes entre les deux formes d'art. Cette confrontation fait apparaître, en effet, la dimension proprement créatrice de l'art humain et surtout le sens qu'il faut donner à la notion d'invention.

Rappelons tout d'abord que l'art au Quattrocento est compris dans son sens le plus vaste. Il peut être aussi bien science que technique ou projet esthétique puisque son objet est le beau autant que le vrai. Si par exemple un lecteur moderne peut, dans un premier temps, être tenté de sourire lorsque Nicolas de Cues considère un simple fabricant de cuillers comme artiste, et philosophe de surcroît, l'on réalise très vite que sous la plume de l'auteur, l'artisan exerce un savoir-faire de parenté divine. Ainsi découvre-t-on avec l'auteur de l'*Idiota* que si l'art humain est généralement un reflet de l'art divin et partant de là imitation, il n'en reste pas moins capable, dans sa dimension technique, de créer librement, c'est-à-dire selon une représentation de l'objet antérieure à son existence. C'est pourquoi le Cardinal considère que les réalisations de la technique sont plus proches de l'acte divin de création que l'activité artistique. Celle-ci ne fait que refléter des formes naturelles alors que l'artisan tire de son seul intellect l'objet désiré. La cuiller en fournit l'illustration chez Nicolas de Cues :

> Lorsque je tire du bois des cuillers, des soucoupes et des jarres, je ne copie la figure d'aucune réalité naturelle. De telles formes (...) ne proviennent que du seul art humain. Ma technique par conséquent est plus un perfectionnement qu'une imitation des formes créées, et en ceci elle ressemble davantage à l'Art infini [1].

Mais par-delà cette dimension particulière de l'art humain, le *Facere* de l'homme reste avant tout la mise en œuvre de la qualité d'image, dans la mesure où, quelque créatif qu'il soit, il ne peut prétendre égaler le travail de Dieu. C'est pourquoi le Cusain affirme-t-il « sans l'ombre d'une hésitation » que :

> Les techniques humaines sont toutes des images de l'Art infini de Dieu (...) qui est de tout autre art le principe, le moyen, la fin, l'étalon, la mesure, la vérité, la précision et la perfection » [2].

Elles sont des images car le monde, dans sa beauté et son harmonie, est l'œuvre même de Dieu. Ainsi le génie créateur de l'artiste ne consiste pas à tirer les choses du néant mais à les sauver de la perdition en les restituant à leur origine, en les révélant à elles-mêmes. L'artiste est donc artiste dans l'assimilation, ou encore dans la ressemblance.

Ceci nous amène à définir l'art humain comme imitation de l'art divin. Mais cette imitation n'est en rien copie servile des êtres de la création. Elle est, au contraire, une répétition en quelque sorte inventive car imiter, c'est, à la manière des fonctions échues à l'homme-microcosme de rassembler l'univers, révéler le sens du réel par la création de rapports de mesure et d'évaluation entre les choses. L'homme par son art imite les choses mais en les imitant les invente car il crée leur valeur et en fait le sens. C'est en cela qu'à travers son art l'homme participe activement à l'œuvre de Dieu. En l'ordonnant il permet de la connaître, d'où la correspondance étroite en l'art et la pensée.

C'est la notion de participation qui est ici l'essentiel. L'on connaît le sort que Platon lui réserve dans son œuvre et, à sa suite, Plotin. La participation a pour fonction d'assurer le lien ou la continuité entre le sensible et l'intelligible, le particulier et le général. Elle ne serait guère possible sans une parenté de nature entre le participant et le participé; elle ne fait ainsi que traduire le mouvement de procession du premier principe. Qui dit parenté de l'inférieur et du supérieur dit aussi imitation.

1. Nicolas de Cues, *œuvres choisies*, *op. cit.*, p. 255.
2. *Ibid.*, p. 253-254.

L'on comprend, dans cette perspective, que la théorie cusaine de l'art converge autour de la *mimesis*, comprise dans le sens particulier que nous évoquions plus haut[1].

L'art humain en tant que miroir de l'art divin est donc un facteur d'unification du créé mais aussi de l'artiste lui-même car en analysant les choses qui l'entourent, c'est lui-même qu'il est sans cesse appelé à reconsidérer, ce qui l'amène à un perpétuel recentrement de lui-même. Comme le note A. Minazzoli,

> Dans ce travail de construction, la pensée invente en imitant et imite en inventant; image vivante de l'art divin, elle réfléchit en elle-même l'origine et la cause de tout le créé dont elle retrace la genèse et retrouve le développement dans un processus qui est celui de la connaissance, d'une connaissance qui est art, d'un art qui est recherche de la vérité: cette unification par laquelle l'esprit acquiert son unité est sans doute l'enjeu majeur de l'identification de l'imitation à la création[2].

L'on peut tirer de ces pistes de réflexion, certes trop rapides mais le sujet mérite à lui seul toute une œuvre, quelques conclusions :

La créativité humaine comprise comme imitation sert de support indispensable à l'œuvre même de Dieu. L'artiste lui sert en quelque sorte de voix à la manière de l'interprète qui se saisit d'une partition pour la chanter. L'art humain c'est le passage, dans le créé, du signe au sens, de la note musicale à la ligne mélodique.

Par ailleurs, l'activité artistique de la Renaissance ne tire pas sa valeur de l'expression d'une singularité mais possède une valeur universelle provenant du travail scientifique de l'artiste. La finalité de l'art étant le vrai, c'est l'expression de la pensée dans sa constance qui se substitue donc à la subjectivité du créateur. Il n'est certes pas indifférent qu'un Léonard de Vinci, par exemple, ait créé divers instruments de mesure et de connaissance conjointement à son art car l'ensemble de ses recherches procédaient d'un seul et même esprit: se faire l'interprète de l'absolu. L'opérativité humaine, dont l'art est une forme particulière, prend donc résolument racine au Quattrocento dans le monde invisible. Elle est recherche du principe, nostalgie de l'origine, réflexion d'un modèle.

1. Tel est le cas aussi de l'esthétique ficinienne où la création humaine semble être le répondant de la création divine dans la mesure où la matière est « préparée par l'intelligence divine ». En ce sens, qu'inventeraient les techniques humaines qui ne soit déjà dans la nature puisque les formes que la *mens humana* déploie sont déjà contenues dans l'intellect divin? L'âme, qui reconnaît dans la Création la marque de l'artifex divin, n'exerce donc son activité créatrice que dans la continuité de l'acte divin ou, encore, comme miroir. Mais comme l'homme n'est que le reflet de Dieu, inutile de préciser que ses œuvres ne seront que l'image d'une image.

2. « L'art sans l'artiste », *op. cit.*, p. 143.

CHAPITRE III

« MÉTAMORPHOSE » DE DIEU

La métamorphose est la réalité de l'homme multiple et universel parce que dépossédé de l'égoïté amoindrissante de son moi. Mais celui-ci n'est pas voué à l'éclatement pas plus que son voyage dans le monde n'est errance. Si l'homme est le porte-voix de la nature et qu'à ce titre aucun être naturel ne trouve l'achèvement ailleurs qu'en lui, le Verbe qui s'incarne, en donnant à voir l'extrême limite de la perfection humaine, invite la créature du sixième jour à considérer sa responsabilité cosmique sous le signe de l'image. La fonction médiatrice de l'homme entre monde naturel et monde surnaturel est ainsi relayée par la propre médiation du Verbe, cette fois-ci entre l'homme et Dieu.

Nous étudierons dans cette partie le lien vital et quasi consubstantiel qui relie la « métamorphose divine » à celle de l'homme. En quoi ce lien est-il la condition d'une possible déification de l'homme? Quel sens prend donc la prodigieuse "transformation" de Dieu au regard des plus modestes variations humaines? En quoi aussi la "métamorphose de Dieu" prévient-elle l'humain de tomber dans l'arbitraire des formes dissolues et des transformations régressives?

Autour de l'Incarnation et de la Transsubstantiation, ces deux moments fondateurs du mystère de la foi chrétienne, sera mis en lumière le double mouvement ascendant et descendant par lequel coïncide la rencontre de l'humain et du divin, du fini et de l'infini, du perfectible et du Parfait. Plus que jamais la métamorphose nous apparaîtra comme la catégorie du passage, du nomadisme de l'être qui fait de l'homme une créature du voyage en partance sempiternelle vers l'objet infini de sa quête.

L'être divin lui-même ne semble pas étranger à cette logique du mouvement. Le passage de la forme divine à la forme humaine, le passage aussi de l'éternité à l'histoire, nous invite à nous interroger sur le rapport du divin à la temporalité. Cette interrogation est certes défi pour la raison : comment soutenir en effet le paradoxe qu'offre la Substance divine, immuable par nature, en s'engageant dans le monde? Ce passage est pourtant nécessaire car l'Incarnation est promesse de déification. Or c'est cette promesse même qui engage et justifie le polymorphisme de l'homme-Protée.

Cependant, l'on peut déjà se demander s'il n'est pas impropre de parler de métamorphose dans le cas de Dieu. D'une part, la raison ne peut que se heurter à la question de savoir comment Dieu qui est le principe de toutes les formes, peut Lui-même être limité par une forme quelconque. D'autre part, comment parler de "changement" de Dieu sans friser l'hérésie puisqu'il est admis que le Verbe, en prenant la nature humaine, n'en reste pas moins Verbe de Dieu ? Précisons, pour lever toute ambiguïté, que le polymorphisme dont il s'agit ici n'accuse qu'une lointaine parenté avec celui des dieux de la mythologie. Les transformations des figures mythologiques, dans leur enchaînement étourdissant, sont comme la métaphore de la vacuité du monde, du caractère éphémère des choses et des êtres. Elles semblent dire que le monde n'est qu'un vaste théâtre où tout est jeu d'illusions. De plus, cette débauche furieuse de formes a quelque chose de magique puisqu'il n'est de frontière entre le sacré et le monde naturel. Or ici ce que nous appelons "métamorphose" de Dieu est d'un tout autre ordre. Bien sûr la divinité change de forme et entre en commerce avec l'histoire, ce qui autorise des comparaisons avec la culture païenne. Cependant, dans la mesure où nous sortons du simple jeu des apparences, la coupure avec l'imaginaire antique devient radicale. En effet, le polymorphisme du dieu chrétien est spécifique, semblable à nulle autre représentation religieuse. Il se présente tout à la fois sur le mode de la plus grande distance et de la plus grande proximité. La divinité se donne en partage tout en restant indivisible; elle s'offre à la participation et demeure infiniment transcendante.

La doctrine théologique connue au Moyen Age sous le nom de « corps triforme » constitue un témoin intéressant de ce que nous qualifions de "métamorphose" de Dieu. Cette doctrine désigne les trois formes essentielles prises par la divinité – dont nous ne retiendrons que les deux premières – et qui correspondent chacune à un mode de présence bien défini : présence physique, présence sacramentelle et présence mystique. Elle suppose que Dieu est entièrement présent dans chacune de ses manifestations et que la diversité des formes qu'il prend n'affecte en rien son unité.

Dans *Corpus Mysticum* [1], Henri de Lubac fait l'historique du *corpus triforme* en partant d'un texte d'Amalaire, théologien du IXe siècle, qui en serait l'initiateur. L'auteur développe, par ailleurs, les diverses interprétations qui se sont succédé de cette doctrine [2]. La théorie d'Amalaire, qui distingue trois formes du

1. *Corpus Mysticum, L'Eucharistie et l'Église au Moyen Age*, Paris, Aubier, 1941.

2. Selon l'évolution du symbolisme du corps triforme, le corps du Christ devint susceptible de recevoir bien plus que trois formes : « Il arrive, indique H. de Lubac, que sous la continuité des mots la signification se modifie d'une façon notable, suivant la variation et le développement des idées environnantes. C'est ce qui se vérifie pour le *corpus triforme*, soit à propos de la définition concrète de chacun des trois corps, soit à propos de leur rapport symbolique aux trois fragments de l'hostie »

Christ correspondant à trois états successifs du Christ individuel, avait tout d'abord suscité des polémiques par crainte des théologiens que ne soit ruinée l'unité du corps ecclésial mais aussi par défiance vis-à-vis du symbolisme que le *corpus triforme* véhicule. H. de Lubac explique le « malentendu » qui s'est noué autour du texte d'Amalaire de la manière suivante : « Les préventions contre Amalaire sont entretenues et aggravées par cette persuasion générale, que tout ce qu'un auteur accorde au symbole dans sa pensée, il l'enlève par le fait même aux croyances réalistes : préjugé d'origine protestante, exploité par le rationalisme et dont les apologistes se laissent quelquefois intimider (...). Sa théorie du corps triforme (...) était simplement une façon d'exprimer, avec certaines nuances où se reflète la théologie de ce temps, la grande idée traditionnelle du rapport de l'Eucharistie à la totalité du Corps du Christ »[1].

Malgré un parcours accidenté, le *corpus triforme* a toutefois fini par s'imposer au XIIIe siècle, parmi les grands scolastiques et ce, dans la diversité de ses acceptions, jusqu'à jouir d'un « prestige fascinateur »[2].

L'emploi du terme de métamorphose invite donc à la prudence. En réalité, peut-on vraiment dire de Dieu qu'il change de forme ou de nature ? A strictement parler, il est absurde d'imputer la possibilité d'un quelconque changement à une substance indivisible et transcendante. En revanche, il serait plus juste d'affirmer qu'en s'incarnant, Dieu prend une autre nature, il prend une autre forme pour rejoindre l'humanité. Ce que nous appelons la métamorphose est ici le fait d'un être qui se donne à la participation, au partage. La métamorphose devient ainsi une figure de l'exposition.

Par ailleurs, il est impossible de mettre sur le même plan les vicissitudes humaines et la "transformation" divine requise par l'union hypostatique. Si la liberté confère à l'homme le pouvoir de définir une nature, il s'agit moins pour lui de changer de nature, de prendre un autre être (la métempsychose, nous l'avons déjà vu, est seulement allégorique chez notre auteur) que d'approfondir une nature déjà créée, sur le mode infini cependant. Donc nulle transformation substantielle de l'humanité. Comme le répète le Cusain, il n'est de perfection pour l'homme qu'à l'intérieur de sa nature d'homme.

(*Corpus Mysticum, op. cit.*, p. 323). Si Amalaire distinguait le corps pris dans le sein de la Vierge Marie, le corps pris lors de l'incarnation et le corps que le Christ eut dans le tombeau parmi les morts, d'autres théologiens prenaient aussi en considération le corps ressuscité ou encore les âmes du Purgatoire, celles-ci devant faire partie du Corps collectif du Christ.

1. H. de Lubac, *op. cit.*, p. 318-319.

2. *Ibidem*, p. 321.

L'INCARNATION

L'incarnation joue tout d'abord dans l'humanisme renaissant, et plus spécifiquement chez Jean Pic, un rôle cosmologique. L'homme, nous l'avons longuement vu, est nœud de l'univers, lieu de convergences et de rassemblement. Cependant, son immersion dans la matière le soumet aussi à la dispersion, ce qui donne à sa mission cosmologique un caractère inachevé. D'où la nécessité de la manifestation divine sous la figure de l'Homme-Dieu. Nul accomplissement possible dans la Création qui ne dépende de l'Être infini en qui toute chose converge. Lui seul peut opérer la synthèse universelle car il enveloppe dans sa propre plénitude toutes les qualités des êtres créés. L'univers ne peut donc être amené à sa Rédemption que par l'incarnation du Verbe. Jean Pic l'affirme clairement dans l'*Heptaplus :*

> Même si, avec l'homme, toute la nature était en danger, et si sa perte n'était à tenir en peu de compte, elle ne devait quand même pas être réparée par un autre que par celui qui l'avait instituée [1].

La conséquence qui en résulte, et par laquelle Jean Pic semble être tenté, c'est la nécessité de l'incarnation en dehors même du péché de l'homme. C'est une thèse déjà développée par Saint Bonaventure selon laquelle, en effet, même si l'homme n'avait commis de première faute, Dieu aurait pris visage humain pour opérer le lien indispensable entre les deux mondes, fini et infini, lien que l'homme par ses seules forces n'aurait pu réaliser.

La dimension cosmologique de l'incarnation semble donc indiquer une "tentation" d'adhésion à l'interprétation bonaventurienne que nous trouvons d'ailleurs aussi chez le Cardinal de Cues. Chez ce dernier, sans doute de façon autrement plus marquée que chez Jean Pic, le Christ apparaît comme une exigence philosophique.

On sait, pour le Cusain, combien Dieu a besoin des hommes pour se réaliser et devenir effectif. L'incarnation dans cette perspective est le développement nécessaire de la divinité, sans lequel son immanence resterait vide de sens. Ainsi Dieu est dépendant des hommes autant que ceux-ci le sont relativement à lui. D'où le relief particulier que prend l'humanisme du Cusain et plus généralement renaissant : chaque homme a une partie unique à jouer dans la grande partition du monde créé, chaque singularité réalise le dessein de Dieu par une participation active à la Création.

Comme le souligne M. de Gandillac, « le rôle du Christ correspond pour le philosophe à un postulat extérieur à toute Révélation, au besoin inassouvi de l'intelligence finie de s'élever jusqu'à l'Au-delà infini de sa propre progression » [2]. On a pu ainsi reprocher à Nicolas de Cues de faire du Christ, centre en qui

1. *HE*, V, 7, p. 216.
2. *La philosophie de Nicolas de Cues*, *op. cit.*, partie IV, chap. 5, p. 450.

se résolvent tous les contraires, le fondement et le sommet d'un édifice métaphysique, œuvre d'une pensée déployant sa virtuosité. Mais pour être très intellectuelle, sa christologie n'en reste pas moins classique sur les points fondamentaux de la doctrine traditionnelle. Loin de contrarier les vues des théologiens, l'interprétation strictement philosophique de l'incarnation n'en fait donc que baliser le terrain, sans compter que chez Nicolas de Cues, ou Jean Pic, la dimension du rachat des fautes humaines est reconnue dans son importance.

En effet, pour revenir à notre humaniste, l'incarnation est aussi et surtout ce par quoi l'homme peut faire son salut car Jean Pic ne nie aucunement l'existence du péché originel. Principe de restauration, le Christ apparaît dans son rôle salvateur puisque

> Le portrait de Dieu a été effacé en nous par la souillure du péché et que nous avons commencé, malheureux et misérables, à servir nos bêtes (...)[1].

Plus loin nous pouvons lire encore de façon plus explicite que

> Notre nature, corrompue dans le premier Adam, et déchue de son état, fut réparée par la croix du Christ : ainsi, par amour pour nous, le Fils de Dieu est fait homme et attaché en croix[2].

Dans sa dimension proprement théologique, l'incarnation exprime donc le surgissement, dans l'Histoire, de la Transcendance qui a pour fin de restituer l'homme à sa dignité perdue.

Mais l'essentiel de sa portée demeure dans la médiation qu'assume le Christ entre les deux mondes, fini et infini. Le destin religieux de l'Humanité se joue autour de ce grand mystère car, sans l'événement historique de l'Homme-Dieu, la béance qui sépare l'homme du surnaturel demeurerait infranchissable.

« Moment suprême de l'humanité et de toute la nature », selon les termes de Nicolas de Cues, l'incarnation est ce par quoi s'unissent les deux natures les plus éloignées, si incompréhensible cela est-il pour l'entendement. Le point de contact entre l'infini et le fini constitue, en effet, une pierre d'achoppement redoutable pour la pensée dialectique, mais l'union hypostatique n'en reste pas moins l'unique moyen, pour l'homme, de comprendre le sens de sa filiation et de raviver en lui l'ardeur de l'image.

Moment nécessaire pour l'humanité, seule l'incarnation permet donc la rencontre de Dieu et de l'homme. Avant la manifestation de la divinité dans l'histoire, il n'y avait encore que des intermédiaires entre la créature et le monde surnaturel. Des intermédiaires, c'est-à-dire des prophètes ou des prêtres, hommes choisis parmi d'autres, qui avaient un rapport extrinsèque à la Vérité dont ils étaient seulement les porte-paroles. Or avec le Christ-médiateur, on assiste au déploiement sensible et concret de la vérité dont le contenu se donne alors à voir et

1. *HE*, IV, 6, p. 203.
2. *HE*, V, 7, p. 215.

à entendre. Dans cette conjonction suprêmement paradoxale du divin et de l'humain, il y a passage de l'ordre du discours à celui de la parole.

Pour assumer jusqu'au bout sa fonction médiatrice, le Verbe incréé doit assumer pleinement la condition d'homme avec l'ensemble de ses parties hormis le péché. C'est alors Dieu qui, par une compassion suprême, connaît et partage les différents états de l'existence humaine. Comme le souligne le Cardinal de Bérulle :

> Il a plu au Fils de Dieu, non seulement de s'incarner et se faire homme... mais il a voulu d'abondant porter sa divinité dans tous les états et actions de la nature humaine, et passer lui-même par tous les degrés, conditions et bassesses de notre humanité, et se rendre semblable aux enfants des hommes en tout, hors l'ignorance et le péché [1].

Dieu revêt donc l'extrême dissemblance pour lui rendre l'homme ressemblant et pour éclaircir l'image obstruée par l'oubli, ce « géant du péché ». Ayant pris la condition humaine, le Christ-médiateur ne s'en trouve pas diminué mais il soulève à lui l'humanité fautive comme seul l'homme-maximum peut le faire, c'est-à-dire l'homme parfait, porté à son achèvement ultime, tel qu'il ne peut exister dans sa pleine actualité que dans une créature incréée, miroir immaculé de l'Amour infini.

Dans son sermon « Il a convenu que le Christ souffrit », Nicolas de Cues écrit en des lignes fameuses :

> Si tu comprends que le Christ possède l'humanité de tous les hommes et qu'il est homme lui-même, non dans le contenu même de l'espèce humaine, ni hors de cette espèce, mais comme sa Limite infiniment parfaite, tu vois clairement comment ta nature d'homme est en Lui-même beaucoup plus intimement que dans ton frère [2].

L'éloquence de ces lignes aide à comprendre l'importance si l'on peut dire cruciale de la médiation du Verbe qui opère pour l'homme comme un véritable révélateur de son humanité. En effet, jusqu'à la rencontre de Dieu et de l'histoire, l'humanité était en situation d'attente, de séparation, d'impuissance à rallier l'ordre du surnaturel. Avec la personne du Verbe incarné, elle entre de nouveau dans une dynamique ascensionnelle. La médiation divine amène alors le rôle de médiateur, qui était dévolu à l'homme, à son achèvement. L'homme peut s'exécuter comme pivot de l'univers ou porte-parole de la nature mais il n'est de lien accompli entre la Création et l'Invisible que dans et par le Verbe de Dieu.

S'il est une question qu'il est néanmoins légitime de se poser, à la suite de Jean Pic et de nombreux philosophes, c'est la raison pour laquelle l'incarnation passe par l'humanité et non par une autre nature. Pourquoi pas l'aigle, fort et puissant,

1. Bérulle, *œuvres complètes*, t. III, *Discours de l'état et des grandeurs de Jésus*, texte établi et annoté par Michel Join-Lambert et Rémi Lescot, Paris, Éditions du Cerf, 1996.

2. *Œuvres Choisies*, par M. de Gandillac, *op. cit.*, Paris, Aubier, p. 49-50.

l'âne, doux et humble ou encore l'ange, créature la moins éloignée des attributs divins ? La question n'a rien de fantaisiste si l'on se souvient que l'homme, à l'âge classique par exemple, est essentiellement décrit à partir des couples dignité-indignité, grandeur-misère, ange-bête etc. Il est le lieu où s'échangent les contraires en un mouvement de balance continu qui peut cependant trouver le repos en un lieu fort trivial et radicalement contraire aux nobles latences de l'âme. On connaît aussi les "railleries" de Bruno sur la prétendue supériorité de l'homme dans l'ordre de la création, Bruno qui confie à l'âne Pégase les lunettes du docte, capable d'instruire mieux que quiconque l'humanité.

La question de la convenance de l'incarnation par rapport à la nature humaine a été longuement débattue au Moyen Age, notamment dans la Somme de Thomas. Si l'union de Dieu avec les créatures irrationnelles est écartée, c'est en raison de leur absence de personnalité. Trouveraient-elles dans le Verbe la personnalité qui leur manque, ce serait contraire à leur propre nature. Qu'en est-il alors de l'ange, créature purement spirituelle et de loin la plus conforme à la réalité divine ? La créature angélique, comme le soulignera Jean Pic, pèche si l'on peut dire par sa perfection. Elle est tout esprit et ne peut, à ce titre, qu'être étrangère à l'œuvre de la création dans sa totalité.

En dehors de la raison strictement théologique de la chute et de la rédemption, il est aisé d'affirmer que c'est la nature humaine qui convient le mieux à l'union hyposthatique. Etant tout à la fois, et sur un mode égal, matière et esprit, l'homme est la créature qui résume et glorifie le mieux la création. Créature du milieu, l'homme accuse le privilège d'avoir une nature extensible, capable de rejoindre dans un même élan les natures inférieures et celles supérieures « à mi-chemin du Tout et du Néant, au confluent de la Lumière et des ténèbres », comme le souligne M. de Gandillac. Ce privilège n'est pas banal car il est celui même du Verbe de Dieu, bien que le Christ accomplisse ce que l'homme ne réalise qu'à l'état d'ébauche.

En raison de sa nature mitoyenne, conscience et corporéité à la fois, l'homme est la créature en qui il est le plus logique, en dehors de toute considération théologique, pour Dieu d'habiter, comme c'est dans la nature de l'humanité que cette union est « la moins impossible », pour reprendre une expression de l'auteur de la *Docte ignorance*. De plus, l'homme réalise dans la Création le sommet de la vie rationnelle et présente, à ce titre, une valeur proprement théophanique. Même s'il peut s'en éloigner radicalement, il est aussi la créature la plus apte à penser la déité et à la rejoindre [1].

Les conséquences de l'incarnation sur la nature humaine sont d'une portée considérable. En assumant une condition marquée par la dissemblance, la substance divine, immuable et parfaite, sanctifie la nature sensible. Dieu s'abaisse

1. Considérée dans l'hypothèse du péché, la question de la convenance de l'incarnation par rapport à la nature humaine trouve sa résolution dans la nécessité pour l'homme déchu d'avoir un moyen de purification. Ce moyen lui est fourni par l'Homme-Dieu par qui passe la réparation dont l'homme seul eût été incapable.

jusqu'aux hommes pour les faire tendre vers la plénitude de sa propre essence, dans tout leur être, âme et corps. En prenant apparence sensible, le Christ montre, en effet, que même le corps doit être intégré à l'économie du salut. Dissocier le corps de la destinée de l'esprit, c'est oublier que le corps même de l'homme, par sa stature droite, signifie sa dignité. Comme l'esprit, le corps manifeste donc une parenté divine et contribue à la Rédemption de l'image. C'est ainsi l'homme entier qui est élevé au-dessus de sa simple condition et placé au sommet de la hiérarchie des êtres. C'est pourquoi Jean Pic nous dit que l'homme peut être supérieur à l'ange, même si, comme nous l'avons vu, la nature angélique est une créature parfaite en tout point. En réalité, là réside sa faiblesse.

Dans un important passage de l'*Heptaplus* qui fait écho aux principales notions de la pensée de Jean Pic – l'indétermination, l'auto-création, la liberté – nous pouvons lire :

> En Jésus-Christ, où a corporellement habité toute la divinité, l'humaine nature a été exhaussée, de telle sorte que le Christ, en tant qu'il est homme, enseigne, illumine et parachève les anges (…) mais aussi parce que tous, autant que nous sommes, recevant le pouvoir d'être faits Fils de Dieu, par la grâce que Jésus-Christ nous confère, nous pouvons être haussés au-dessus de la dignité angélique [1].

Dieu « parachève les anges ». Nature fixe, déterminée d'avance, sans marge aucune de liberté et d'invention, l'ange tire paradoxalement son imperfection de sa perfection même. L'homme, quant à lui, tire sa dignité et sa supériorité de son caractère inachevé qui lui donne l'épaisseur d'une histoire. Sa liberté l'engage vers les cîmes de l'esprit, sur les traces de l'homme infini, infiniment grand car infiniment perfectible. La promesse du Verbe incarné est, en effet, la déification [2] car, par l'incarnation, la nature humaine se trouve unie à la divinité. Dans ces conditions, comment l'homme ne serait-il supérieur à l'ange alors que le don de la grâce peut le rendre semblable à Dieu ?

Il n'est pas inutile de rappeler ici que la notion de déification a une longue tradition dans le néoplatonisme chrétien, avec Denys et Erigène notamment.

Chez Denys pour qui, dans la plus pure continuité de la philosophie plotinienne [3], le monde est soumis à des degrés divers, depuis la plus basse jusqu'à la

1. *HE*, I, 7, p. 193

2. Précisons que le pivot de la déification, pour l'ensemble des Pères de l'Église, est l'incarnation. La fameuse injonction d'Irénée de Lyon : « le fils de Dieu est devenu fils de l'homme pour qu'à son tour l'homme devint fils de Dieu » traduit bien le fait que la déification de l'homme n'est guère possible sans un redressement de la nature pécheresse, sans sa sanctification, ce que fait le Verbe de Dieu en revêtant l'habit de chair et la condition humaine, excepté le péché.

3. Les dernières pages de la sixième *Ennéade* de Plotin laissent entrevoir la possibilité, dès ici-bas, d'une vision mystique de la transcendance qui est déjà union du sujet avec l'objet de sa contemplation, ou divinisation : « Ici-même, l'on peut le voir et se voir soi-même, autant qu'il est permis d'avoir de telles visions; on se voit éclatant de lumière et rempli de la lumière intelligible; ou plutôt on devient

plus élevée des créatures, la notion de déification s'ordonne autour de l'activité de la hiérarchie. Celle-ci a un double aspect, ascendant et descendant. Le mouvement descendant correspond à la manifestation divine qui se répand progressivement parmi les créatures, selon leur ordre et leur hiérarchie. La déification appelle aussi un mouvement inverse qui est la remontée des intelligences vers leur principe ou encore leur conversion. Ces deux mouvements sont inséparables quoique distincts car la manifestation divine resterait vaine sans l'effort de participation des intelligences.

L'activité hiérarchique, quant à elle, est déterminée par la loi de la médiation, car Dieu ne se donne pas directement[1]. Les degrés sont nombreux par lesquels le supérieur se communique à l'être inférieur le plus proche, lequel se communique à celui qui lui est encore inférieur en dignité, et ainsi de suite. La conversion de la créature suppose donc toujours la médiation d'un ordre supérieur comme cela se manifeste, par exemple, dans la hiérarchie ecclésiastique.

La déification est, en tout cas, rarement parfaite ou achevée car, bien qu'elle vienne d'en haut, dans la mesure où Dieu en est la cause, la participation des intelligences reste plus ou moins grande. Notons que les fruits de la déification, chez Denys, sont la purification, l'illumination et la perfection et qu'ils sont présents à tous les degrés de l'échelle hiérarchique, mais avec une intensité variable.

Le deuxième philosophe représentatif du néoplatonisme chrétien est, bien sûr, J.S. Erigène, fortement influencé par Plotin, Denys et le Père grec Maxime le Confesseur. C'est le livre V de *La division de la nature* (*nec creatur nec creat*) qui aborde le sujet du retour aux causes. L'homme, conçu comme nœud de la création, réalise ce retour à partir de deux appuis : le livre de la nature, imprégné des traces de Dieu et le livre des Écritures. L'enjeu de la remontée vers les causes n'est pas moins que la restauration de la vraie nature de l'homme qui est image de Dieu[2],

soi-même une pure lumière, un être léger et sans poids ; on devient ou plutôt l'on est un dieu, embrasé d'amour...jusqu'à ce que l'on retombe sous le poids, et que cette fleur se flétrisse » (*Enn.*, VI, 9, 9, p. 186). Et, plus loin : « L'objet que l'être voit, (...) il ne le voit pas en ce sens qu'il le distingue de lui et qu'il se représente un sujet et un objet; il est devenu un autre, il n'est plus lui-même (...); tout à son objet, il est un avec lui comme s'il avait fait coïncider son propre centre avec le centre universel. Même ici-bas, lorsqu'ils se rencontrent, ils ne font qu'un et ne sont deux que lorsqu'ils se séparent » (*Enn.*, VI, 9, 10, p. 186).

1. Il y a bien une autre voie d'union à Dieu chez Denys, sans intermédiaire celle-là, puisqu'il s'agit d'une union mystique (*cf. Les noms divins* et *La théologie mystique*). Les interprètes se sont posé la question de savoir dans quelle mesure cette forme d'union peut cohabiter avec la voie hiérarchique (*cf. La Hiérarchie ecclésiastique*). Y a-t-il séparation des deux voies ou composition? Denys ne semble pas s'être lui-même penché sur la question.

2. Il n'est pas inintéressant de noter, ici, que des conceptions assez différentes de la déification se sont développées dans la tradition grecque et la tradition latine. La première serait plus encline à considérer la déification en termes de consubstantialité, ce qui supposerait une union totale des natures humaine et divine, alors que la seconde (avec saint Augustin) s'interdit de penser la déification autrement que comme participation aux biens de la divinité. Mais il n'est pas de notre propos d'élucider ici cette question. L'ouvrage de M. Lot-Borodine offre une synthèse utile du problème tel qu'il fut traité chez les Pères Grecs (in *La déification de l'homme*, Paris, Éditions du Cerf, 1970).

étant entendu que la nature humaine contient en elle la possibilité de ce retour. En effet, la nature n'est pas tout à fait corrompue bien qu'il existe, dans la création, de multiples degrés d'imperfection. D'où la distinction que fait Erigène entre la *Reditus Generalis* et la *Reditus Specialis*. Par la première, les hommes retournent à l'état originel dans lequel ils furent créés; c'est une sorte de restitution de la dignité de l'image. Par la seconde, non seulement la créature retrouve la toute première fraîcheur de l'image mais, grâce à une effusion de la grâce divine, elle dépasse la nature et ses limitations pour s'unir sans faille avec Dieu. Cette forme de conversion est réservée aux seuls élus.

L'incarnation est ce qui met en correspondance la « métamorphose » de Dieu et celle de l'homme. Même si, encore une fois, il ne s'agit pas de transformations de même nature. Car l'homme n'échange de tunique contre une autre et n'épouse de multiples formes que dans le but ultime de passer dans la divinité. La déification révèle ainsi le sommet de la vie transformationnelle puisque par elle, l'homme est finalement arraché au règne de la nature pour celui de la grâce. Quant à la divinité, c'est pour passer en l'homme qu'elle prend, à travers l'habit de chair, une forme à nulle autre pareille.

En s'unissant à l'humanité, le Verbe prend en réalité toute la nature humaine. La rencontre des deux natures donne lieu à une union réelle et substantielle. De simple qu'était le Verbe, avant l'union hypostatique, il devient composé sans que le passage d'un état à un autre signifie la moindre modification pour la personne du Christ. Le résultat de cette union, contrairement à celle de l'âme et du corps, ne donne pas une nature ou une espèce à laquelle des individus pourraient participer puisque la nature christique est strictement incommunicable. La forme prise par la divinité demeure une hyposthase unique.

Il existe donc un lien étroit entre déification et incarnation. La seconde est le moteur même de la vie protéiforme qui est, en ultime instance, arrachement aux vicissitudes des « choses de le terre ». Car le Verbe incarné, par un « débordement de sa perfection sur l'homme » [1], pousse celui-ci au-delà de ses propres limites. Il n'est donc de vie religieuse qui ne soit métamorphique comme il n'est aucune forme d'amour qui ne soit abandon ou rupture.

On peut comprendre que l'incarnation soit exigence intellectuelle et terme d'une dialectique car elle est tout à la fois nécessité pour l'esprit et pour l'intelligence. Il faut que l'homme se puisse contempler en ce sommet de lui-même afin que ses efforts convergent vers un Modèle. Il n'est d'ascension possible sans le mouvement inverse de la descente, il n'est de divinisation réalisable pour l'homme sans l'humanisation de son Dieu [2]. En effet,

1. *HE*, I, 7.

2. Dans *La Division de la Nature* (livre II), J.S. Erigène montre en quoi l'incarnation du Verbe peut seule remédier à la division des natures consécutive à la chute. Seule la personne divino-humaine du Christ, en assumant la nature humaine (corps, sensibilité, âme, intelligence), pouvait la restituer à

L'homme ne peut être uni à la Déité que par celui qui, ayant réuni en soi l'homme à Dieu, devenu vrai médiateur, peut tellement lui joindre et unir les hommes, que de même qu'en lui le fils de Dieu a revêtu l'homme, ainsi par lui les hommes deviennent enfants de Dieu (...); les extrémités et lisières ne s'accolent et s'enlacent que par un moyen, et qu'on nomme véritablement moyen celui qui a uni en lui les extrêmes [1].

L'aventure de la métamorphose resterait inachevée tant qu'une rupture demeure entre les deux mondes. Il convient qu'en sa chair, mystérieusement, Dieu éprouve les misères du créé. Si le fini demeurait inhabité par la transcendance, la métamorphose se limiterait pour l'homme à réunir en lui des formes d'êtres insignifiants. C'est une fois que les réalités naturelles sont habitées du dedans que le voyage de l'homme dans le monde des formes trouve sa légitimation et sa profondeur. La signification du Médiateur comme coïncidence vivante des opposés se concrétise ainsi dans la rencontre tangible des extrêmes par laquelle s'opère une double révélation : celle de Dieu à l'homme et celle de l'homme à lui-même.

La transsubstantiation

L'incarnation, nous l'avons vu, est le moyen par lequel l'homme accède au sommet de la vie métamorphique. La métamorphose que suppose la réalité historique de l'homme-dieu s'est donnée à entendre comme dialogue entre les deux mondes, visibles et invisibles. Métamorphose dans l'abaissement, métamorphose dans l'ascension, on voit bien que les deux dimensions horizontales et verticales sont inhérentes à notre notion. Horizontale avec la descente du Verbe qui assume une humanité individuelle, verticale avec la remontée de la créature à Dieu [2].

En continuité avec l'incarnation, la notion de transsubstantiation mettra ici en lumière un autre aspect de l'irruption du divin dans le temps. Nous ferons un bref rappel de l'histoire qui donnera à voir l'évolution philosophico-théologique de

sa pureté originaire et, en récapitulant en elle toutes les natures, entraîner le cosmos entier dans ce mouvement de déification.

1. *HE*, VI, 7, p. 223.

2. Il faut néanmoins préciser qu'il n'y a nulle symétrie entre l'Incarnation et la déification. Malgré les rapports de similitude que nous établirons plus loin entre les deux mouvements, il faut bien entendu se garder de croire à une quelconque équivalence ou proportion entre le Verbe qui se fait Homme et l'homme qui est appelé à devenir Dieu. L'Incarnation a, avant tout, une valeur rédemptrice : il s'agit de restaurer l'image de Dieu en l'homme, de le restituer à sa vraie nature et ainsi, de le sauver de la perdition. Comme l'écrit Maxime le Confesseur (cité par J.S Erigène) : « Puisque le premier homme renonça à demeurer dans cet état de félicité et qu'il préféra en déchoir par orgueil, et puisque l'unité de la nature humaine se dispersa en divisions et en diversités infiniment nombreuses, la clémence divine décida que naîtrait dans le monde un homme nouveau et issu du monde, c'est-à-dire un homme issu des hommes pour le salut des hommes, en qui cette nature, qui dans le vieil homme avait été divisée, serait ramenée à son unité originelle » (*Periphyseon*, livre II, 536 D-537 A B, p. 299-300).

Dieu à la Renaissance, accélérée par l'humanisme philologique qui, en initiant la technique de retour au référent scripturaire de base, ouvrait en même temps la voie aux conflits d'interprétation. Ceux-ci se cristallisèrent en bonne part autour du mode de présence de Dieu au monde. On connait le schisme qui sépara une partie de la chrétienté de l'autre pour longtemps, malgré un climat intellectuel pourtant enclin à l'irénisme.

Le thème de la transsubstantiation nous fera provisoirement glisser vers une Renaissance tardive caractérisée par un humanisme plus restrictif. Nous nous éloignerons quelque peu de l'enthousiasme un peu naïf des premiers renaissants qui découvraient la liberté dans toute son amplitude. Cette incursion aura pour intérêt, hormis celui de servir notre notion, de montrer le parcours accidenté de l'humanisme. Celui-ci est bien sûr un extraordinaire moteur de connaissance mais il est aussi et surtout révélateur, sinon générateur, de crise.

Puissance de Dieu et mélancolie de l'homme

A la Renaissance, la représentation que l'on a de Dieu se modifie radicalement. Sans doute cette perception nouvelle du surnaturel est-elle intimement liée au changement de représentation que l'homme se fait de lui-même. Nous l'avions déjà dit, à la Renaissance, une révolution en amène une autre. Aussi n'est-il pas étonnant de voir que le bouleversement de la cosmologie traditionnelle entraîne avec lui une révolution de l'ordre de l'esprit. S'il est un sentiment qui domine à cette époque et qu'il nous semble indispensable de relier à l'humanisme pour en mieux comprendre la signification, c'est bien celui de la finitude de l'homme. Soyons attentifs à ce paradoxe...

A la notion de suffisance de l'homme que nous avions considérée comme une détermination essentielle de l'humanisme, il convient d'ajouter aussitôt la notion d'insuffisance, corrélative au sentiment nouveau des limites humaines. Ainsi, contrairement à certaines interprétations hâtives qui ne voient dans l'humanisme qu'un hymne à la grandeur de l'homme, il nous semble plus juste de considérer l'humanisme comme une conjugaison de forces antagonistes qui tentent de dire l'homme. Il y a évidemment à la Renaissance une émergence de l'humain comme phénomène, mais d'ici à conclure à sa toute-puissance, il y a un pas qu'il ne faudrait pas franchir trop vite.

Car, et c'est là le point névralgique de l'humanisme renaissant, s'il est une puissance qui s'affirme alors, c'est bien celle de Dieu[1].

1. Il convient de ne pas confondre ce que nous appelons ici la toute-puissance de Dieu, indissociable de la crise de la pensée à la Renaissance avec le problème médiéval de la toute-puissance de Dieu, qui est d'un ordre tout à fait différent. Pierre Damien (1007-1072) en ouvrit le débat avec sa *Lettre-traité sur la toute-puissance divine*, qui posait des problèmes logico-philosophiques ardus à la théologie, en professant toutefois que la raison ne devait pas empiéter sur le domaine de la foi. La question, qui s'est répercutée sur toute la théologie médiévale, était donc de savoir si Dieu pouvait défaire ce qui avait été fait. Pouvait-il annuler une chose ou un événement déjà arrivé ? Les arguments en faveur du oui et du non s'affrontèrent, en posant tous des problèmes logiques redoutables. Sans

D'où les contradictions de l'humanisme qui ne vit l'euphorie liée à la découverte de la liberté que pour passer aussitôt à la déréliction de la finitude. Plus que jamais c'est Janus qui nous semble représenter le penseur renaissant dans sa profondeur, non seulement parce qu'il regarde tout à la fois vers le passé et l'avenir ou qu'il prend en compte les deux mondes visibles et invisibles mais surtout parce qu'il représente l'homme dans sa duplicité, ses contradictions, ses déchirures. Tout à la fois puissant et diminué, libre et esclave, génie et animal, l'homme de la Renaissance vit constamment sur un fil de rasoir, « entre deux abîmes », ce qu'avait très bien perçu Pic de la Mirandole en libérant l'homme de toute place fixe sur l'échelle des êtres, aussi libre de faire le bien que le mal. Face donc à la double réalité d'un monde non plus fini mais infini et d'un Dieu non plus domestiqué par la raison mais affranchi de ses catégories, l'homme est obligé de lâcher prise.

Témoin de cette mutation, la perte d'un fondement métaphysique essentiel : l'analogie de l'être. Dans la *Somme* de Thomas elle occupe une place de choix et permet à l'intérieur de ce vaste édifice théologique de continuer à pouvoir dire Dieu. Comme l'on sait, chez l'Aquinate, l'analogie est comprise comme proportion entre Dieu et le créé. Elle établit un rapport d'ordre causal entre l'Être et l'existant qui introduit une certaine similitude. En effet, l'existant n'est maintenu dans son être que par participation à Dieu. Mais, dans la mesure où Dieu est l'être dans sa plénitude, l'analogie ne cède jamais à la ressemblance ou à l'équivalence entre le Créateur et la créature.

Il n'en reste pas moins que l'analogie nous permet de nous rapporter à Dieu en tant qu'il est cause, de le dire comme tel, d'en avoir une connaissance positive. Même si ce savoir n'est qu'approximatif car l'analogie métaphysique n'est pas l'analogie mathématique, et bien qu'il n'y ait donc pas adéquation des deux termes analogiques, l'analogie permet de combler la béance consommée par les théologies négatives, surtout dionysiaques et d'assurer la continuité entre les êtres. Grâce à elle, il devient possible de sortir de la logique de l'extrême dissemblance voulue par Denys. Sans récuser la théologie négative, Thomas fera de celle-ci la limite du savoir rationnel car le domaine qui s'ouvre au-delà est réservé aux mystères de la foi.

Avec l'écroulement de l'appareil scolastique qui ne bénéficie plus des faveurs de nos renaissants, c'est donc aussi l'analogie qui est perdue et avec elle la possibilité de maintenir le lien entre le créé et Dieu. Contemporain de ces bouleversements, Nicolas de Cues, en posant la pensée comme mesure, "trahit" ce sentiment de perte pour l'esprit, commun au Quattrocento. La *mens* cusanienne n'aurait jamais été *mensuratio* si elle n'avait été, tout d'abord, conscience des limites. De même que la science de la géométrie qui a pris son envol à la

pouvoir faire ici le tour de la question, mentionnons seulement que la réponse positive avait pour vice de fragiliser l'existence des choses, leur stabilité et donc leur vérité, tout en mettant Dieu en situation de contradiction, alors que la réponse négative privait Dieu de son principal attribut, à savoir la toute-puissance.

Renaissance doit se comprendre comme tentative de restauration d'un équilibre entre le sujet pensant et le monde. Sans compter l'art qui, dans le développement de l'appareil perspectif, met en œuvre un formidable système de connaissance pour "traquer" l'invisible. Or, peut-être que la "démesure" ne se sera jamais autant manifestée qu'en ces temps de mesure. Et c'est là peut-être toute la grandeur de la Renaissance de ne céder en aucune manière à la résignation, mais au contraire d'exercer sans relâche une activité intellective qui, au-delà du simple jeu des facultés, semble contenir tout l'homme.

Cela étant posé, l'homme reste pris dans l'étau de ses contradictions. Et très vite alternent domination et impuissance, comme si, malgré son activité productive dans le monde, expressive de son génie, l'homme était sans cesse travaillé par l'inquiétude, le doute et le sentiment de la précarité des choses.

Il est une notion sur laquelle nous aimerions nous étendre quelque peu car elle traduit bien les difficultés auxquelles le penseur renaissant est confronté. C'est la mélancolie. Cette notion dit bien l'abîme que l'homme découvre en lui-même lorsque son activité intellectuelle l'invite à se pencher vers le dedans où il ne voit que vide et néant. Elle désignerait, pour ainsi dire, l'épreuve de la disjonction.

Mais il faut tout de suite préciser que la mélancolie n'est pas une notion univoque, car l'état de déréliction qu'elle entraîne conditionne pourtant la réalisation de grandes œuvres.

La mélancolie a depuis toujours été associée à l'astre de Saturne qui lui-même se présente comme ambivalent. D'une part, comme le montre Ficin dans le *De Lumine*, cet astre a une influence néfaste sur le psychisme et provoque des bouleversements de l'humeur, – ce qu'on appelle alors la bile noire. Mais il est aussi l'astre sous l'influence duquel les penseurs s'abîment dans la contemplation des choses supérieures. Autrement dit, Saturne contient deux aspects, l'un négatif qui plonge l'âme dans les ténèbres sans espoir pour elle d'en sortir tant que dure l'état mélancolique, et l'autre positif qui rapproche l'âme de la divinité :

> son influence opportunement receue devient presque venin (...) dont naissent ou deviennent aucuns immondes, faitneants, tristes, envieux, exposez aux Demons impurs [1].

Et plus loin :

> La Pensée contemplatrice (...) s'expose en quelque sorte à Saturne (...). Il a concédé à Juppiter la vie commune, et s'est réservée la vie séparée et divine [2].

L'analyse de Ficin, de nature aussi bien médicale que spéculative, s'attache à montrer les dégâts physiologiques provoqués par Saturne et détaille avec force exemples les moyens d'en guérir. Par ailleurs, Ficin observe, dans la droite ligne de la pensée aristotélicienne, le lien entre l'activité intellectuelle et la mélancolie.

1. *De Lumine*, trad. G. le Fèvre de la Boderie, cité par S. Matton dans *Splendeur et mélancolie chez Marsile Ficin*, p. 46.

2. *Ibid.*

Dans la mesure où la méditation consiste à « se recueillir de la circonférence au centre, et demeurer fiché au point du milieu » [1], elle rend propice un tel état. Cette stagnation entraîne l'âme du côté de l'élément terreux (condensé, affaissé) et provoque la bile noire. Saturne, quant à lui, est un astre terrestre, d'où le recoupement qui se fait entre l'état mélancolique consécutif à la méditation et la mise en orbite de l'homme sur Saturne.

Quoi qu'il en soit, au-delà des causes astrologico-physiologiques de la mélancolie et des remèdes que l'on s'est attaché à lui trouver, ce dont celle-ci rend compte avant tout, c'est de la conscience d'une fragilité, le sentiment d'une menace.

L'œuvre de Jean Pic de la Mirandole n'est pas étrangère à une telle notion. L'homme picien est sans cesse exposé à l'angoisse du néant car la souveraineté de l'intelligence et la liberté ardente qui sont au centre de l'œuvre le mettent face à des choix redoutables. Même si le terme de mélancolie n'apparaît pas explicitement sous la plume de notre auteur, il est aisé de concevoir les dangers de la vie contemplative. Il apparaît en effet chez Jean Pic que la contemplation, comprise comme l'acte de philosopher devant mener à la « sainte théologie », ne progresse pas en ligne droite. La tension est très nette entre les appétits du corps et les hautes aspirations de l'âme, tension exacerbée par le libre arbitre qui commande seul des choix à faire. Les difficultés liées au choix et donc à la possibilité de se tromper, de s'égarer, sont, on s'en doute, génératrices d'angoisse, de mélancolie.

L'œuvre de Pic de la Mirandole est représentative au plus haut point de la contradiction qui commande l'humanisme renaissant dans ce qui fonde d'ailleurs sa grandeur. Se voulant infiniment perfectible par sa liberté et par ses capacités de connaissance et de création, l'homme renaissant se découvre fini, serf, misérable, limité. Le projet qu'il a de lui-même est si grandiose qu'il n'a de cesse de faire reculer ses limites naturelles. Car cette nature qui lui apparaissait lumineuse pour receler en son sein les secrets de l'Invisible, est en même temps la marque de ses propres limites. L'homme de la Renaissance vit de façon particulièrement acérée cette contradiction. A travers la béance qui sépare nature et surnature, c'est la discontinuité même de la pensée et du réel qu'il éprouve. Cependant il prend son parti de cette discontinuité. La contradiction devient alors génératrice de mouvement et donc de progrès pour l'esprit qui ne peut guère plus s'accommoder des strictes règles aristotéliciennes qui ont longtemps régi l'histoire de la pensée.

L'autre difficulté inhérente à la Renaissance, c'est que « la souveraineté de l'esprit à laquelle aspirait l'humanisme cherchait à s'accomplir dans le cadre d'une culture chrétienne » [2]. Grand est le risque pour cette liberté qui fonde la dignité humaine d'être "compromise" par une religion institutionnalisée ou figée par le dogme. Rude tâche de trouver aussi l'équilibre entre l'homme et Dieu quand

1. *Ibid.*, p. 47.

2. *Cf.* l'excellent article de Panofsky : « La glorification de la mélancolie et de Saturne dans le néoplatonisme florentin et la naissance de la notion moderne de génie», in *Saturne et la mélancolie*, Paris, Gallimard, 1989, p. 389 *sq.*

la disproportion s'impose entre la finitude de l'un et la toute-puissance de l'autre. Leur rencontre, pour être exaltante pour l'esprit, n'en est pas moins risquée car sans cesse se profile la tentation pour l'homme de sombrer, soit dans une suffisance excessive, soit dans le sentiment définitif de son propre vide. D'où les injonctions de Jean Pic de « toujours veiller (...) pour ne pas rendre néfaste, de salutaire qu'il était, le libre arbitre que Dieu nous a accordé » [1]. Il faut aussi, nous dit Jean Pic, sans cesse lutter contre l'oisiveté qui endort les facultés rationnelles, être vigilant à ce que les ailes de l'homme « ne tombent ». Aussi « la solitude déserte du corps » [2] peut fort bien être celle de l'esprit contemplatif, d'autant que la contemplation ne trouve pas forcément son repos en Dieu mais peut laisser l'homme seul face à lui-même, « la tête condamnée au vertige » [3].

Pour conclure, il nous faut souligner au moins deux points essentiels :

Un lien étroit se manifeste entre humanisme et finitude et la mélancolie en est comme le révélateur. Telle est une des contradictions les plus vivantes de la pensée renaissante et les plus riches d'enseignement sur l'homme en tant qu'homme. Cette dimension apparaît déjà chez Nicolas de Cues lorsqu'il compare et distingue les deux modes de penser, divin et humain. Pour l'homme-image, la création se fait sur le mode de la conformation, ce qui ne réduit pas l'homme à une pure passivité, nous l'avons déjà vu, mais met en relief ses dépendances, sa finitude.

La métamorphose picienne est-elle aussi un principe révélateur de la contradiction. Elle signifie la finitude tant il est vrai que la puissance transformationnelle de l'homme provient d'une expérience douloureuse des limites. La notion exprime une sorte de révolte contre un état jugé indigne de la nature humaine. Elle est arrachement à un état passif et restitution de l'homme au mouvement salutaire où l'engage sa liberté. Elle est donc cette tentative de dégager l'homme de sa finitude originaire.

Par ailleurs, la toute-puissance de Dieu, qui a marqué la Renaissance, a pour conséquence d'activer la pensée dans son interprétation de la doctrine chrétienne, ouvrant la voie à des conflits restés célèbres dans l'histoire de la théologie, comme le débat sur la transsubstantiation. Tel est le résultat d'une liberté qui craint plus l'immobilisation de l'esprit que les dilemmes engendrés par son propre mouvement. L'œuvre de Jean Pic, dans ce qu'elle a de gigantesque, d'évolutif et même de contradictoire, témoigne de ce pari pour la liberté jusqu'à prendre le risque d'être dispersée, voire même discontinue.

1. *Oratio*, p. 35.
2. *Ibid.*, p. 27.
3. *Ibid.*, p. 35.

Eucharistie et métamorphose divine

La toute-puissance divine, à la Renaissance, ouvre la voie à l'évolution du concept de Dieu. Les conflits qui se sont noués autour de la transsubstantiation en sont le témoin privilégié. C'est donc à ce premier titre que le débat sur l'Eucharistie nous intéresse : il porte en lui-même le résultat d'une pensée qui se libère et entraîne dans son sillage la reconsidération du dogme, en même temps qu'il confirme une tendance propre à ce temps : l'autonomie de la théologie par rapport à la philosophie.

Nous ferons une brève incursion dans l'histoire de la notion, à travers quelques moments forts : l'hérésie bérangérienne qui eût pour intérêt de pousser les théologiens à mieux préciser le dogme, la réforme luthérienne et le concile de Trente destiné à contrer les égarements du protestantisme.

A la veille du concile, en 1536, l'évêque de Vienne, Jean Faber, écrivait alors au pape Paul III : « Nombreuses sont les nouvelles hérésies – et très graves. Cependant avant toute autre Votre Sainteté doit prendre en considération celles qui concernent la messe et le sacrement de l'Eucharistie. Contre la messe particulièrement Luther a conçu une hérésie extrêmement pernicieuse, qui a été la cause de la destruction de nombreux temples et monastères ». L'église catholique avait le sentiment qu'une grave menace pesait sur les fondements et les structures de son enseignement officiel. La crise religieuse du XVIe siècle devait ainsi mettre un frein à l'expansion d'un humanisme éclectique et rassembleur dont Jean Pic de la Mirandole était le plus éminent porte-voix. C'est un nouveau monde qu'on voyait naître, un autre visage de la Renaissance se donnait à voir, bien loin déjà de l'enthousiasme primitif du commencement qui présidait la découverte du grand « miracle humain ».

Dans un premier moment, la métamorphose de Dieu signifiera le changement du rapport de l'homme à la transcendance divine, initiée donc par cette seconde Renaissance, plus marquée par la conscience de la misère de l'homme, telle que Luther devait en donner l'expression.

Mais c'est aussi à un autre titre que nous nous pencherons sur la transsubstantiation dans la mesure où elle est le fait d'un dieu qui "se métamorphose". L'Eucharistie, à travers les espèces consacrées, manifeste au-delà des simples apparences, la présence de Dieu parmi la communauté des fidèles, sa capacité de prendre plusieurs formes et donc de se livrer à une certaine "transformation".

Béranger de Tours a joué un rôle majeur dans le débat qui nous occupe. Refusant tout réalisme à l'essence et n'acceptant de réalité que singulière, individuelle ou concrète, il fut considéré comme l'un des principaux précurseurs du nominalisme. En appliquant les principes de cette mouvance philosophique à la théologie, il provoqua immédiatement des réactions houleuses. L'orthodoxie le désigna comme hérétique, et Béranger fut alors forcé de renier ses conceptions à travers des professions de foi successives. D'où une certaine difficulté, aujourd'hui, à retrouver sa pensée dans son intention originale. Aussi beaucoup de points demeurent-ils obscurs et les interprètes indécis. Ce qui est sûr, c'est que

Béranger refuse la présence physique du Christ dans les espèces du pain et du vin et donc la conversion d'une substance dans une autre.

Pour les Catholiques, cette conversion n'a rien de contradictoire dès lors que l'on considère qu'il ne demeure que les apparences ou les accidents du pain et du vin après la consécration. Ainsi, il y a bien une substance qui en remplace une autre, bien que les sens et la raison invitent à penser le contraire. C'est là que la raison doit s'effacer devant la foi qui invite à l'adoration muette du mystère. A être tenté d'outrepasser cette dimension, l'on ne voit plus qu'un processus transformationnel impossible selon les lois de la nature. Or Béranger, tout en s'appuyant sur le texte des Écritures, en réfère surtout à la raison :

> Nul ne contestera, à moins d'être stupidement aveugle, que, dans la recherche de la vérité, la raison est incomparablement le meilleur des guides. Le propre d'un grand cœur est de recourir toujours à la dialectique (...) Qui ne le fait pas renonce à ce qui l'honore le plus, car ce qui est en lui l'image de Dieu, c'est sa raison [1].

Selon lui, il y a contradiction logique à affirmer « ce pain est le corps du Christ », dans la mesure où le prédicat s'anéantit dès lors que le sujet de la proposition est nié. Le pain et le corps ne peuvent cohabiter dans une même proposition, de même que les espèces du pain et du vin ne sauraient subsister, même dans leurs apparences, alors qu'ils ont été remplacés par la substance christique.

Les Catholiques écarteront cette objection par la prise en considération des termes de la proposition dans leur succession et non dans leur simultanéité. D'où leur préférence pour les formules qui mettent en relief la conversion, le passage d'une substance à une autre, plutôt que de les considérer de manière statique, comme la formule « *Panis est corpus christi* » semblerait le suggérer.

Mais si Béranger nie la transsubstantiation, il maintient la présence réelle. Celle-ci est cependant fragilisée par des explications confuses et même contradictoires. S'appuyant sur l'indivisibilité du corps du Christ, Béranger ne semble trouver aucune ressemblance entre le corps historique et céleste du Christ et son corps eucharistique. Si présence réelle il y a, elle est donc d'un tout autre ordre que celle affirmée par ses adversaires et ne concerne plus que l'esprit.

Un peu plus tardivement, la pensée de Béranger se précise en faveur d'une cohabitation des substances : le pain et le vin avec le corps et le sang du Christ. Cette position conduit cependant à une impasse puisque sont admises, dans un même corps, deux substances différentes, dans leur dualité.

Il est difficile de dire quelle est l'interprétation définitive de Béranger quant à la présence réelle, aussi ne rentrerons-nous pas dans le détail de ses explications. Ce qu'il nous semble plus important de souligner, c'est que la polémique qu'il a engagée sur l'Eucharistie a été l'occasion pour les autorités ecclésiastiques de préciser la définition du dogme dont la terminologie, encore flottante à l'époque, semblait ouvrir la voie à des interprétations hérétiques.

1. *De Sacra cœna*, p. 100, cité par le *Dictionnaire de Théologie Catholique*, Paris, Letouzey et Ané, 1903-1950, 15 vol., p. 728.

La controverse religieuse du XVIe siècle en est l'illustration vivante : la liberté d'interprétation alla si loin parmi les novateurs qu'elle eût pour effet d'aboutir à une diversité d'opinions surprenante dans leur propre mouvement. Ce qui provoqua, comme on le sait, une polémique interne au protestantisme. Celle-ci a été néanmoins rendue possible par l'esprit même du Quattrocento qui avait encouragé la réflexion critique et le retour aux textes d'origine. Avec le retour à l'Antiquité, on voit se répandre un engouement général pour l'étude des langues anciennes, le latin et le grec surtout. Une des données majeures de l'univers culturel de la Renaissance, c'est l'apparition de la science philologique qui se préoccupe du sens du langage et des mots, par-delà le travail de « fossilisation » du temps. Il n'est alors un grand lettré, religieux, humaniste ou savant qui ne se soit engagé dans l'aventure philologique. Cependant, là où les humanistes se servent de cette science pour rendre gloire à l'homme, les réformés, en l'appliquant aux textes sacrés, la pratiquent pour rendre à Dieu l'authenticité de sa parole. Gusdorf affirme que « le même mouvement qui aboutit à mettre en honneur la parole humaine entraîne une redécouverte de la parole de Dieu. La Réformation (...) procède directement des recherches et travaux des grands humanistes (...). La philologie est un des chemins de la foi, et l'exégèse, la critique des textes sacrés, désormais indispensable à leur compréhension, relie directement les sciences humaines naissantes à la science de Dieu » [1]. La Réforme, quoique issue en grande partie de l'humanisme, a néanmoins pour conséquence la survalorisation du règne de la grâce plutôt que celui de la nature, de Dieu plutôt que de l'homme. Il est donc intéressant de remarquer qu'Humanisme et Réforme ont une origine commune quoiqu'ils aboutissent à des résultats tout à fait différents.

Le pessimisme de la pensée luthérienne en est l'expression même. Marquée irrémédiablement au sceau du péché, la nature humaine n'est pour lui que convoitise et concupiscence. Même l'âme, placée sous l'influence néfaste de la corporéité, semble être un triste amas de chair. La radicalité et la permanence de la première faute instituent donc en l'homme une tendance naturelle à faire le mal. Luther rejette aussi la liberté humaine, incapable de désirer ou de faire quelque bien par elle-même. Dans ce contexte, il n'est d'autonomie pour l'homme qui ne soit déjà rébellion. Bien que Luther eût été lié à certains humanistes de son temps et qu'il goûta aux grandes œuvres antiques comme celles d'Ovide, de Plaute ou de Virgile, il se préoccupa essentiellement de la réforme de l'église avec pour souci de retirer à l'homme ce que l'humanisme italien lui avait indûment reconnu de grandeur et de bonté. Comme il paraissait lointain l'humanisme radieux que la Florence du Magnifique avait vu s'épanouir et qui avait fait de la nature une source d'émerveillement intarissable.

Il nous semble superflu de passer en revue l'ensemble des doctrines relatives au dogme eucharistique. Nous nous contenterons de brosser un tableau général

1. G. Gusdorf, *op. cit.*, p. 59.

qui nous servira d'outil pour comprendre la métamorphose de Dieu, dans les deux sens que nous avons précisés.

Ce qui a essentiellement porté le mouvement protestant à se scinder, c'est la compréhension de la présence réelle. La moins radicale des positions et donc la moins éloignée de l'orthodoxie est celle de Luther. Celui-ci n'a jamais nié la présence réelle. Au contraire, il opte même pour un ultraréalisme. Partisan du sens littéral des Écritures, Luther ne peut douter un seul instant que le pain et le vin ne soient réellement le corps et le sang physiques du Christ. Mais là où sa position devient inacceptable pour les Catholiques, c'est lorsqu'il opte pour la consubstantiation : la substance du pain et du vin demeure en même temps que la substance christique.

On sait que les Catholiques, fidèles en cela à l'explication aristotélisante de Saint Thomas, considèrent que le pain et le vin se convertissent lors de la consécration, laissant la place à une autre substance. Des espèces sensibles, il ne reste plus que les apparences ou les accidents mais, en réalité, substantiellement, le pain et le vin sont anéantis.

Pour récuser cette explication, Luther prend appui sur un parallèle ingénieux entre l'Incarnation et le sacrement eucharistique. Selon lui, si l'on refuse que deux substances cohabitent dans l'Eucharistie, il faudrait refuser que l'homme et Dieu cohabitent en un seul être dans l'Incarnation. Or le Christ s'est vraiment fait homme; il n'a pas seulement pris les accidents de l'espèce humaine. Tout en gardant sa divinité, il prend la nature humaine en s'y unissant de manière substantielle. S'il est donc admis qu'il n'y a pas eu de transsubstantiation de la nature humaine du Christ alors pourquoi ne pas admettre la même chose à l'endroit de l'Eucharistie ?[1]

La théologie catholique va bien sûr critiquer le réalisme excessif de Luther mais ce dernier va surtout s'attirer les foudres de ses adversaires réformés. Car, pour ceux qu'on désigne comme les sacramentaires, la présence du Christ est seulement symbolique. C'est la fameuse distinction entre la présence *in signa*, *in figura* ou *in virtute* avec la présence vraie, réelle et substantielle. Les sacramentaires, dont certains d'ailleurs se réclament de Béranger, voient dans la présence réelle un abaissement incompatible avec le corps glorifié du Christ. Plus précisément, certains réformateurs, comme Calvin, acceptent la présence réelle mais rejettent la présence physique alors que d'autres refusent en bloc les deux. Inutile de nous perdre dans le détail des convictions qui les opposent et contentons-nous d'en prendre acte.

1. Il est intéressant de noter que Jean Pic semble rejoindre Luther lorsqu'il affirme que, dans l'Eucharistie, il n'y a pas de changement de la substance du pain et du vin mais uniquement une transformation de leur mode d'être, à partir de la consécration par laquelle le Christ vient habiter les espèces sensibles. C'est donc au nom de la distinction thomiste entre l'essence et l'existence et sur le modèle de l'Incarnation par laquelle deux natures se trouvent réunies en une seule personne que Jean Pic semble soutenir ses affirmations (*cf.* l'ouvrage de F. Roulier sur Pic de la Mirandole).

En réaction à ces "déviations", le Concile de Trente a redéfini le dogme en insistant sur trois termes-clefs : le *changement* qui est le fait de la conversion, la *substance* en tant qu'elle définit la réalité en dehors des apparences et l'*apparence* qui désigne le pain et le vin après le transfert de substance.

Bien évidemment, la question de la présence réelle qui nous occupe n'est pas la seule à avoir été débattue par le Concile. Parmi les autres hérésies discutées puis rejetées, l'on trouve l'impanation ou la consubstantiation et aussi la croyance que le Christ doit être donné à manger de manière spirituelle seulement et non sacramentelle.

Le débat sur l'Eucharistie, malgré notre ébauche rapide, illustre de façon exemplaire la toute-puissance de Dieu. Il est vrai que celle-ci ne s'exprime pas de la même manière chez les uns et chez les autres. Aussi chez les Catholiques est-elle véhiculée par le mystère devant lequel le fidèle ne peut que s'abîmer. La *potentia dei*, c'est la reconnaissance d'une impuissance totale de compréhension. Quelle prise la raison peut-elle, en effet, avoir face à cette formidable puissance d'ubiquité et d'adoption de natures différentes. Même Jean Pic, dont l'œuvre se fonde sur l'esprit de métamorphose, semble difficilement admettre que Dieu puisse prendre une autre nature que rationnelle[1]. Il le dit ouvertement dans l'une de ses *Conclusions*, qui fut d'ailleurs aussitôt rejetée :

> Non assentior communi sententiae theologorum dicentium, posse Deumquamlibet naturam suppositare, sed de rationali tantum hoc concedo. Je n'accepte pas l'opinion commune des théologiens qui affirment que Dieu peut être le sujet substantiel de chaque nature, car je ne le concède que pour la nature rationnelle[2].

Chez les Protestants, la *potentia dei* s'exprime différemment, à travers une moins grande intimité de Dieu avec l'homme. C'est ce que véhicule leur extrême défiance vis-à-vis de la conversion divine dans le pain et le vin. Là où les Catholiques assistent à un événement miraculeux, les Protestants ne voient qu'un abaissement indigne pour la personne du Christ. Le polymorphisme de Dieu, bien qu'il soit fondamental pour la religion chrétienne et qu'il la distingue radicalement du culte juif, dérange incontestablement les novateurs. De fait, les "métamorphoses" du Dieu chrétien sont révolutionnaires par rapport à l'ensemble des religions qui répugnent à enclore l'être infini dans une forme limitée et particulière.

1. Sur les trois thèses de Jean Pic relatives à la Transsubstantiation et dont il eut à se défendre face à ses censeurs romains, *cf.* l'ouvrage de Roulier, *op. cit.*, chapitre : « Le salut chrétien », p. 616 *sq.* Il apparaît, d'après les analyses de l'auteur, que Jean Pic ne s'écarte en rien de l'orthodoxie, même si la formulation de ses thèses est équivoque. Dans sa défense, Jean Pic affirme en effet « qu'il se plaçait dans une problématique purement imaginaire, dans le but de répondre à un contradicteur qui nierait la présence réelle... » (Roulier, p. 619).

2. *Conclusion* 583, trad. B. Sheffer, *op. cit.*, p. 151.

Mais elles nous interrogent de manière pressante, surtout que nous avons défini l'homme, avec Jean Pic, essentiellement comme puissance de métamorphose. Sans doute est-ce là pour l'homme, une brèche qui s'ouvre dans la pesanteur de son être et qui laisse « le ciel recru pénétrer dans la terre » [1].

Rappelons toutefois que métamorphose humaine et "métamorphose" divine ne peuvent être mises sur le même plan. Ce serait désigner deux réalités différentes sous le couvert du même mot. Sans doute est-ce la notion de stabilité qui permet de concevoir qu'ici et là les variations ne sont pas de même nature. Car en effet, les transformations humaines sont le signe d'une imperfection fondamentale ; elles sont le moyen par lequel l'homme cherche à se libérer de sa finitude. Etant des étapes sur le chemin d'un "plus-être", elles sont affectées d'un caractère provisoire et transitoire. Or Dieu nous offre le paradoxe de demeurer le même à travers ses transformations, son intégrité et son indivisibilité n'étant en rien remises en cause par les différentes formes qu'il adopte. Il est là, tout entier, dans chacune de ses "métamorphoses". S'il change de nature, sa substance demeure immuable, alors que pour l'homme, il ne s'agit en aucune manière d'abandonner sa nature car c'est à l'intérieur de l'espèce humaine qu'il doit accomplir son humanité.

Si l'acuité du débat renaissant sur l'Eucharistie nous semble donc être une conséquence de la *potentia dei*, il met en jeu une autre question, essentielle pour la culture humaniste : la présence de Dieu au monde.

Ayant défini l'immanence de l'infini comme l'un des grands thèmes humanistes, on ne s'étonnera donc pas que les Catholiques soient plus proches de cet humanisme que leurs "adversaires" réformés. En plaçant, à chaque offrande, le Christ au cœur du monde, le culte catholique de l'Eucharistie réduit de façon extraordinaire la distance entre Dieu et le croyant. Sa présence corporelle dans l'hostie, d'une simplicité déconcertante, invite le fidèle à prendre Dieu, à le toucher, à le manger, à s'unir à lui, alors que les Réformés considèrent cette proximité corporelle scandaleuse, l'appropriation de Dieu ne pouvant se faire que dans et par l'esprit.

On s'est toutefois demandé si la transsubstantiation n'introduisait pas le risque de "chosifier" Dieu en le fixant dans une espèce sensible.

Dans *Dieu sans l'être* [2], Jean-Luc Marion montre en quoi la présence réelle n'est pas l'adoration idolâtrique de Dieu comme chose, même si l'Eucharistie, mal comprise, présente le risque de réduire la divinité à ce qu'elle n'est pas. La question ne se pose pas au sein du protestantisme, puisque les espèces sensibles ont uniquement pour fonction de servir de "support" à la conscience dans son effort de représentation de Dieu. Ainsi, à aucun moment l'hostie n'est considérée comme chose extérieure, même chez les Luthériens pour qui l'hostie n'est consacrée qu'au moment de la consommation, c'est-à-dire lorsque le pain et le vin sont anéantis dans leur extériorité (communion spirituelle et non sacramentelle).

1. René Char, *Fureur et mystère*, Paris, Gallimard, 1962, p. 95.
2. Jean-Luc Marion, « Le présent et le don », in *Dieu sans l'être*, Paris, PUF, 1991.

Or, dans la théologie de la transsubstantiation, cette distance (provisoire) entre Dieu et le fidèle est essentielle puisqu'elle conditionne la possibilité même de la communion.

> Ce que l'hostie consacrée impose, ou plutôt permet, c'est l'extériorité irréductible du présent que le Christ nous fait de lui-même dans cette chose qui lui devient corps sacramentel. Que cette extériorité, loin d'interdire l'intimité, la rende possible en lui évitant de sombrer dans l'idolâtrie, ne peuvent le méconnaître que ceux qui ne veulent pas s'ouvrir à la distance. Seule la distance, en maintenant un écart distinct des termes (des personnes), rend possible la communion, et médiatise immédiatement la relation. Entre l'idole et la distance, il faut choisir [1].

Cette extériorité est donc fondamentale. Elle prévient l'idolâtrie et l'union fusionnelle car la distance qu'elle marque dit bien la différence irréductible qui me sépare de Dieu. De plus, libérer la réalité eucharistique de mon présent factuel et de la propre conscience que je peux en avoir l'inscrit dans la durée, ce qui est le propre du don qui, une fois se donne, ne se retranche plus. Et cela, c'est la distance seule qui le permet.

De ces vues contraires sur l'Eucharistie, quelles conséquences pour l'humanisme? Le résultat le plus surprenant auquel nous parvenons est de constater que la Renaissance elle-même, dans son esprit, favorise le développement de la pensée comme dialectique et productrice d'antinomies. En ce sens, il n'est guère surprenant que la Réforme, portée et rendue possible par une époque communément appelée humaniste, semble néanmoins plus proche d'un anti-humanisme.

De plus, nous voyons là une piste non négligeable de compréhension de l'humanisme dans sa complexité. N'est-ce pas lui faire violence que d'en réaliser une construction idéalisée (l'homme dans son éclat) en bannissant son pôle contraire (l'homme dans ses divisions). Aussi est-il risqué de considérer la Réforme comme un enfant illégitime de la Renaissance. Elle en est, au contraire, un des fruits les plus authentiques et nous invite à comprendre l'humanisme comme une notion dialectique plutôt qu'univoque. C'est ainsi que Pierre Magnard justifie le retour de la Renaissance au platonisme : celui-ci lui offre la « puissance de dialectisation » à laquelle elle veut ouvrir le christianisme. Iréniques par excellence, les penseurs du Quattrocento ont conscience que le dialogue entre les diverses religions et spiritualités ne peut passer que par l'exaltation des différences, et non par la conciliation hypocrite. Ce terrain d'entente passant par une dialectique vigoureuse, le platonisme semble particulièrement apte à le fournir.

Le débat sur l'Eucharistie qui a généré Réforme et Contre-Réforme incarne donc une pensée en mouvement, en métamorphose, prête à assumer les risques liés à son propre dynamisme. Mais il nous faut en même temps constater que, prise sur un autre plan, la métamorphose a un terrain d'expansion plus large dans le catholicisme. Si Luther aimait saisir ensemble incarnation et transsubstantiation

1. *Op. cit.*, p. 238-239.

pour démontrer que la conversion, dans l'Eucharistie, est une simple construction de l'esprit et qu'elle n'apparaît pas dans les paroles du Christ, la doctrine catholique les saisit ensemble tout autant, mais dans un autre contexte.

En effet, dans le chapitre sur l'incarnation, il était apparu que la descente de Dieu sur terre, le basculement de l'Infini dans la finitude, ouvrait pour l'homme une histoire aux dimensions de l'éternité. De même, la présence corporelle du Christ dans le culte eucharistique est la présence immédiate et toujours renouvelée de Dieu à l'homme. Ainsi le polymorphisme divin ne serait peut-être que l'autre nom de l'amour. Pour épouser la forme de la condition humaine qui est abandon suprême, il fallait que Dieu aime, en effet. Car il n'est d'amour qui soit retranchement, réserve ou abri.

N'est-ce pas alors autour de ce thème que la métamorphose doit, en dernière instance, s'ordonner? Car, à la procession infinie de Dieu dans les choses répond le mouvement inverse de la déification qui pousse l'homme à l'abandon de soi ainsi qu'à toute forme d'égoïté. C'est le furieux héroïque dont parle Giordano Bruno, qui s'abîme alors dans la réalité divine et s'y embrase dans une sorte de conversion ultime «vers la splendeur des espèces intelligibles»[1]. Utilisant l'image du passereau pour représenter la transformation de l'âme qui se déleste de ses oripeaux mondains, Bruno écrit: «Mon passereau solitaire, en ce lieu que toute ma pensée couvre de son ombre et remplit de sa présence, ne tarde plus à faire ton nid; là-haut donne pleine mesure de ton métier, prodigue l'industrie et l'art. Va (...), et ne reviens plus à moi puisque tu ne m'appartiens plus». Et Bruno de commenter ce dernier vers en expliquant que le guide du passereau solitaire, c'est désormais l'amour, «ce dieu que le vulgaire, dans son aveuglement, estime fol et aveugle et qui par grâce et faveur du ciel a le pouvoir de le transformer en cette autre nature à laquelle il aspire»[2].

Il est vrai qu'on peut douter que le «là-haut» brunien soit autre chose qu'un ici-bas divinisé à travers la Nature. Mais il est bien le même le furieux, chez Bruno et chez Jean Pic, qui, dans une prière à Vulcain, le supplie de mettre ses forges brûlantes au service de l'âme afin de faire fondre les derniers liens qui retiennent son héroïque envol.

N'est-il pas exaltant de voir qu'une notion, au départ païenne, qui raconte la vie des dieux parmi les hommes et leurs transformations fantastiques, est récupérée par la Renaissance pour lui donner un fondement chrétien, et même mystique. Au Dieu qui se métamorphose par excès de charité, l'homme répond par ses propres métamorphoses qui sont un approfondissement jusqu'en ce centre le plus intime de lui-même où Saint Augustin avait reconnu Dieu. C'est ainsi que l'oracle si païen de Delphes «connais-toi toi-même» devient un mot d'ordre mystique quand, au bout du chemin, la face rencontrée est celle devant laquelle Moïse se voila les yeux.

1. *Les Fureurs Héroïques*, trad. P.-H. Michel, Paris, Les Belles Lettres, 1984, p. 254.
2. *Ibidem*, p. 208-210.

CONCLUSION

Est-il exercice plus périlleux que celui de conclure une étude sur la "métamorphose" ? Il faut avouer que le concept est complexe, difficile à saisir car difficile à penser. Il nous situe dans la catégorie du mouvement qui suppose le passage d'un être à un autre. Pour peu que ce mouvement soit perpétuel, nous voilà pris de vertige ! Aristote, déjà, montrait le champ très large que recouvre le changement dans la mesure où il s'applique à toutes les dimensions du devenir naturel. Saisi à travers le prisme des catégories, il s'analyse en termes de substance, quantité, qualité etc. Mais notre notion a-t-elle sa place dans l'analyse aristotélicienne ?

Par ailleurs, il n'est pas indifférent que nous ayons situé cette notion au cœur de la Renaissance qui est elle-même période de passage et de transition, maniant à merveille l'ancien et le nouveau jusqu'à pécher parfois par excès de syncrétisme. La métamorphose illustre bien cette "duplicité" car elle participe elle aussi d'un univers culturel complexe. Notion subversive puisqu'elle bouscule nos catégories de pensée et les schèmes logiques de notre entendement, elle se réclame en même temps d'une culture païenne. La métamorphose est en effet inséparable de la légende dorée du paganisme et de sa mythologie immémoriale qui met en scène la vie des dieux parmi les hommes, leurs désirs, leurs amours et leurs transformations fabuleuses. Récupérée par la culture chrétienne de la Renaissance, la notion a été interprétée de manière plus large comme le miroir des transports de l'âme et de son devenir. Cette inclination du Quattrocento pour l'imaginaire antique s'explique-t-il par le fait que les dieux ne s'y sont jamais faits aussi proches ? Proches et pourtant si lointains !

En tout cas, c'est bien en raison de son « instabilité » et de sa propension à mélanger les genres que la Renaissance dérange et déroute. Tout à la fois en rupture et en continuité avec l'histoire de la pensée, elle fait figure d'un colosse aux pieds d'argile, ayant un pied dans le passé, avec ses mythes, ses superstitions et ses croyances magiques, et un autre dans la modernité avec son cortège d'expériences et de découvertes scientifiques. Comme le souligne G. Gusdorf, peut-être la Renaissance est-elle trop proche encore de ce qu'elle prétend dépasser pour proposer « un schéma d'intelligibilité rigoureuse » à ses découvertes et inventions. D'où cette impression que « les renaissants hésitent à prendre parti, à rompre l'encerclement des préjugés établi », se contentant parfois d'« esquisses, de pressentiments »[1].

Mais c'est en cela aussi que la Renaissance nous défie et nous interroge. Elle a l'enthousiasme et la grâce de tous les commencements, la pesanteur aussi d'un héritage trop lourd. Comment dès lors lui en vouloir pour ses excès ? Comment rester sourd à ses exhortations de voyages tant géographiques que spirituels, quand découvrir une terre est en même temps dilatation d'un espace intérieur ou conscience fascinante d'un temps des origines ?

Sur le plan ontologique, nous sommes bien loin de l'immuabilité médiévale. La Renaissance, nous l'avons vu, entraîne l'esprit dans une dynamique de conversion et ne craint pas de mêler les principes au devenir. Non qu'il faille les comprendre comme soumis à l'altération puisqu'ils conservent leur rôle fondateur de principe. Cependant, contrairement à la théorie scolastique de la convertibilité des transcendantaux qui confère à ses principes une fonction logique – on pourrait la suspecter de les vider de tout contenu –, les principes de la Renaissance sont vivants, ils sont en correspondance avec la nature. Cette nature qui, obscurément, est tout autant crainte que désirée : objet de fascination ou de répulsion, merveilleuse ou monstrueuse, elle flatte l'imaginaire du Quattrocento qui y trouve, par ailleurs, une source intarissable de créativité.

Mais que l'on ne s'y trompe pas. Cette descente n'est pas une chute. Elle est indissociable du mouvement inverse qui est ascension et verticalité absolue. A se découvrir autonome, la pensée ne s'exerce pas moins dans la continuité de la Révélation chrétienne et chez Jean Pic, si subversive que paraisse la liberté et si nombreux que soient les mélanges qu'il fait entre les traditions, ésotériques pour certaines, il n'est de félicité pour l'âme séparée de Dieu. Ce n'est pas par hasard que le Quattrocento s'est reconnu dans la philosophie néoplatonicienne qui favorise les élans mystiques, l'inspiration de l'âme et son délire créateur.

A ce terme de notre étude, il nous faut constater que le voyageur qui s'aventure dans les forêts profondes du Quattrocento doit laisser derrière lui ses bagages ; il doit renoncer aussi à l'idée d'un port d'attache pour découvrir que la Renaissance est tout d'abord inquiétude, traversée de la nuit. Les conflits ne lui font pas peur, elle recherche l'altérité, elle s'y mesure et y trouve sa grandeur. Elle est culture de la différence, et c'est à l'aune de cette culture qu'il faut comprendre l'humanisme renaissant. L'humanisme n'a guère de sens hors ses ramifications dans la Terre nourricière du devenir. D'où l'exaltation d'une singularité à l'image flottante, qui semble devoir sans cesse se dérober. Pouvait-il en être autrement alors que l'homme de la Renaissance se détermine ontologiquement par son activité créatrice ?

Il peut paraître étrange que l'individu ne se sente chez lui que dans ce voyage extrême hors de soi. En réalité, les variations multiformes de l'homme ne tradui-

1. *Les origines des sciences humaines*, *op. cit.*, p. 71.

sent pas autre chose que son désir d'Universel, conscient qu'il est de trouver là le fondement même de sa singularité. Le fondement mais aussi le sommet. Chez Jean Pic, l'esprit en gloire de métamorphose est celui qui s'essaye à toutes les formes de vie parce qu'il est complice des principes qui l'animent et assuré de la présence indéfectible de l'Un dans toutes les phases de l'existence. Aussi pourrions-nous dire avec E. Wind que « si l'homme n'avait le sentiment de l'unité transcendante du monde, sa diversité inhérente lui échapperait aussi » [1]. L'humanisme de la Renaissance ne s'appréhende donc guère en dehors de cette dialectique entre le singulier et l'universel, l'un n'étant jamais autant présence à lui-même que dans la recherche de l'autre.

L'universel dont il s'agit, on l'a bien vu, est présence, immanence, ouverture, amour ou encore singularité absolue. Pour être cet absolu, il n'en est pas pour autant la figure du lointain. Il est tentant d'affirmer, d'ailleurs, que le seul critère de "recevabilité" de l'universel est sa capacité d'être concret. S'ouvre-t-il à la tentation du hiératisme et déjà pointe la menace d'un universel despotique et violent. En effet, quand l'universel se déleste d'un contenu "réel", il est fort difficile qu'il puisse encore rejoindre l'humain, le singulier ne devenant à ses yeux qu'un sujet parmi d'autres.

Elles peuvent paraître injustes les remarques de N. Berdiaev lorsqu'il affirme que « l'humanisme a non pas renforcé mais affaibli l'homme ». L'auteur va même jusqu'à considérer que « l'individualisme extrême et le socialisme extrême sont les deux formes du dénouement de la Renaissance. Dans l'un comme dans l'autre, l'image de l'homme est offusquée. L'humanisme abstrait, coupé des fondements divins de la vie (...) doit conduire à l'extermination de l'homme, de l'image divine » [2]. Sans vouloir rentrer dans le débat que ces paroles peuvent susciter, et même si elles pèchent par leur accent prophétique, voire même apocalyptique, elles ont le mérite de faire surgir les risques encourus par l'humanité lorsqu'elle se détourne de son centre spirituel. L'histoire montre bien, à travers ses vicissitudes, combien l'universel peut être une figure du despotisme quand le singulier n'est pas reconnu dans sa valeur absolue et irremplaçable.

L'humanisme dont nous avons voulu nous faire ici l'écho est celui qui porte l'homme aux confins de lui-même, hors toute frontière factice portant atteinte à l'intégrité de l'esprit, dans cet au-delà de l'intelligence où se fait l'expérience de la plus parfaite coïncidence des extrêmes.

Cette expérience, qui ne va pas sans stupeur, qui mieux que Saint Augustin aura su la décrire : « Tard je vous ai aimée, Beauté si ancienne et si nouvelle, tard je vous ai aimée. C'est que vous étiez au dedans de moi, et moi, j'étais en dehors de moi... » [3].

1. *Mystères païens de la Renaissance,* Paris, Gallimard, 1982, p. 205.
2. *Le nouveau Moyen Age,* Lausanne, L'Age d'Homme, 1985.
3. *Les Confessions*, X, 27.

BIBLIOGRAPHIE

ŒUVRES DE PIC DE LA MIRANDOLE

Œuvres philosophiques, trad. O. Boulnois et G. Tognon, coll. Epiméthée, Paris, PUF, 1993.

Commento, trad. S. Toussaint, Lausanne, l'Age d'Homme, 1989.

« De l'être et de l'un », trad. par S. Toussaint, in *L'esprit du Quattrocento*, Paris, Champion, 1995.

De la dignité de l'homme, trad. Y. Hersant, Combas, Éditions de l'Éclat, 1993.

900 Conclusions philosophiques, cabalistiques et théologiques, trad. du latin et présenté par B. Schefer, Paris, éditions Allia, 1999.

L'*Heptaple* traduit par Nicolas Le Fevre de La Boderie, Paris, Arma artis, 1978 (impr. en Suisse), reprod. en fac-sim. de l'éd. de Paris, J. Macé, 1578, *in* Harmonia Mundi de Giorgio (Fransesco).

Opera omnia, Joannis Francisci Pici Mirandulae, Basilae : ex officina H. Petrina, 1573. II volumes. Le tome I contient *les œuvres complètes* de Jean Pic de la Mirandole.

OUVRAGES CITÉS OU CONSULTÉS

Alchimie et philosophie à la Renaissance, Actes du colloque international de Tours (déc. 1991), réunis sous la direction de Jean-Claude Margolin et Sylvain Matton, Paris, Vrin, 1993.

Andia (Isabel de), *Homo Vivens. Incorruptibilité et divinisation de l'homme selon Irénée de Lyon*, Paris, Études Augustiniennes, 1986.

– *Henosis. L'Union à Dieu chez Denys l'aréopagite*, thèse d'État de l'Université de Paris-IV-Sorbonne, sous la direction de M. Pierre Aubenque, 1994.

Aristote, *Ethique à Nicomaque*, trad. Tricot, Paris, Vrin, 1987.

BALTHAZAR (Urs von), *Présence et pensée. Essai sur la philosophie religieuse de Grégoire de Nysse*, Paris, Beauchesne, 1988.

BEC C., CLOULAS I, JESTAZ B, TENENTI A., *L'Italie de la Renaissance. Un monde en mutation*, 1378-1494, Paris, Fayard, 1990.

BERANGER DE TOURS, *De Sacra cœna*, cité par le *Dictionnaire de Théologie Catholique*, Paris, Letouzey et Ané, 1903-1950, 15 vol.

BERDIAEV (Nicolas), *Le Nouveau Moyen Age*, Lausanne, Édition l'Age d'Homme, 1985.

BERULLE (Cardinal de), *Œuvres Complètes*, vol. III, *Discours de l'état et des grandeurs de Jésus*, texte établi et annoté par Michel Join-Lambert et Rémi Lescot, Paris, Éditions du Cerf, 1996.

BIARD (Joël), *Guillaume d'Ockham, Logique et philosophie*, Paris, PUF, 1997.

BOVELLES (Charles de), *Le Livre du Sage*, texte et traduction par Pierre Magnard, précédé d'un essai, « L'homme délivré de son ombre », Paris, Vrin, 1982.

–*L'art des opposés*, texte et traduction par Pierre Magnard, précédé d'un essai, « Soleil noir », Paris, Vrin, 1984.

BRUNO (Giordano), *Des Fureurs Héroïques*, coll. Les Classiques de l'Humanisme, Paris, Les Belles Lettres, 1984.

– *Œuvres Complètes*, III, *De la Cause, du Principe et de l'Un*, texte établi par Giovanni Aquilecchia, trad. de Luc Hersant, Paris, Les Belles Lettres, 1996.

BURCKHARDT (Jacob), *La civilisation de la Renaissance en Italie*, Paris, Le livre de poche, biblio essais, 1958.

CASSIRER (Ernst), *Individu et Cosmos*, trad. fr. de Pierre Quillet, Paris, Éditions de Minuit, 1983.

CEARD (Jean), *Langage et vérité*, Genève, Droz, 1993.

– *La nature et les prodiges. L'insolite au XVI*[e] *siècle en France*, Paris, Droz, 1996.

CERTEAU (Michel de), *La fable mystique 1*, Paris, Gallimard, 1982.

CHASTEL (André), *Le mythe de la Renaissance*, Genève, Éditions Skira, 1968.

– *La crise de la Renaissance*, Genève, Éditions Skira, 1968.

CLEMENT D'ALEXANDRIE, *Pédagogue*, Paris, Éditions du Cerf, 1970.

CLOULAS (Ivan), *Laurent le Magnifique*, Paris, Fayard, 1982.

CONGAR (Yves), *Martin Luther, sa Foi, sa Réforme*, Paris, Éditions du Cerf, 1983.

CORDIER (P.-M.), *Jean Pic de la Mirandole ou la plus pure figure de l'humanisme chrétien*, Paris, Debresse, 1958.

CROUZEL (Henri), *Origène*, Paris, Éditions Lethielleux, 1985.

– *Une controverse sur Origène à la Renaissance : Jean Pic de la Mirandole et Pierre Garcia*, textes présentés, traduits et annotés par H. Crouzel, Paris, Vrin, 1977.

DANIELOU (Jean), *Platonisme et théologie mystique. Doctrine spirituelle de Saint Grégoire de Nysse*, Paris, Aubier, 1944.

DANTE, *Vita nuova*, *Œuvres Complètes*, Paris, Le livre de poche, 1996.

DOSTOIEVSKY, *Les frères Karamazov*, Paris, Gallimard, 1952.

ERIGENE (J.S.), *De la division de la Nature, Periphyseon*, trad. Francis Bertin, coll. Epiméthée, Paris, PUF, 1995.

EYMARD (Julien), *L'humanisme chrétien au XVII*[e] *siècle : St François de Sales et Yves de Paris*, La Haye, M. Nijhoff, 1970.

FAYE (Emmanuel), *Philosophie et perfection de l'homme de la Renaissance à Descartes*, Paris, Vrin, 1998.

FEBVRE (Lucien), *Le Problème de l'incroyance au XVI*[e] *siècle, la religion de Rabelais*, Paris, Albin Michel, 1942.

FESTUGIERE (A.J.), *La Révélation d'Hermès Trismégiste*, Paris, Les Belles Lettres, 1983.

– *La philosophie de l'amour de Marsile Ficin et son influence sur la littérature française du XVIe siècle*, Paris, Vrin, 1941.

FICIN (Marsile), *Théologie platonicienne de l'immortalité des âmes*, texte critique établi et traduit par Raymond Marcel, Les classiques de l'humanisme, Paris, Les Belles Lettres, 1964.

– *Commentaire sur le banquet de Platon*, texte présenté et traduit par Raymond Marcel, Les classiques de l'humanisme, Paris, Les Belles Lettres, 1956.

– « De Lumine » in *Lumière et cosmos : courants occultes de la philosophie de la nature*, Paris, Cahiers de l'Hermétisme, 1981.

Fine Follie ou la catastrophe humaniste, études sur les transcendantaux à la Renaissance, réunies par Bruno Pinchard, Paris, Honoré Champion, 1995.

GANDILLAC (Maurice de), *La philosophie de Nicolas de Cues*, Paris, Aubier, 1942.

– *Nicolas de Cues, Œuvres Choisies*, Paris, Aubier, 1942.

– *La philosophie de la Renaissance*, Histoire de la philosophie, t. II, Paris, La Pléiade, 1973, p. 3-356.

GARIN (Eugenio), *Moyen Age et Renaissance*, trad. de l'italien par Claude Carme, Paris, Gallimard, 1989.

– *L'homme de la Renaissance*, trad. de l'italien par Monique Aymard et de l'anglais par Paul-André Lesort, Paris, Seuil, 1990.

GILSON (Etienne), *Introduction à l'étude de Saint Augustin*, Paris, Vrin, 1987.

GOUHIER (Henri), *L'Anti-humanisme au XVIIe siècle*, Paris, Vrin, 1987.

GREGOIRE (de Nysse), *La Création de l'homme*, Paris, Desclée de Brouwer, 1982.

– *Les Béatitudes*, Paris, Desclée de Brouwer, 1979.

– *Le Cantique des cantiques*, Paris, Migne, 1992.

GROETHUYSEN (Bernard), *Anthropologie philosophique*, Paris, Gallimard, 1952.

GUSDORF (Georges), *Les origines des sciences humaines*, Paris, Éditions Ophrys, 1974.

– *Les sciences humaines et la pensée occidentale*, 5, *Dieu, la nature, l'homme au siècle des Lumières*, Paris, Payot, 1972.

HOFMANNSHTAL (Hugo von), *La femme sans ombre*, Lagrasse, Éditions Verdier, 1992.

IVANKA (Endre von), *Plato Christianus, La réception critique du platonisme chez les Pères de l'Église*, Paris, PUF, 1990.

JAVELET (Robert), *Image et Ressemblance*, Paris, Éditions Letouzey et Ané, 1967.

KLEIN (Robert), *La forme et l'intelligible*, écrits sur la Renaissance et l'art moderne. Articles et essais réunis et présentés par A. Chastel, Paris, Gallimard, 1983.

KOYRE (Alexandre), *Mystiques, spirituels, alchimistes du XVIe siècle allemand*, Paris, Gallimard, 1971.

– *Du monde clos à l'univers infini*, trad. de l'anglais par Raissa Tarr, Paris, Gallimard, 1988.

La dignité de l'homme à la Renaissance. Actes du colloque international tenu à la Sorbonne-Paris IV en novembre 1992, Paris, Éditions Honoré Champion, 1995.

LARGEAUT (Jean), *Enquête sur le nominalisme*, Paris, B. Nauwelaerts, 1971.

Les Humanistes et l'Antiquité Grecque, textes rassemblés par M. Ishigami-Iagolnitzer, Paris, Éditions du CNRS, 1989.

LIBERA (Alain de), *La Querelle des universaux. De Platon à la fin du Moyen Age*, Paris, Seuil, 1996.

– *La philosophie médiévale*, Paris, PUF, 1993.

LOT-BORODINE (Myrrha), *La déification de l'homme selon la doctrine des Pères grecs*, Paris, Éditions du Cerf, 1970.

LUBAC (Henri de), *Pic de la Mirandole*, Paris, Aubier, 1974.

– *Le mystère du surnaturel*, Paris, Aubier, 1965.

– *Corpus Mysticum, L'Eucharistie et l'Eglise au Moyen Age*, Paris, Aubier, 1941.

MAGNARD (Pierre), « Pour une métaphysique de l'esprit », in *La métaphysique de l'esprit. De la forme à la force*, Collection Philologie et Mercure, Paris, Vrin, 1996.

– « Montaigne ou le singulier universel », in *Fine Follie ou la catastrophe humaniste*, Paris, Honoré Champion, 1995.

– *Le Dieu des philosophes*, Paris, Mame, Éditions universitaires, 1992.

– « L'Homme délivré de son ombre », in *Le livre du Sage*, texte et trad. par Pierre Magnard, Paris, Vrin, 1982.

– *Questions à l'humanisme*, Paris, PUF, 2000.

– *Métaphysique de l'esprit, De la forme à la force*, actes du colloque tenu à la Sorbonne en nov. 1995, édité sous la dir. de P. Magnard, Paris, Vrin, 1996.

MAITRE ECKHART, *Sermons*, Paris, Seuil, 1978 (2 vol.), présentation et trad. de Jeanne Ancelet-Heustache.

MARION (Jean-Luc), *Dieu sans l'être*, Paris, PUF, 1991.

MICHELET (Jules), *Renaissance et Réforme*, coll. Bouquins, Paris, Éditions Robert Laffont, 1982.

MIERNOWSKI (Jan), *Le Dieu Néant. Théologies négatives à l'aube des temps modernes*, Leiden, Brill, 1988.

MINAZZOLI (Agnès), *L'homme sans image*, Paris, PUF, 1996.

–« L'art sans l'artiste » in *Symboles de la Renaissance*, t. III, Paris, Presse de l'École Normale Supérieure, 1990.

MOINGT (Joseph), « Polymorphisme du corps du Christ » in *Corps des dieux*, sous la dir. de Charles Malamoud et de Jean-Pierre Vernant, Paris, Gallimard, 1986.

MONTAIGNE, *Essais*, Paris, Gallimard, 1962.

MOREAU (Joseph*), Plotin ou la gloire de la philosophie antique*, Paris, Vrin, 1970.

NICOLAS (de Cues), *Le tableau ou la vision de Dieu*, Paris, Éditions du Cerf, 1986.

– *La docte ignorance, Il a convenu que le Christ souffrit, Idiota*, in *Œuvres Choisies* par M. de Gandillac, Paris, Aubier 1942.

– *De Mente* (trad. Cassirer), Paris, Éditions de Minuit, 1983.

– *Opera omnia*, iussu et auctoritate Academiae litterarum Heildelbergensis ad codicum fidem edita ; 12, De Venatione sapientiae, Leipzig, Meiner, 1982.

OVIDE, *Les Métamorphoses*, Paris, Gallimard, 1992.

PANOFSKY (Erwin), « La glorification de la mélancolie et de Saturne dans le néo-platonisme Florentin et la naissance de la notion moderne de génie », in *Saturne et la mélancolie*, Paris, Gallimard, 1989.

– *Idea*, Paris, Gallimard, 1989.

PINCHARD (Bruno), « Transcendental humaniste ou "fine follie" » in *Fine Follie ou la catastrophe humaniste*, Paris, Honoré Champion, 1995.

– *La raison dédoublée : la fabrica della mente*, Paris, Aubier, 1992.

PLATON, *Le Parménide*, Paris, Flammarion, 1967.

– *La République*, Paris, Flammarion, 1966.

Platon et Aristote à la Renaissance : XVIe Colloque international de Tours, Paris, Vrin, 1976.

PLOTIN, *Les Ennéades*, trad. Emile Bréhier, Paris, Les Belles Lettres, 1963.

QUERON (Jacques), *Pic de la Mirandole : contribution à la connaissance de l'humanisme philosophique renaissant*, Aix-en-Provence, Éditions Université de Provence, 1986.

RILKE (R.M), *Poésie, œuvres complètes*, t. II, Paris, Seuil, 1972.

ROQUES (René), *L'univers dionysien : Structure hiérarchique du monde selon le Pseudo-Denys*, Paris, Éditions du Cerf, 1983.

ROULIER (Fernand), *Jean Pic de la Mirandole, Humaniste, philosophe et théologien*, Genève, Éditions Slatkine, 1989.

SAINT AUGUSTIN, *Les Confessions*, Paris, Seuil, 1982.

SAINT BERNARD, *Le livre de la grâce et du libre-arbitre*, Paris, Éditions du Cerf, 1993.

SAVONAROLE (Jérôme), *La fonction de la poésie*, traduit et présenté par Bruno Pinchard, Lausanne, L'âge d'homme, 1989.

SCOT (Duns), *Le principe d'individuation*, introd., trad. et notes par Gérard Sondag, Paris, Vrin, 1992.

SECRET (François), *Les Kabbalistes chrétiens de la Renaissance*, Paris, Dunod, 1964.

STAROBINSKY (Jean), *Montaigne en mouvement*, Paris, Gallimard, 1993.

Teilhard de Chardin (Pierre), *Être plus*, Paris, Seuil, 1968.

– *L'hymne de l'univers*, Paris, Seuil, 1961.

THOMAS D'AQUIN, *Contre Averroës*, trad.et introd. par Alain de Libera, Paris, Flammarion, 1994.

– *L'être et l'essence*, trad. et commentaire par Alain de Libera et Cyrille Michon, Paris, Seuil, 1996.

– *Somme théologique*, Paris, Éditions du Cerf, 1984.

TOUSSAINT (Stéphane), « Le De Ente et Uno de Pic de la Mirandole » in *Fine Follie ou la catastrophe humaniste*, Paris, Honoré Champion, 1995.

– *Les formes de l'invisible*, Lausanne, l'Age d'Homme, 1989.

– *L'esprit du Quattrocento : Le De Ente et Uno de Pic de la Mirandole*, Paris, Honoré Champion, 1995.

TROTTMANN (Christian), *Théologie et noétique au XIIIe siècle : à la recherche d'un statut*, Paris, Vrin, 1999.

VALCKE (Louis) et Galibois (Roland), *Le périple intellectuel de J. P. de la Mirandole.* Les Presses de l'Université (Laval) – Centre d'études de la Renaissance de l'université de Sherbrooke, 1994.

VEDRINE (Hélène), *Philosophie et magie à la Renaissance*, Paris, Le livre de poche, biblio essais, 1996.

– « La Renaissance : une stratégie de l'invisible », in *Les grandes conceptions de l'imaginaire de Platon à Sartre et Lacan*, Paris, Le livre de poche, biblio essais, 1990.

VICO (Jean Baptiste), *L'antique sagesse de l'Italie*, présentation et notes par Bruno Pinchard, Paris, Flammarion, 1993.

WIND (Edgar), *Mystères païens de la Renaissance*, Paris, Gallimard, 1982.

ZANTA (Léontine), *La Renaissance du Stoïcisme au XVIe siècle*, Paris, Champion, 1914.

TABLE DES MATIÈRES

ACHEVÉ D'IMPRIMER
EN OCTOBRE 2001
PAR L'IMPRIMERIE
DE LA MANUTENTION
A MAYENNE
N° 331-01

Dépôt légal : 4e trimestre 2001